谨以此书献给改革洪流中的每一位奋斗者

金融不虚

新三板的逻辑

高凤勇 布娜新 ◎ 著

FINANCE NOT FICTITIOUS
THE LOGIC OF NEEQ

中国财经出版传媒集团
经济科学出版社
Economic Science Press

图书在版编目（CIP）数据

金融不虚：新三板的逻辑/高凤勇，布娜新著．
—北京：经济科学出版社，2018.4
ISBN 978-7-5141-9213-1

Ⅰ.①金⋯　Ⅱ.①高⋯②布⋯　Ⅲ.①中小企业—
企业发展—研究—中国　Ⅳ.①F279.243

中国版本图书馆 CIP 数据核字（2018）第 074486 号

责任编辑：王红英
责任校对：郑淑艳
责任印制：邱　天

金融不虚：新三板的逻辑
高凤勇　布娜新　著

经济科学出版社出版、发行　新华书店经销
社址：北京市海淀区阜成路甲 28 号　邮编：100142
总编部电话：010-88191217　发行部电话：010-88191522
网址：www.esp.com.cn
电子邮件：esp@esp.com.cn
天猫网店：经济科学出版社旗舰店
网址：http://jjkxcbs.tmall.com
固安华明印业有限公司印装
710×1000　16 开　25.75 印张　300000 字
2018 年 5 月第 1 版　2018 年 5 月第 1 次印刷
印数：0001—5000 册
ISBN 978-7-5141-9213-1　定价：58.00 元
（图书出现印装问题，本社负责调换。电话：010-88191510）
（版权所有　侵权必究　举报电话：010-88191586
电子邮箱：dbts@esp.com.cn）

业界赞誉

王巍　中国金融博物馆理事长、中国并购公会创始会长

资本市场是配置资源的场所，新三板市场恰遇中国供给侧改革的机遇，应当在资源配置、企业创新方面发挥独特的作用。作者以丰富的市场经验和独特视角，条分缕析，推广中国市场的创新，相信将有助于市场所有参与者的理解和操作。

钱学宁　中国社科院产业金融研究基地副主任、中国社科院上市公司研究中心副主任、中国首席经济学家论坛学术秘书长

从在资本市场结构中的定位与自身发展阶段来讲，新三板无疑还处于"婴孩阶段"。但是从战略高度看，新三板是多层次资本市场不可或缺的关键组成，是国家调整经济结构、促进产业升级与创新的重要载体，也是培植"股权文化"与"企业家精神"的主要依托。本书作者专注于新三板研究，蛰伏龙潜，苦心孤诣，从实践到理论，从市场到监管，都进行了深入精到的总结与思考，形成本著，以求呵护与推动新三板健康前行，迷途指津，殊为难得！此荐。

管清友　经济学家

让金融回归本质，让经济脱虚向实，新三板创新金融市场，扶植了科技创新，激活了实体经济发展，开拓出了中国特色资本市场的崭新阵地。新三板领域需要一本数据翔实、可读性高且能指导投融资实践的书籍。而这本《金融不虚：新三板的逻辑》，恰恰凝聚了两位优秀新三板人士的洞见和思考。投资与融资，看似对立，实则统一。从投资角度看，是所有投资人的新三板藏宝图；从融资角度看，也是所有企业家的教科书，不止新三板。

金融不虚：
新三板的逻辑

盛希泰 洪泰资本控股董事长、洪泰基金创始人

金融是现代经济的血液，从事金融投行二十余年，接触过的大多数实体企业都因拥抱资本市场而变得更好。不能因为金融有虚的风险，就远离资本市场。本书对于正确理解当下金融环境，系统认识A股、新三板等在内的多层次资本市场并做出选择大有裨益。新三板已是全球最大的基础性资本市场，但改革与创新仍须推进。永远向前看，持续进化，才是这个时代必需的特质。

秦朔 知名财经媒体人、秦朔朋友圈发起人

新三板是中国多层次资本市场的一个子系统，和沪、深交易所规则有很大区别，但随着市场分层改革的深化，新三板有望和主板市场有机衔接，构建多层次市场的闭环，推动资本市场强国的建设。本书对新三板市场进行了全面透视，值得一读。

邢早忠 《金融时报》党委书记、社长

新三板是中国资本市场新现象，与已有的沪、深交易所及各地方的股权交易中心一起，共同组成了中国特色的多层次资本市场体系。不同于其他阐述新三板的书籍，本书站在多层次资本市场的高度，"跳出三板看三板"，既有理论，又有实践，值得一读。

刘禹东 南开大学金融学院联席院长、英蓝集团副董事长

本书以实战者的视角、亲历者的体会来阐述中国资本市场特别是新三板市场的结构和发展，具有一定的理论高度和实战指导意义。作者思路清晰、文笔流畅、语言轻松，可读性很强。

刘澜飚 南开大学金融学院副院长、教授

本书以很大的笔墨研究了中国金融改革的新产物"新三板"市场，得出了新三板是一个朝气蓬勃、代表中国经济发展未来、真正可以国际化的资本市场的结论，我深以为是。我尤其推荐大家去理解他的分析框架，这个框架下我们能够看到市场化的资本市场将给我们带来新的经济动能，能够看到年轻人未来的机会。

业界赞誉

佟鑫 南开允能进修学院院长

高凤勇和布娜新先生在工作之余所总结的这 30 万字，既非理论研究，更非文学创作，全部都是实战中的点滴思考。长期浸淫的结果，使得他们对资本市场上任何的风吹草动都非常敏感。往往能够从投资者、企业家、金融机构、监管机构和研究机构等不同的角度来思考问题、解读现象。对于新三板市场的精彩见解，更能体现作者热情参与、冷静思考的态度和纵观大局、解剖小事的学风。

安红军 君和资本董事长

2018 年是改革开放 40 周年，也是高凤勇先生学习从事金融工作 30 周年，他既干过商业银行、投资银行，也干过信托公司、PE，是见识和经历过中国资本市场跌宕起伏大世面的人物，所以他的字嚼起来一定过瘾、实在、收益良多，我推荐！

王长颖 上海复星创业投资管理有限公司总裁

作者以自己二十多年的投资经验娓娓道来，用幽默诙谐的语言，深入浅出地解读中国资本市场的投资热点和特点。每篇文章都从实践中来又回到实践中去，让读书和投资工作紧密结合，让读者轻松、自然地跟上资本市场的发展轨迹。

张学军 力鼎资本执行合伙人首席投资官

本书是作者这几年对于新三板业务系统化的理论研究、大量的实地调研以及深度思考的结晶，是一本不可多得的战斗在一线的投资专家的理论与实践完美结合的佳作，对有志于新三板和私募股权投资业务的读者都是开卷有益的。

翟彬 泛华金融服务集团董事长兼 CEO

我一直以为出书能说明两个问题：一是作者通过写才能整理思维、建立逻辑，才能深入思考；二是读者一定要"开卷有益"。金融业在当下有些"过街老鼠"的感觉，究其原因，正是金融"脱实向虚"带来的恶果，但其实金融本身并不天生"脱实向虚"，他照样能"脱虚向实"，引导"脱虚向实"靠的正是政策、制度之设计。作者基于自己金融从业的经历和实践，尤其是他对新三板的观察集结成的作品《金融不虚：新三板的逻辑》，相信一定会令读者"开卷有益"。

孙宁　中国农业银行总行私人银行部总裁

投资理财已经成为大众日常关切的一部分，很多人在交过不菲的学费之后，开始认识到那个看似机会很多的资本市场其实没那么简单。来看看资本市场老司机生动而又平实的讲述，深入浅出的语言会帮你梳理一些投资的迷惑，这样的学习比起自己在市场里的摸索显然更加事半功倍。

俞铁成　凯石资本管理合伙人

中国资本市场存在太多泡沫、杂音和乱象，作者从资本市场版图出发，以三板市场为焦点，以客观、专业、冷静的文字深入剖析资本圈各种问题，读之解惑和痛快！

刘平安　金长川资本董事长

金融不虚，资本不虚，新三板很实。高凤勇和布娜新的大作《金融不虚：新三板的逻辑》从历史视角，以国际视野，用比较分析的方法，从宏观和微观两个维度，阐明了新三板在中国创新经济和经济结构转型中支持和服务实体经济的重要作用。

李圆峰　猎鹰创投董事总经理

高凤勇和布娜新的分享是毫无保留的，无论思想性，还是实操性，都有独到之处，想要了解新三板的同学们，可以读下这本《金融不虚：新三板的逻辑》，相信你会收获多多。

杜明堂　洞见资本创始人

未来新三板市场将是各行业隐形冠军的摇篮，也将孕育一批中国新一代独角兽企业，洞见企业价值、知行资本未来，这本书将为新三板市场参与者指明前进的方向！

葛贤通（K先生）　菁财资本创始合伙人兼CEO

作者的书名起得很好，我认为金融从本质上就是不"虚"的，其实和其他行业的技能、技术一样。金融，归根结底也同样是一门技术或者说手艺，关键在于怎么运用，而且也只有把这门手艺用好了，才能让实业更"实"。

业界赞誉

罗党论　中山大学岭南（大学）学院教授、博士生导师、新三板智库联合创始人

　　当前新三板市场发展遇到了挺多问题，但这些问题是一个新兴市场所必须经历的，绕不开的。在这个时刻，更需要一些理性的思考，需要有更多如本书的睿智的研究来推动顶层设计的改变。我始终相信，新三板是优质中小企业成长的重要资本工具，这个市场前途仍是光明的。

李军　青岛丰光精密机械股份有限公司（新三板企业，股票代码：430510）董事长

　　新三板作为多层次资本市场重要的组成部分，让不同发展阶段企业都得到了与资本市场的对接机会。本书作者高凤勇先生作为30年投行老兵亲自试水新三板企业，无私奉献出自己的心得。站在新三板看企业、站在企业看新三板，在不同角度结合案例进行了深入浅出的介绍，解决了机构与企业双方相互看不懂的系列问题，所作大著是投资机构的投资宝典，更是企业进军资本市场的教科书，强力推荐。

吴洪彬　北京汇元网科技股份有限公司（新三板企业，股票代码：832028）董事长、总裁

　　新三板是中国资本市场的改革试验田，正在孕育勃勃生机。《金融不虚：新三板的逻辑》两位作者的观点和视角实实在在的深刻和经典，体现了很多对新三板的重视和系统认知，是值得认真研读和学习的一本好书。新三板必将成为服务中小微实体经济的最重要的一环，成为中国多层次资本市场最重要的一部分，成为中国最重要的支持创业创新的资本市场。

郭菲　奥菲传媒（新三板企业，股票代码：834452）董事长兼CEO

　　作为新三板企业中的一员，在这个市场上极大地感受到了几点：(1) 企业发展过程中要积极地拥抱资本市场，不同的市场带给企业的收益远远不止是募资这么简单的。(2) 帮助企业建立规范、市场化的运作，建立更多公开公正透明信息的发布平台，让更多的投资人了解企业，让优秀的投资人对接企业，第一时间洞察行业的动态，这是新三板的最大价值。

　　作者作为投资很多上市企业及一级市场优秀企业的顶尖投资人，从很多角度诠释新三板市场，点滴汇聚，视角独特。新三板市场上不乏很多优秀的独角兽和高增长企业，我们相信在未来的科技发展大计下，新三板会是输出优秀科技企业的最佳平台！

印维青　万绿生物（新三板企业，股票代码：830828）总经理

布娜新先生是资深证券市场评论人、新三板领域资深研究员，高凤勇先生拥有二十多年资本市场一线从业经验、近年来专注于新三板的投资。本书是他们两位新三板理论研究与投资实践相结合的产物，值得所有新三板参与者尤其是新三板挂牌公司好好读一读。

王永　品牌联盟（新三板企业，股票代码：837940）董事长、博士

作者具有多年成功投资实战经验，从投、融资两个视角出发，细腻地描绘了多层次资本市场中深藏的结构图。不仅适合投资人了解新三板，也可以帮助企业家增强资本内功。新三板企业很需要这样一本讲述融资、资本市场、新三板的专业书籍，本书刚好满足这个需求。这是一个知识消费的时代，一知半解就盲目行动，风险很大，本书可以帮助读者规避风险。可能认真读完这本书，比参加一些新三板培训班更有收获。

王晨光　太平洋证券股份转让业务部总经理

期待已久的两位新三板专业高手倾心力作，终于与大家见面了。本著作对中国及海外资本市场的深刻理解，对投融资业务从理论到实战的透彻剖析，使得在证券公司从事多年新三板业务一线人员受益匪浅，推荐广大中小企业家、企业高管及相关从业人员学习参考。感谢两位作者对新三板事业的无私奉献。

彭海　联讯证券新三板首席分析师

贺拉斯《诗艺》曾说：现在已然衰朽者，将来可能重放异彩；现在备受青睐者，将来却可能日渐衰朽。本书在此时间点上或是一盏明灯，给新三板的征途者以温暖和力量。

郭志强　东方财富证券沈阳青年大街证券营业部总经理、郭三板创始人

这是一本见证过去、理解未来的书；也是一本全面、专业、客观的书，两位资深作者对新三板市场发展进行解读，是新三板市场参与者不可错过的一本好书。

业界赞誉

严楷晨　新华社《中国新三板》栏目总制片人

知与行是道德观念与社会实践的关系。投资讲究知行合一，是将信仰变现的事情，讲原则且要有好的结果，是利与义不断斗争进而统一的过程。新三板市场短短几年已经上演了人性的虚妄、贪婪和恐惧，让我等在理解这个市场并力求知行合一上又进了一步。不否认在投资领域人性的弱点必将继续上演，但这本书，能让你我多一些警醒。与作者共勉。

李颖　证券资讯频道《聚焦新三板》栏目制片人、主持人

当前中国的多层次资本市场正处于挑战与机遇并存的转型过程之中，书中从资本市场的图谱解读到投资实战分析，无不凝聚着作者多年理论与实践结合的深厚功底。本书虽然是一本专业性强的书籍，但内容并不枯燥，反而精彩绝伦，本书更是一本兼具实用性和教育性的投资手册。开卷有益，相信像很多经典著作一样，这本书能够在很多读者的投资道路上成为引路人。

周雪峰　挖贝网联合创始人

新三板是中国资本市场改革的试验田，需要人们不断地摸着石头过河并在实践中求索前行。本书两位作者是思考型的实战派，从理论以及实践层面联手对新三板这一新课题提出了自己的观点和看法，对于这个市场的所有从业者来说，具有极强的参考价值。

王文举　中国网新三板总监

作者是我所认识并且非常佩服的人，丰富的投资经验、扎实的理论基础让作者驾轻就熟地透彻分析了新三板市场，最终呈现出这本新三板投资者、挂牌公司值得拥有的"实操指南"。

刘秀丽　直通新三板创始人

企业尤其是中小企业在发展道路上，离不开各种形式的资本支持；无论是战略部署还是全球资源配置，现如今的企业经营者不懂得怎样去拥抱资本显然是有所缺失的，本书作者高凤勇先生和布娜新先生从多维度阐释了必要性和紧迫性，敬请关注！

金融不虚：
新三板的逻辑

赵小玲　《金融投资报》副总编辑

　　本书涉及的资本市场内容广泛，不但有多层次资本市场的独特解析、国内外重要市场的对比分析、资本市场对我国经济促进作用的理解，还有新三板的多视角、多侧面详细介绍，处于不同阶段的企业管理者，均可以从本书中寻找到企业未来战略发展、资本市场投融资策略建议、股权结构的提前安排构架等思路，有助于企业按照更规范、更符合资本市场路径的轨道前行。全书的文字通俗易懂，字里行间体现了作者对资本市场的敬畏与尊重，表达了作者提笔的初心与真诚。

左永刚　证券日报社记者

　　金融不虚，新三板不弱。新三板已经成为多层次资本市场中最具生命力的市场，在夹缝中改革与发展，增强了新三板市场的韧劲，几经周折的磨炼夯实了市场存在的根基。在市场中摸索时而破茧的资本运作者，在不确定的生存环境，愈挫愈勇，他们将与经受锤炼的新三板一道成长为多层次资本市场的集大成者。

崔彦军　董秘一家人创始人

　　两位作者分别是知名的财经学者和典型的理论与实践相结合的成功投资人，他们对资本市场有自己的思考与判断，不盲目跟风，很多观点都是经过深思熟虑的结果。从本书来看，从理论分析开始，到对资本市场的判断，最后落脚到投融资实战解析，非常值得借鉴。

饶叫兽　资深董秘

　　对于所有热爱新三板的人来说，这几年只有惨淡和更惨淡的区别，投入的热情、希望、呐喊、呼号渐渐地归于寂静。鲁迅先生说，"真正的勇士敢于直面惨淡的人生"。向所有坚持在新三板的兄弟姐妹们致敬。布娜新先生和高凤勇先生的新书来得正是时候，犹如黑透了的夜里的一点烛光，温暖所有新三板人的心。

（业界赞誉排序不分先后）

推荐序一

唯有变化是永恒的

中国资本市场是中国市场化改革成果的集中缩影，其中蕴含了中国最为稀缺的两个元素：一个是市场经济的逻辑，另一个是制度创新。2018年是改革开放40周年，对改革最好的纪念就是继续改革开放。全国中小企业股份转让系统，俗称"新三板"，诞生5年有余，是我国资本市场的再一次革命性创新，自然它包含了这两个元素。职业投资人高凤勇先生所写的这本书，对"新三板"市场进行了非常深刻的阐述，对这一金融创新给予了充分肯定和热情维护。应该说，是基于他20多年的资本市场历练，集其全部功力，对我国这个至今尚处于孩童期的新市场，进行了一次非常通透的思考。

高凤勇是我大学同班同学，从1988年进入南开大学金融学系学习，大家相识相知整30年。他在中国资本市场上驰骋多年，特别是近年在投资领域工作，有着很多成功的案例，是一个业内成功人士。在改革开放10周年的时候，我们于南开大学开始学习金融，30年中，我们的青春和生命，融入了中国的金融市场化建设，在不断创新发展的中国金融业里，体现出了人生的意义和价值。高凤勇是一个勤于学习和思考的人，一个有理想和情怀的人。作为南开大学金融学院的社会导师，他经常来南开大学为学生们讲课，课堂上他总会热情歌颂和感谢这个伟大的时代，极为谦虚和真诚地认为，正是时代的发展和变化，以及他能够适应这种变化，才会有今天他事业上的成就。近几年，他尤其看重中国的"新三板"市场，认为"新三板"为中国资本市场建设带来的新变化，将开启真正的中国资本市场的市场化发展，同时也是所有参与者发展的新契机。他对市场逻辑和制度创新都有着自己的深刻体悟，他更对时代变化和未来前途有着机敏的把握，所有这些都融化为其在资本市场上踏实的行动，转化为推动资本发展的力量。作为一个成功的投资人，他时间的机会成本很高。他拿出时间来，潜心写作，形成这本专注于中国"新三板"市场建设和操作的著作，坦陈自己的理念、见解、经验和预见，他的真知灼见惠及所有市场参与人士，可见他对"新三板"这一市场化发展和制度创新的钟爱。

通读此书，我认为此书不同于普通的资本市场科普读物，其非常适合于所有"新三板"市场的参与者或拟参与者，包括企业、各类投资者、中介机构、监管部门，作为投资理念建立、市场指引和操作原则来阅读，也为那些愿意理解中国资本市场发展、认识中国市场化进程的人士提供了可持续观察的样本资料。

此书的基本价值观支撑是建立在对中国市场化发展、资本市场建立与运行的政治经济学理解之上的，从而形成了中国改革开放40年的历程实践所体现出的市场分析方法论。作者通过建立自己基本分析逻辑模型，尤其是基于资本市场角度的企业四象限，为我们理解中国资本市场发展，特别是"新三板"市场，构建了分析要素和话语逻辑。作者基于上述分析方法论所进行的对中国资本市场的调

推荐序一
唯有变化是永恒的

研,解构了纷繁复杂的中国资本市场,为理性而有超越性地分析认识"新三板"市场奠定了可靠的分析范式和研究路径。整个著作贯穿在不均衡的经济中,以理性的市场原则和中国市场化发展的政治经济学把握,去寻求建立以"新三板"资本市场交易体系为实现基础的中国资本市场长期多重均衡。作者细致入微地分析之后,为我们重构出一个顺应时代变化的画像,那就是充满生机的中国"新三板"市场。我认为顺变、求变、把握住变化,是该书认识中国"新三板"市场的基本方法,更是我们每个人要用长时间来践行体悟的。

该书认为,中国核心城市发展引领区域发展的模式注定了区域发展的不均衡,尽管"以点带面"模式从长期来看难以维系,但目前能够形成并有可能实现对核心城市经济功能替代的就是打造出优秀的企业群体,特别是更多的上市公司。但是,毋庸讳言,中国的A股市场的经济功能受历史局限和现有管理格局限制,难以满足和支持中国广大企业发展过程中提升资本的需要,在运行上甚至客观存在着区域经济视角上的"劫贫济富"效应。而"新三板"市场的出现,从市场制度上弥补了原有资本市场结构上的缺陷。尽管"新三板"市场没有A股市场的高溢价和高流动性,但它是经济民主的,是真正体现市场精神和逻辑的。作者基于对A股市场的分析、对中国香港资本市场和美国纳斯达克市场演进的比较,认为"对标"这些市场在逻辑上即不成立,无助于中国"新三板"市场的长远发展。同时,他认为,中国香港资本市场的新创新对内地"新三板"市场是一个有力竞争,中国香港资本市场的发展逻辑恰恰给我们提供了借鉴。这是作者作为一个投资人睿智和实事求是作风的体现,是接地气的。

2018年初，作为我国发展的战略目标，中央正式提出我国要建立现代化经济体系。作为现代化经济体系的重要组成部分，强调要建设创新引领、协同发展的产业体系，实现实体经济、科技创新、现代金融、人力资源协同发展，使科技创新在实体经济发展中的贡献份额不断提高，现代金融服务实体经济的能力不断增强，人力资源支撑实体经济发展的作用不断优化。根据上述要求，符合市场规律、拥有1万多家挂牌企业、充满创新动能和能够集聚市场化金融资源的中国"新三板"市场，毋庸置疑是能够作出新时代特殊贡献的。

高凤勇先生是非常专业的，职业熏陶使他对金融与实体经济之间的关系、对金融的本质、对资源配置的精要内涵具有独到理解。他尤其认为风险资本和伟大的风险投资制度是优秀创业者和优秀的中小企业走资本市场之路的直接推手。内涵市场规律精要的"新三板"市场，是包括风险资本在内的市场化投资力量必然的舞台。该书基于制度变迁的理论逻辑，详细分析了"新三板"市场制度形成动因和推动力量，为我们展现了中小企业在"新三板"市场上所能得到的涵养、推动、提升和规范，这恰恰体现了创新驱动、实体经济发展、现代（具有国际范的）金融支持、各种人才培养的有机结合。通过此书我们可以看到，中国"新三板"市场作为中国资本市场的新生态系统与我国建设现代化经济体系具有内在的逻辑一致性，必将为推动形成中国自己理想的产业体系作出贡献。

作者对中国资本市场发展变化的谙熟于心，尤其是对不同时期国家政策全面而精准地掌握，这使他对"新三板"有着强烈的关注和信心，对"新三板"诸如定位、分层、做市、流动性等具体问题

推荐序一
唯有变化是永恒的

有着独到精辟的认识，对"新三板"市场的"三类股东"、可转债以及企业IPO等市场关注热点给予理性判断，对"新三板"市场投融资所应有的理念、原则、核心要素给予了具有可操作性的阐释。特别是作者非常推崇年轻人到这个市场上来实践，来实现个人的价值。

所有这些都一一体现在该书的写作中，相信通过读者们的阅读自然会有自己独特的体悟。时代发展，浩浩汤汤，变化是永恒的，学会把握住变，才能成为金融市场好的参与者，也就能真正认识到"新三板"的价值。

南开大学金融学院常务副院长

2018年3月

推荐序二

新三板的火种

岁末年初,真的是一个特殊的时候,其实这段时间的每一天也都是 24 小时,春节期间跟其他时间的日子没什么不同,但是却被我们的社会人文赋予了不一样的意义。

岁末年初,必须要梳理、总结过往,展望、筹备将来。身在三板圈的人,自然要回顾新三板的 2017 年,展望新三板的 2018 年。

恰逢 2018 年初又是股转系统成立 5 周年的日子,所以总结的意味就更浓。这 5 年一只手数得过来:充满幻想的 2013 年,蠢蠢欲动的 2014 年,全面爆发的 2015 年,略感失望的 2016 年,充满绝望的 2017 年。虽然临近年底出了一个组合拳的改革方案,但就像一粒石子扔入水中,荡开几圈涟漪,市场很快又恢复平静。

2018 年春节之后,本以为市场会继续在微信群、朋友圈,展开关于重燃希望和持续绝望的对峙。结果,悄无声息,所有人都涌向币圈,争先恐后,奋不顾身。没有人说新三板改变中国,所有人都在讲区块链颠覆世界。

币圈一天,人间一年,币圈的人,连睡觉都是可耻的。

时代抛弃你的时候,连一个道别的机会都不给。这句爆火的话,

> 金融不虚：
> 新三板的逻辑

原来是说给新三板听的。春节过后，新三板开门迎客，结果连拜年的都没有，大部分人都给了新三板一个决绝的背影，新三板就那么尴尬在那儿了。

5年时间，换了人间，戴着红围巾熙熙攘攘合影的热闹景象，仿佛就在昨天，现在的金阳大厦，落落寡欢……

接下来是全国上下喜迎"两会"召开，本寄希望于"两会"能够为新三板带来新的消息，可是作为中央历次强调的多层次资本市场建设中的关键一环，新三板竟然悄无声息，反而是一直被广为诟病，已经无可救药的A股市场，竟然被人用两根葱，打扮得花枝招展，靓丽可人，要开始召唤独角兽，拥抱新经济，颇有老树发新芽（扶我起来再试试）的意思。

A股市场早已大到不能倒，这个我们都知道，但是我们是否也清楚他们也早已经大到不能改了？我们用全国亿万散户的血不停地浇灌A股肥沃的土壤，维持3000多家被选中的"优质企业"的奢靡生活，装点着中国经济的门面，代表着辉煌的40年。

当一项制度造就了太多的利益纠葛，要想改，谈何容易。这不，注册制又被悄悄地推迟两年。明年复明年，明年何其多。

当指数不断地下跌，当企业不断地摘牌，当国税局也来征税，当召开的"两会"也让我们看不到丝毫希望，我们不禁要问：新三板的红旗还能打多久？这已经成为萦绕在每个三板人心头的疑惑甚至是心头的痛。

当新三板公众号的文章阅读量持续下降，当一篇两篇单独的文章已经无法给予三板圈以信心的时候，我把关于新三板的思考做了系统梳理，用25万字来论证7个字——《新三板改变中国》。

推荐序二
新三板的火种

封面用了红色，用了星火燎原的设计，因为我相信新三板革命的火种已经播下，星星之火可以燎原。但我同样也知道：革命，往往都是持久战。这本饱含心血的"红宝书"，我知道它是多么的不合时宜，廉价得连年货都算不上，只能算是一张送给新三板的薄薄的贺年卡。

即便如此，高凤勇高师兄和布娜新布社长仍然逆流而上，继续为新三板振臂高呼，摇旗呐喊，用 30 万字，来向大家阐述新三板如何让金融变得不"虚"的逻辑。两位作者，高凤勇先生是中国最早一批资本市场的建设者和参与者，经历了中国资本市场的种种变迁和起起伏伏。布娜新先生是最早从事新三板研究的年轻学者，发起成立的新三板文学社，成为众多新三板意见领袖的聚集地。他俩从资本市场的底层逻辑谈起，细数中国资本市场的历史和问题，纵论港交所到纳斯达克的优势与紧逼，在历史和现实中纵横捭阖，只为向大家呈现新三板的运行和投资逻辑。

在大部分人转身之后，新三板的山头上仍然有依稀的身影在挥舞旗帜，这让我想起了堂吉诃德，那个大战风车的骑士，为了他所坚信的骑士精神，为了他内心的道义世界，多少次的孤身一人，跃马挺枪，向强大的敌人，冲锋，屡败屡战，毫不犹豫……

我不禁在想，还在坚守新三板的人会不会都是堂吉诃德，为了一个虚构的意义世界在做着无畏的甚至是可笑和可悲的努力？所谓的一身才华其实只是破甲驽马，我们所不断赞美并寄予希望的新三板，并非美艳绝伦的贵妇而只不过是一个普通的农家姑娘，我们以为是扶弱锄强的行侠仗义是不是在为企业添乱、为国家添堵？

当我开始这样审视自己的时候，我变成了他的仆人，那个虽然胆小怕事，但是求真务实，也不乏聪明公正的农民桑丘。

其实我们每个人既是堂吉诃德又是桑丘，我们在理想和生计之间摇摆，我们的堂吉诃德在为了理想勇往直前的路上，总有桑丘在旁边为了生计啰哩啰嗦。理想是狂热的、缥缈的，生计是冷静的、实在的，在堂吉诃德为了骑士梦想而不断冒险的路上，是桑丘为他做了后勤保障。

做堂吉诃德还是做桑丘，这不能是一道单选题，塞万提斯也不忍心让堂吉诃德一个人上路。可时至今日，这的确是摆在所有坚守新三板的人们面前的一个问题。

好吧，让我们抛开恼人的个人利益的算计，再来审视新三板到底是不是我们所幻化出来的一个意义世界，是不是仅是一个执念？

在新三板的这几年，我无数次地拷问自己，新三板是不是真的如此重要，是不是真的有意义，是否值得为之奋斗、为之鼓与呼？可是越是思考，就陷得越深，思考过的每一个地方都变成了建设新三板这个意义大厦的一砖一瓦，每一次怀疑都变成了一篇支持新三板建设的文章，而这些散落的砖瓦，如今早已在心中建成了一座坚固的大厦。

如今，高师兄和布社长，也把他们构建的新三板大厦呈送于还关心新三板的诸位读者面前，它的每一块砖、每一片瓦、每一根横梁、每一个结构，都是用现实和逻辑精心地打磨和构建，经得起质疑和推敲。

为什么我们自信各自构建的新三板大厦，不是空中楼阁，更不是海市蜃楼，因为它们有着最现实的根基，那就是中国广大创新、创业、成长型中小企业融资难，这是毫无争议、尽人皆知的事实。

推荐序二
新三板的火种

目之所及，除了新三板我们找不到其他解决方案。所以支持新三板的建设，就是为了支持广大中小企业的融资，就是为了支持千千万万在中小企业就业的职工和他们的家庭。

人类有了火种才能走向文明，企业有了资金才能向前发展，新三板就是从众神那里盗取火种的普罗米修斯，它赋予每个企业融资的权力，它给每个企业带来生机和希望，所以，此刻的它，被缚在高加索山上承受着日晒雨淋……

请原谅此处用于新三板的比喻，没有一处是出自正剧，新三板的大戏还在演绎，远非曲终人散的时候，坚守新三板的这群堂吉诃德们，会继续挺枪上马，继续向着风车冲锋，不怕得罪众神，会继续为中小企业盗取火种……

高凤勇和布娜新就是冲在前面的两位，这本书就是他们"盗"来的火种……

是为序。

《新三板改变中国》作者、新三板读书会创始人

2018 年 3 月

自序一

青春各自美好，一生要靠国运

在别人眼里，我的成长一路都挺顺利的：刚上学，"文革"结束了；小升初，赶上县一中多年来第一次面向全县招生，我作为于家河小学的两个幸运儿之一进入了县里的最高学府，并一路读到高中毕业；高中毕业，又以优秀的成绩进入南开大学金融系就读，那时候南开大学在家乡的形象可不是今天这个排名，我们小学的校长很早就告诉我们中国有三所大学：清华、北大和南开。而且说真心话，当时不知道金融为何物，就是希望将来能做经济工作而已，没预期金融业在未来的几十年间发生如此大的进步。

大学毕业时，我又以优秀毕业生的身份分配在中国投资银行天津分行，并作为主要筹备人员建立投行系统唯一的一个证券部，开启了自己的资本市场生涯，并在以后分别进了券商、信托历练，一直到自己创业从事私募股权投资业务。

有没有惊险和不满呢？其实还是有很多的，比如高考前夕一个月，我放在教室的所有教材一夜之间不知去向，这个案件至今是个谜，只能推断是有嫉妒我的同学下了黑手，出事之前我的高考模拟考试成绩很好，数学语文两门课程可以超出县里第二名 50 分。但是事件对我的影响很小，倒是感受到了很多老师和同学对我的关爱，有些同学帮我凑出好多本教材供我复习，高考结果还是很不错。

刚入大学时也有一段时间挺不习惯，一是当时南开的校区老旧，不够漂亮，觉得自己报考得有点儿亏；二是在高中时自己是个有光环的优秀学生，进入大学，全是优秀的学生，比我更有光环，我多少会有点儿自卑。比如第一堂英语听力课，硬是一句都听不懂。还好经过几个月，自己调整好了心态，努力学习，积极参加学校的各项活动，二年级以后逐渐成为一个活跃分子。

我也承认我是个挺顺利的人，但是分析原因我觉得是因为骨子里的我是个随遇而安的人，对自己缺少规划，走到哪里都挺容易满足，所以是幸福感比较强的人。

随遇而安有个天大的好处，就是心态不封闭，容易接受现状，并迅速干一行、爱一行。爱是可以产生巨大动力的，你会自己跟自己较劲，让自己全身心地投入这个行当，努力吸吮营养，快速成为业务能手，并乐此不疲。你的努力总会获得大家的认可，这种认可会激发出更大的动力去努力学习和工作，形成良好的正反馈和正循环。

刚入银行的前两个月，要做不少粗活累活，比如给成麻袋的旧国库券剪角盖章，跟着师傅去小窗口卖新国库券，还要练习一些基本技能，比如点钞，我都挺快活地训练，觉得总是个技能，后来在营业部我是做过现金柜台复核岗位的，那时候点钞机不普及，大钞必须手点，我应付两个接柜的前台完全没有压力。筹建证券部的过程中，要撰写设立证券部的可研报告（彼时设立证券部需要人民银行金管处审批，需要很多申报材料），没有可参照资料，就绞尽脑汁

自序一
青春各自美好，一生要靠国运

冥思苦想。证券部设立后，行情一好委托柜台就排长队，自己必须努力练习小键盘，那时的计算机运转速度也没有今天这么快，一串数字敲进去，手已停，然后看着数字一个一个在屏幕上蹦出来，看得身边一位退休的老处长直夸我是业务能手。自己偶尔被换到别的岗位，只要排队，外面股民就会操着天津口音高喊"换小高！"这种激励是让人非常享受的。

跳槽到上海后，转型从事投行是非常偶然的，那时公司手提电脑有限，要确定抢到可以签约的项目，才会给项目组一台手提，我是受差遣给我从事投行的师傅胡东良送手提电脑时被他扣留做助手，才从事的投行工作，在那段住在项目现场的日子里，自己趁师傅休息时间翻看项目建议书，学习《中华人民共和国公司法》，熟读投行"红宝书"，迅速使自己跟上节奏；以一定要找出错别字的心态查看审计报告的附注，迅速理解会计科目间的勾稽关系，以便能跟会计师和评估师对话。那段时间我的收获很大，不仅对财务的理解突飞猛进，甚至达到可以背诵《中华人民共和国公司法》很多法条的地步。

后来我转型信托，再从事私募，到今天深入研究新三板，可能都跟自己的随遇而安有关系。所以，随遇而安如果从贬义来说可能是缺乏远大志向，从褒义来讲也许叫脚踏实地，前进的路上没有坦途，接受现状、面对困难、勤奋学习、勇于实践可能是进步的不二法门。

随遇而安的性格可能跟自己早年的农村生活有关，出生在20世纪70年代，"文革"还没有结束，母亲很会过日子，忙时吃干，闲时喝稀，一年到头家里没有断过顿，跟同村很多家庭比起来，就觉得很幸福，就觉得很多苦日子挺容易接受，比村里其他同龄人强多了。

除了自己是个随遇而安的人,我觉得自己也是个糊涂的人。

有些场景下,可能别人寒暄之余是话里有话,而我往往没有反应,或者要过很长时间,才忽然意识到人家其实在表达什么。

商谈合作时,我都力图先把事情促成,有些一时搞不清楚的就用大家都能接受的词句替换一下。不是不认为话讲清楚不对,是我总觉得"蛋糕"有了大家才有得分。意识里天上已经掉下一块"蛋糕",大家如果不讲后续的持续且尽力的投入,只想着把成果分得一清二楚,这样的隐患不小。

内部利益分割上,我也是尽量自己糊涂一点,不跟团队抢"蛋糕",只要我一直愿意帮助大家拿到更多激励,大家自然跟我的合作就多,大家完成好了,总会有我的,我想算总账的话我应该不会亏。

有没有过别人眼里的飞扬跋扈呢?也是有的,就是年轻时思考问题不周全,站在自己小团队的立场上,觉得很多事情特别容易取舍,会怪别人为什么不配合?怪领导为什么不支持?自己走上领导岗位后,掌握信息和思考问题更全面一些,就理解为什么有时取舍不那么容易的原因了。所以自己开始学习更柔和一些,开始做团队中的润滑剂,大家只要齐心协力,其效果会比一堆黏合不在一起的强者效果好很多。

在证券和信托工作时,都有带普通员工(甚至是淘汰员工)组成的队伍的经历,创业了,公司不可能有太多的财力去挖能力极强的人,挖来了估计也留不住,我会很努力地审视内部资源,适当调配,激发大家活力,发挥每个人的长处。我深信:招不到独当一面的人,就把可以当一砖一瓦的人砌成可以独当一面的墙,这堵墙会

自序一
青春各自美好，一生要靠国运

更忠诚、更可靠！事实上多年以后，跟我在一起的团队里走出了很多公司的高管、业务骨干、知名分析师，我很为他们骄傲。

前几天看电影《芳华》，我写了几个字的感想：青春各自美好，一生要靠国运。我觉得我们这辈人总体是非常幸福的，因为我们赶上了中国盛世，赶上了中国行大运！我们的进步和成功离不开这个大背景，我们自己也不要辜负这个大背景，应该努力奋进、应该主动弘扬正能量。

就我自己而言，1992年毕业赶上了邓小平南方谈话，开启了中国资本市场大时代；2003年转型信托时，《中华人民共和国信托法》才公布两年，开启了中国财富管理大时代；2005年股权分置改革，使私募股权的退出有了现实基础，所以2007年创业，我进入了划时代的PE市场；而2013年股转系统的设立，在中国资本市场版图上增加了一块大大的补丁，这其实是个全新的市场。它既不同于A股，原A股二级市场的成熟经验简单搬过来会水土不服，也不同于原私募股权市场，一级市场经验简单照搬也会栽跟头。基于原来的经验，慢慢理解这个市场，由浅入深地体会这个市场，循序渐进地实践这个市场，方为正解。假以时日，这个新市场会给大家很多新的机会。

我自己平常会把点滴想法写成百字短文，当作日记，留给自己看，虽然有对有错，但毕竟是自己思考的过程。近两年来，思考和实践中对新三板给予了极大的关注，也有幸把一些想法在"新三板文学社"公众号发出，既然是日记和感想，随笔的味道就很重，不成体系，有时甚至前后矛盾，好在出自真心，不用抄袭别人，也不怕别人非议。非常感谢布娜新鼓励我，给我策划整理，并添加了他自己非常多的有益的思考，使之更完整、更有逻辑、更有分量，可读性更强。没有他的加盟和努力，我的那些想法可能永远是日记。感谢南开大学金融学院范小云教授在百忙之中为本书作序，把我朴素的思想升华到理论高度。

在此要特别感谢我的家人，我既不太会照顾自己，也不太会照顾别人。自毕业后就远离家乡，母亲故去之前，因身体抱恙，多年卧床，是哥哥嫂子、姐姐姐夫替我尽孝照顾母亲，现今父亲年事已高，不习惯来大城市居住，依然是哥哥姐姐在膝下尽孝。自己的孩子出生下来，我也几乎不操心，是外公外婆和太太主动承担了照顾孩子的重任，感谢家人对我的包容、对家庭的付出。

同样感谢这么多年跟我在一起打拼的团队，是你们的宽容让我经常觉得我总是忙并快乐着，我觉得我们还可以快乐地做很多事情，取得很多成就！

2018 年 3 月

自序二

春非我春，夏非我夏

1. 何处安放我的三观

作为一个80后，我的经历没什么特别，如果要回顾的话，许多80后也会在其中看到自己的影子。我作为85前的80后，出生时虽没赶上婴儿潮，却赶上了独生子女政策。没有兄弟姐妹的陪伴，80后一路的成长是个孤独又三观尽毁并不断重建的过程。

为什么说三观尽毁呢？引用网上那个很著名的段子，"读小学时大学不要钱，读大学时小学不要钱；上学时工作是分配的，毕业时得自谋职业；没挣钱时房子是分配的，挣钱后发现根本买不起房；没进入股市的时候，傻瓜都在赚钱；进入股市后，才发现自己成了傻瓜。"未来，许多80后的生活图景很可能是：延迟退休，照顾四个老人，养两个孩子，最后再帮两个孩子带四个孙子。

这样的成长经历很容易使80后挂上"愤青"的标签，这不奇怪。我在20多岁的时候，也有过这样的"至暗时刻"，委屈、不满、愤恨、抱怨，时常怀疑人生。前段时间朋友圈刷屏的张泉灵说的没错，"时代抛弃你的时候，连句再见都不会跟你说。"

金融不虚：
新三板的逻辑

如果不想被这个快速的时代列车甩下去摔个狗啃泥，除了奋力追赶、逆水行舟之外似乎也没有其他碾压现状的选择。我想，这就是我们这代人的宿命。乐观地看，这样的命运也没什么不好的。我们活一辈子，可以经历前人几辈子都经历不了的事情。当然，焦虑是必然的，区块链还没搞明白呢，已经有人通过比特币、空气币赚得盆满钵满。面对焦虑，有人选择抱怨和愤恨，有人选择解决焦虑。在我看来，学习是可以缓解焦虑的。生活在和平年代的我们无疑是幸运的，我们有安静的书桌，就看你愿不愿意读书了。

书读得越多，越能体会"相互矛盾的观点在头脑中并行不悖"这一奇妙体验。这种体验虽无关立场，但使人上瘾，使人欲罢不能，使人有交流的欲望和冲动。在求知欲的驱使下，在现代科技提供的便利中，我们有了微信群，我们有了社团生态。在我们一群人的小社团"新三板文学社"中，有对时事的热评，有对现状的揶揄，也有观点和立场的交锋。

交锋使人有更开放的心态，也有更多意料之外的收获。比如，通过共同的朋友郑培敏先生，我结识了高凤勇先生。老高是一位学习能力极强的70后金融业从业者，他的观点和文章，于平和中凸显力道，于简单中蕴藏洞见，以不变应万变。自然而然在钦佩中，我发现了我们一些殊途同归的理念，找到了共鸣之处。

于是有了这本书，这本书将我们两人的作品打碎，该删的删，该加的加，重新梳理逻辑，需要重新写的部分，就踏踏实实重新写，绝不敷衍。也许冥冥之中缘分使然，这本书是一个70后和一个80后思想交锋产生的化学反应。这个化学反应既是柔和的，也是激烈的，同时也是创新的和颠覆的。

自序二
春非我春，夏非我夏

在创作这本书的时候，作者均恪守了三条准则：

第一，尽量真实，尽量客观，不带主观色彩；第二，能用数据说话的，能用图表说话的，绝不省略；第三，化繁为简，能用大白话说明白的绝不虚张声势。

本书是一个70后和一个80后精心打磨的产品。不光有许多新鲜有趣的观点，还有许多自创的理论，以及40多张自己做的图表，都是为了力争将复杂的事情简单地、通俗地告诉读者。

对我们二人来说，这是我们的第一本书，处女作的分量非同小可。因为我们深知，笔有千斤重，文章要真实。

2. "自下而上"的世俗理性

1974年诺贝尔奖获得者哈耶克（F. A. Hayek）曾经在《知识在社会中的应用》说过：我们必须应用于解决具体问题的知识从未以集中或者整合的方式存在，而是以彼此分离的个人拥有的不完整和经常相互矛盾的知识片段方式存在。

原文翻译的拗口，下面用大白话给大家解释一下。知识，从来都不是成体系存在的，相反，知识的诞生过程是零散的、片段的，甚至是相互矛盾的。千千万万的普通人，在生活中、在生产中，总结出来的经验和知识，需要不断地去粗取精，去伪存真，不断地证伪、否定、创新，再不断地轮回。这个过程，是没法预先设计的客观实践，没有哪个站在高处，全知全能的神能看到这一切，都是"自下而上"的，这也就是"摸石头过河"的精髓所在。

每当巨变来临的时刻，人类历史均无章可循，也无从制订周密的计划。但好在每当事物发生巨大变化时，总是有这个领域的个别人，在某个局部感受到变化。而目前的新三板不也是如此吗？

中国是一个每天都迎来巨变的伟大国度。面对过去的不确定性，中国古人凭借独有的历史积淀与实用主义，无论一统或战乱，将华夏基因传承至今。而如今深谙此理的中国人则迈向了更高的舞台，通过谦卑和虚怀若谷的精神，与包容的世界一道繁荣发展。

纵观中国历史中的改革，都是不伤及原有制度下的崭新创造，唯有拿捏好利益分配之间的分寸，改革才能保证顺利进行。我们国家无论是企业股份制改革还是证券市场的股权分置改革，很多改革的举措也许并无统一纲领指导，都是在基层和前沿阵地试错摸索出来，然后渗透和分散到其他地区和领域。如果没有接地气的草根主义和落地的实用主义，改革就缺乏一种摸着石头过河的勇气。

前沿阵地的战士们总会第一个摸到过河的路，改革设计者们则不断针对底层实践去粗取精，去伪存真，总结成功经验和失败教训，再不断纳入法律保护的总框架和顶层设计中来，往往出奇制胜，无往而不利。

3. 新三板的使命

中国资本市场从诞生之日，就是中国经济改革的前沿阵地，有力地推动了中国社会资源配置朝着更有效的方向前进。中国资本市场即将走完第三个十年，出现了一系列深刻变化：市场规模迅速扩张，融资功能显现，交易日趋活跃，法律不断完善。

但问题也是有的，A股虽然完成了许多历史使命，推动了国企和大中型民企上市，满足了其并购重组的需求，使其通过行业整合做强做大。但A股的缺陷也是明显的，上市公司结构偏传统，无法适应新经济公司的特点。在中国经济转型的时代浪潮中，多层次资本市场应运而生。中小微企业的融资问题和规模扩张需求，为新三板的建设提供了发展机遇。

A股拥有最先进的交易制度和最落后的上市发行制度，而新三板拥有低门槛、便捷的挂牌制度和多元的交易制度。新三板海量的规模和年轻的岁数，注定意味着它可以站在A股巨人的肩膀上，不断试错，成为中国中小微企业、新经济最佳的试验田。从这个意义上说，新三板类似于一个中国资本市场的终极形态。

因此，我们会看到，新三板虽然是个小众市场，但是新闻不少，每天有大量自媒体报道。这意味着新三板未来必定会开启多层次资本市场的新生态，挂牌企业、投行、研究、投资、媒体、FA等参与方都会有不同于以往的玩法。而本书，旨在为大家梳理我国多层次资本市场的逻辑，对比A股与新三板的异同，二者既是一种区别，又是一种融合。当然，大部分的笔墨会落在新三板这里，探讨改革、探讨未来。此外，我们针对企业和投资机构撰写了专门的章节探讨实务，干货满满。

总之，虽不能面面俱到，但求无愧我心。挂牌企业也好，投资机构也罢，抑或是新三板的参与方或从业者，相信你们从本书中都会有所收获。

4. 致谢

正如奥斯卡的颁奖礼一样，感谢环节虽在意料之中，却常常令人动容。

我首先致谢的对象是高凤勇老师，高老师的勤奋挽救了我的惰性，他是这本书的灵魂人物，没有高老师，就没有这本书。参与本书创作的还有荣正咨询董事长郑培敏先生、中科沃土董事长朱为绎先生、新三板个人投资者（外号新三板死多头）周运南先生、新龙脉控股创始合伙人王雨荍女士、洪泰赋能基金CEO冯志先生；滦海资本合伙人赵莉女士参与了本书第六章第一节关于新三板投行内容的阐述；滦海璞奥投资管理有限公司总经理李畅先生参与了本书第八章第三节关于内控方面的阐述。另外本书中部分数据和图表由力鼎资本周聪、李鹏宇、韦莉以及滦海资本张凯丽、钱镇和实习生高心悦统计整理。

本书还要感谢的是合作中带给我收获的新三板董秘们和总经理们，比如"董秘一家人"创始人崔彦军先生、上陵牧业董秘沈致君先生、万绿生物总经理印维青先生、凌志软件董秘饶钢先生以及某新三板公司前董秘陈琦胜先生，还有新三板名媛会创始人唐洁女士、名媛会成员路晶晶女士、甘蔚女士、陈雪骐女士、徐晓阳女士和陈淑娟女士。本书中关于董秘的观点都是从与他们的直播录制中提炼出来的。还有和我同龄的张可亮先生和任佳伟先生，虽是同龄人，但他们的眼界、智慧和见识远在我之上，在工作中给予我很多帮助，为本书贡献了很多智慧。另外还要感谢联讯证券新三板研究院的彭海先生，他为本书提供了一些研报和数据方面的支持。当然，还有很多人给本书提出了宝贵建议，请宽恕我在这里不能一一列出。

最后，我要隆重感谢我的家人，从我出生开始，父母就作为我坚实的后盾伴我成长，而我的妻子则任劳任怨地为本书的架构提供了独特思考和艰辛劳动，也为本书的最终成型提供了一切必要的

自序二
春非我春，夏非我夏

保障。

现在的新三板虽然冷，但我们这些从业者的心仍旧是热的。实现理想的道路从来不平坦，希望选择新三板的你们、我们，大家一起坚持，并能笑到最后。

2018 年 3 月

目 录
CONTENTS

序章　　　金融不虚，资本不虚 / 1

第一部分　想融资？先了解资本市场 / 15

第一章　**中国资本市场图谱 / 17**
　　　　第一节　资本市场基本模型 / 17
　　　　第二节　基本要素：企业与投资者 / 24
　　　　第三节　图谱中市场的两大主角 / 31

第二章　**虎啸龙吟：资本市场话语权之争 / 40**
　　　　第一节　从区域发展不平衡说开去 / 40
　　　　第二节　让人爱恨交加的 A 股 / 50
　　　　第三节　新三板会改变什么 / 71

I

第三章	**外面的月亮更圆吗** / 82
	第一节　香港创新板——新三板最大的竞争对手 / 82
	第二节　纳斯达克不是中小企业的天堂 / 88

第二部分	**新三板不完美？也许不是缺点** / 95

第四章	**内因主导** / 97
	第一节　挂牌企业素描图 / 97
	第二节　挂牌企业质量差吗 / 105

第五章	**外因优化** / 114
	第一节　老生常谈的定位问题 / 114
	第二节　分层制度的合理性 / 127
	第三节　舶来品做市制度 / 136
	第四节　流动性不要对标 A 股 / 149

第六章	**新三板的未来** / 155
	第一节　新三板是资本市场的新生态 / 155
	第二节　新三板研究如何化解尴尬 / 166
	第三节　新三板未来畅想 / 174

附：股转系统领导讲话 / 183

李明：新三板改革将持续深化 下一步将推进精细化
分层与条例制定 / 183

隋强：新三板相当"年轻" 下一步将着力推进
精细化分层 / 188

第三部分 见天地、见众生、见自己 / 195

第七章 打铁不忘自身硬 / 197

第一节 理解核心竞争力 / 197

第二节 因势利导，顺势而为 / 203

第三节 融资技巧 / 212

附：新三板企业融资路演的 8 个锦囊妙计 / 227

第八章 车到山前必有路 / 232

第一节 "三类股东"不是洪水猛兽 / 232

第二节 如何用好新三板可转债 / 244

第三节 新三板企业要不要IPO / 254

第四部分 投资这件事儿 / 265

第九章 心法篇 / 267

第一节 偏信则暗，兼听则明 / 267

第二节 无招胜有招 / 274

第十章 理论篇 / 280

第一节 市盈率不能"一刀切" / 280

第二节 "壳"的全景剖析 / 288

第十一章 实战篇 / 298

第一节 投资方法论 / 298

第二节 私募投资实操 / 317

第三节 Pre–IPO 像个围城 / 327

第四节 七嘴八舌话投资 / 340

参考文献 / 366

序　章

金融不虚，资本不虚

和企业家交流，常有人说，他们只会做好实体经营，不太会玩资本啊、金融啊这些"虚"的；还有些企业对金融和资本的认知就是钱，"我的企业又不缺钱，我想不清楚上市为什么？我也不想上市去骗老百姓的钱！"

2016年以来，"脱虚向实"的声音不绝于耳，金融成了"虚"孩子、"坏"孩子，未来三年国家经济工作的第一大任务就是防范和化解风险，主要是防控金融风险。

金融真的是需要人人喊打的"虚"吗？作为资本市场人士，长期的金融从业者，笔者肯定不敢完全苟同。

金融是什么？

笔者自己的理解：金融的本质是资源跨时空的配置，金融制度是资源配置的制度，而且是最高效、最重要的制度。

怎么理解金融范畴的资源配置呢？简单来说，一个企业生产经营过程中需要原材料、技术、高端人才等各类资源，金融不会直接给你这些，而是用一种抽象出来的一般等价物的形式——货币，让你去就近适时采购，高效完成配置。

怎么理解跨时空呢？跨时，就是金融体系把很多储蓄者今天暂时不用的钱（资源）交换出来，支持投资者当期的投入；跨空间，就是金融体系可以让全球各地的资源瞬间快速流动，要比实物的流动高效很多。这功能听起来有点儿像滴滴，你叫滴滴要的其实不是车，而是便捷的交通，通过互联网高效地链接，把离你最近、到达时间最短的车派给你。

金融配置资源的基本属性是市场化的，哪里资源的使用效率越高，产出越高，就配置到哪里。

跟配置的实体资源不同之处在于：金融体系配置的资源很特殊，呈现的形式是资金，更像是企业经营中的水和空气。一个企业缺了煤、缺了电，可以暂停几天，问题不大。但是，一个企业经营过程中断掉了现金流，断掉了金融支持，很多情况下企业不是休克，而是面临死亡。

从这个角度讲，金融好像没有那么虚。以我们从事的私募股权为例，全行业组织的储蓄资金，绝大多数都直接以股本金的形式流入了实体经济，支持实体经济、新经济高速发展。

我们通常讲的虚，更多的是没有直接流入实体经济，或者要经过很多层结构和嵌套，加上很多无谓的成本，最终才能流入实体经济的金融现象和金融资本，它们主要的利润来源是短期内"以钱生钱"，而不是分享实体经济的产出。这样讲起来有些费解，简单举两个例子可能更直观一些：

（1）投资机构增资实体企业股权，是典型的进入实体经济。而

序 章
金融不虚，资本不虚

二级市场投资者每天交易买卖股权，虽然交易的对价都是获得股权，但是后者更"虚"。

（2）正常情况下，银行的资金通过直接的信贷可以流入实体经济；但是特殊情况下，这个资金可能通过搭建一个或多个结构，比如嵌套一层"资管计划"，加上一定成本后再流入实体经济，这一层嵌套就更像"虚"。

我们的金融治理重点更多的是控制这类"虚"。但即便如此，金融之"虚"依然有合理之处。以第一个例子为例，如果没有二级市场的高效流动和交易，就会影响一级市场进入实体经济的热情，这一点在新三板市场上大家是有目共睹的，我们一直以来辩驳的降门槛、竞价交易不都是呼吁让新三板更"虚"一些吗？否则，无虚则无实。

在第二个例子的情形下，除了常规的监管套利甚至发生腐败之外，我们有没有想过也可能是我们金融机构的产品和服务供给以及监管部门的监管认知没有跟上实体经济发展的需求，才导致这种现象频繁发生？这些"虚"是不是有很多也实际满足了市场的真实需求，支持了实体经济呢？

再说一种情形：我们有很多实体经济明显属于落后产能、富余产能，很多情形下金融业直接支持了这类实体经济，这到底是属于虚还是实？

上面的讨论还仅是局限在一国范围内，如果观察全球的情况，就可以认定一国的金融竞争力已经是国际竞争中最有力的手段和工具之一，既可以有效支持一国的实体经济跟其他国家打大仗、打硬仗，又可以化解甚至转移本国经济风险。10年前美国发生了严重的次贷危机，10年后的今天标普指数连连创新高，可一帮兄弟国家依然陷在泥潭里无法自拔,这番景象凸显了美国强大的金融竞争力。

作为从业者,笔者必须呼吁,金融不虚、资本不虚。我们国家的金融也好、资本市场也好,不是发育过度了,而是还很稚嫩,还不能很好地满足我们实体经济的需求。相对于我国实体经济与先进国家的差距,我国金融的差距更大,还有更大的发展空间需要同仁们努力!

研究金融市场和资本市场要特别重视结构

作为一个转轨国家,我们形成了经济生活中的很多层次结构,比如计划与市场、城市与乡村、国有与民营、核准与注册等。相应地,在金融领域,其实我们有结构化的信用、结构化的利率、结构化的估值,所以单看总量、看平均数,我们经常无所适从,但是深入研究结构,就会发现结构的机会多多。比如我们画一个不同企业属性的结构信用示意图(见图1)。

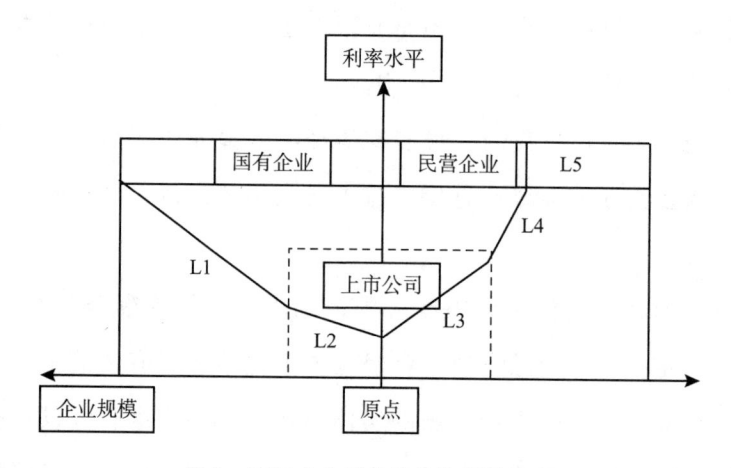

图1 不同企业属性的结构信用示意

资料来源:笔者自制

序　章
金融不虚，资本不虚

示意图1中，整体是国内企业集合，左半边线框是国有企业，右半边线框是民营企业，中间框内代表上市公司。横轴代表企业规模，从原点向左右两边，企业规模越来越小，在水平线上离原点同等距离的企业经营的状况完全同质，业绩完全一致；纵轴代表利率水平，从原点向上，利率越来越高。线段L代表不同规模企业融资所需要的利率水平。

利率水平的高低正好与金融机构认同的信用等级成反比。我们可以看到，同样的企业规模和经营能力，国有企业和国有上市公司的利率要低于民营企业，国有企业能够获得信贷的经营门槛要低于民营企业，而没到一定体量规模的民营企业的利率曲线变得陡直，毫无弹性，意味着根本无法取得信贷支持。

实际情况更复杂一些，国有企业还分央企和地方国企，还可细分为国有控股公司和国有参股公司。

在这种信用结构中，如果只用一般的货币政策工具进行调控，大水漫灌，政策效果微乎其微，甚至适得其反。

同样看一下2011~2016年不同市值区间A股的平均市盈率波动图（见图2）。

也就是说，漫长的时间跨度里，A股市盈率与总市值一直呈现负相关关系，如果截取某一天的横截面，基本是这样的（见图3）。这就是简单看平均市盈率估值难以取得良好投资效果的原因之一。

新三板的推出，极大地丰富了中国资本市场的结构。

新三板试行了很多跟A股不同的规则，比如注册制、做市交易、分层管理、合格投资者制度。经济学研究讲假设，但是很难复制实验，这些不同的规则使我们可以近距离研究分析，并得出更真实有效的结论。

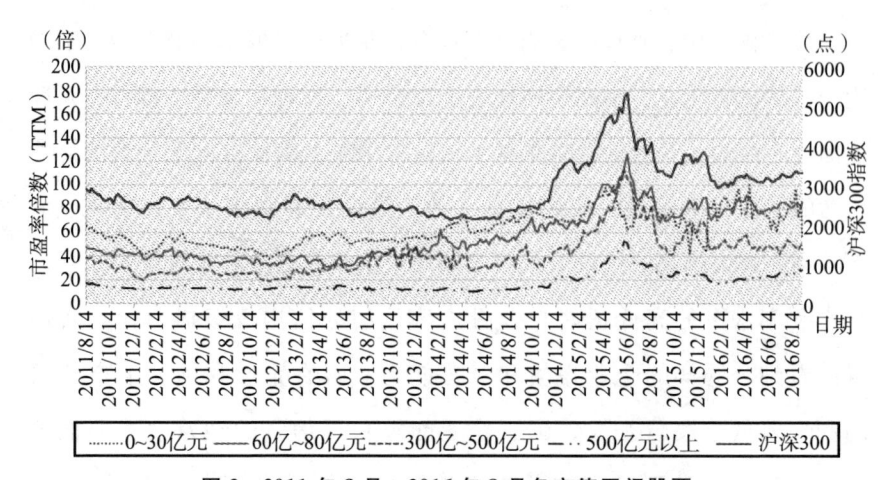

图 2 2011 年 8 月~2016 年 8 月各市值区间股票
加权平均市盈率与沪深 300 指数之间的比较

注：剔除统计当日市盈率为负数或者大于等于 300 的股票影响
资料来源：Wind 资讯，力鼎资本整理

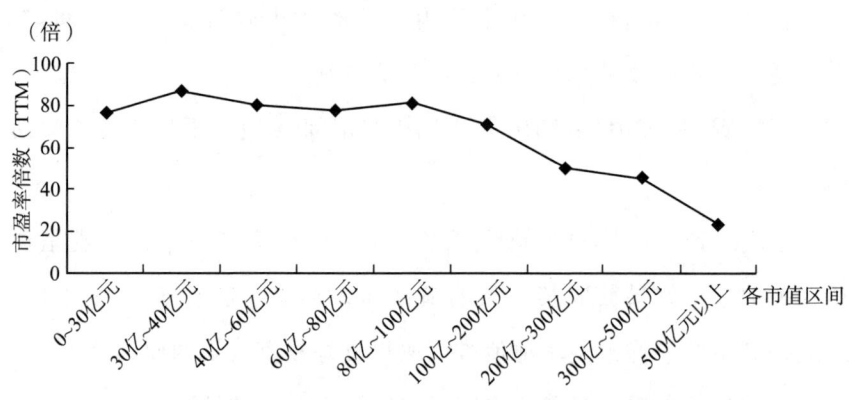

图 3 2016 年 5 月 29 日各市值区间股票加权平均市盈率比较

资料来源：Wind 资讯，力鼎资本整理

序　章
金融不虚，资本不虚

在注册制下，企业挂牌的门槛大幅度降低，不同性质、不同业务模式、不同规模体量的公司，在未经过多的粉饰前即素颜登台，公开呈现在投资者面前，使我们能更充分理解中国的企业，理解中国的资本市场，也给大家投资创造了新的机会。

在没有新三板之前，我们的市场呈现的是低门槛投资者准入、高门槛挂牌企业准入的模型；有了新三板，我们多出了一个高门槛投资者准入、低门槛挂牌企业准入的模型。而且即便在新三板内部，交易和融资也自然分层。在这种情况下，简单对标 A 股或者瞄一眼纳斯达克得出的结论极易东施效颦。

研究结构、拆解结构，在结构中寻找自己的投资机会，是我们在研究和工作中必须坚持的信条。

永远进化

2018 年，我们改革开放 40 年了。短短的 40 年，中国经济突飞猛进，取得了举世瞩目的成就。1978 年，中国的经济总量占全球 2.25%，当时的中国是一个极其贫穷和微不足道的国家。今天的中国是全球的第二大经济体，经济总量占到全球 14.8%[①]。这在 20 年前、30 年前几乎是不敢想象的，但是我们真的做到了。

幸福之余也有感慨，其实，这 40 年飞速发展的代价是一代一代人加速碾压、加速进化、加速淘汰。国外百年的路，我们短短十年二十年就走完，所有的人、所有的设备、所有的知识都在加速折旧。

---

① 资料来源：联合国统计司。

很多企业昨天还是明星，今天突然就变得一文不名。这样的案例比比皆是。

1992年毕业的时候第一份工作在天津。年底了，康师傅碗面突然爆火，坊间流传谁能批发出康师傅碗面，立马有人加价收走；有个师兄工作做了信贷员，因为要经常下企业，单位配了一台摩托罗拉BP机，他带回学校显摆，老师同学们就守在看门大爷门房的电话边自己呼自己，眼里都是羡慕嫉妒。今天，康师傅碗面好歹还在，BP机呢？

这些并不是个案。这些年，我们熟知的富士、柯达、乐凯胶卷从视野里消失了；当年的爱立信、诺基亚都被碾压了；大街上的汽车忽然都认不出是啥型号了；上海街头的书报亭已经了无踪影。更近一点的，前几天路上还是各色共享单车，大家直喊颜色不够用了，可是转眼色彩又恢复了单调。

家里老人，30年前是双职工家庭，职称也高，这几年一直跟我探讨社会是进步还是退步的问题，今天的钱怎么这么不值钱的问题，房子怎么这么贵的问题。我说问题肯定是问题，还有个深层次的原因是他们这个群体当年是国内收入接近金字塔塔尖部分的人群，但是随着时间流逝，他们慢慢滑坡到塔座了。今天塔尖的人依旧衣食无忧，也毫无买入豪车大房的压力。

近30年中国的金融业也急速发展，从银行独大到有了资本市场、资管市场，进化出很多新型银行、保险、信托、证券、基金机构。我刚毕业的前几年，同学们互相介绍，只要说出所在部门的名字，我们就很容易了解他的具体工作和工作状态，可是今天很多场景下，和大家交换完名片，还要问问你们公司是干什么的？你们部

序　章
金融不虚，资本不虚

门是干什么的？2017年南开大学应用金融研究中心搞了一期本科生的暑期夏令营，带领一些优秀的学生走进上海的金融实体，10多天的内容，老师同学大呼过瘾，我自己也参加了两次活动，很多烧脑内容我也完全接受不过来甚至无法理解，这还是我熟知的金融吗？

所以，持续进化、持续学习，是这个时代所必需的。

新三板是个新市场，是我们大家都没有经历过的实践。但是，新三板既出，就有很多资本市场资深人士指点江山，大开药方。殊不知大家对于资本市场的经验主要来自A股，我们大家都是新三板新兵，误把A股经验当作新三板的知识，结论自然南辕北辙。

我自己在实践中也不断遇到新问题：比如投资的尽职调查清单需要修改，许多基础性问题不需要呈现在清单里；交易的手段越来越丰富，如果说定增模式还可以签署标准版本的协议，那么，老股转让模式由于是通过股转系统自动执行，之前私募协议约定的很多有关交割的内容完全过时且无效；之前模式下，受让老股并无比例限制，上了新三板，受让大股东的股权单次交易是有比例限制的，必须设计交易过程和时间节点；私募机构原来投资时喜欢使用反稀释条款，很多企业不明就里，也稀里糊涂进行了签署。随着市场回复到平静，很多企业突然发现这个条款严重影响了后续融资，进而影响了企业新一轮的发展。所以，即便很多私募机构对于企业投资是有经验的，在新三板也难免栽些跟头。

1757年，富兰克林首次抵达英格兰，发现英国人对殖民地知之甚少，人们认为"美国一年生产的羊毛都不够织一对袜子"；清末，宫廷遗老认为外国人不喝中国的茶叶会消化不良，油腻致死。而今，我们每天努力喝茶，却依然逃不脱"油腻中年"的自嘲。

中国未来资本市场的变革、金融业的发展必定会继续加速。空杯心态、勤奋学习、勇于实践、持续进化，才可能保住自己在金字塔的层级，进化使人年轻、进化以去油腻、进化紧跟时代！

与大家共勉。

本书导论

我们经常能从政府文件中读到"多层次资本市场"的字眼，对于这样的字眼，内行人和外行人有不同的解读。对于尚未踏入资本市场的企业而言，面对我国正在建设的多层次资本市场，可能有点儿无所适从，如果想引入直接融资手段，该从哪里下手比较好呢？

对于已经是A股上市公司或新三板挂牌企业而言，进一步了解多层次资本市场同样有必要。因为不同的市场，禀赋各异，特征不同，企业可调用的资源自然也不同。本书的第一部分（包括第一章、第二章、第三章），就是用作者自创的模型和理论，尝试用通俗的讲法，把复杂的事情简单化，为读者呈现我国多层次资本市场的全貌和特点。

第一章是我国多层次资本市场图谱，在这个图谱中，我们会颠覆您对多层次资本市场金字塔结构的固有认知，实际的多层次资本市场可能更像一株杉树。当然，100%普惠的资本市场是不存在的，有的市场对企业高门槛，对投资者低门槛，比如A股；有的市场对企业低门槛，对投资者高门槛，比如新三板。不论什么样的市场，都不可或缺两个基本要素——企业和投资者。本书给出了独特的视角来认识这两个基本要素，分别是企业的四象限理论和私募图谱。

序 章
金融不虚，资本不虚

其中，企业四象限理论是通读本书的重要线索，请读者重点掌握（见图4）。本章的最后一节，从基础的角度为大家重点介绍了我国多层次资本市场的两大主角：A股和新三板。

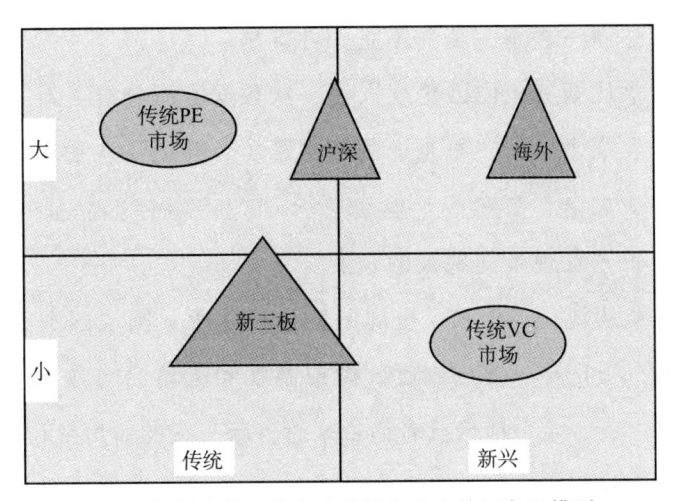

图4 根据企业规模和所处行业建立的四象限模型

资料来源：笔者自制

第二章则重点介绍多层次资本市场两大主角之间的"相爱相杀"。中国区域发展不平衡的现实如果从金融视角解读会有什么结论？A股经历了20多年的发展，已经成为全球第二大股票交易所，为什么现在又涌现出了新三板市场？那么A股的问题究竟出在哪里？新三板又会带给大家怎样的希望？

在深入了解两大主角的基础上，相信企业家们仍然会有疑惑，除了两大主角，香港创新板和纳斯达克也是个颇具吸引力的存在。因此，本书的第三章将重点为大家剖析香港创新板和纳斯达克这两个明星市场的利弊，为企业家们登陆资本市场的决策提供更好的

11

支持。

在第二部分（包括第四章、第五章、第六章），笔者将落脚点放在了新三板市场上，新三板建设至今，收获了鲜花和掌声，也收获了质疑。这部分我们将遵循"内因主导，外因优化"的逻辑，向大家阐述新三板不完美并不是一件坏事。

第四章从新三板内因角度入手，从数据方面分析了新三板市场概况，带大家了解新三板企业的基本素质，并说明从平均数入手看待整体不太靠谱，新三板企业也符合"二八定律"特质，要用田忌赛马的眼光发现不同层级的企业。

第五章从新三板外因，也即制度建设入手，围绕四个方面展开论述：新三板定位、分层制度、做市制度和流动性问题，阐述了作者的一家之言，希望能给读者们带来看待新三板的新角度和新启发。

第六章畅想了一下新三板的未来，从新三板产生的资本市场新生态入手，思考了挂牌企业、投资者、中介机构之间的共荣共生，并重点探讨了新三板研究的未来及可能的盈利模式，提出了新三板服务新经济的伟大愿景。

在前两部分铺垫的基础上，第三部分（包括第七章、第八章），我们回到多层次资本市场的两大要素之一的企业。

第七章主要帮助企业修炼内功，结合笔者多年的工作实践，为企业在经营中和融资中遇到的实际问题提供独到见解和解决方法。比如，如何加强核心竞争力，如何抓住机遇，如何有效估值和有效融资等。

第八章针对新三板挂牌企业在新三板遇到的代表性问题进行了详细分析，比如怎样看待"三类股东"，怎样用好新三板可转债，以及新三板企业要不要选择IPO。这一章的实操性很强，相信会给新三板企业带来帮助。

第四部分（包括第九章、第十章、第十一章），则从投资者角度入手，系统为读者们梳理了投资道路上的经验和心得。

第九章从投资心法入手，告诉读者们如何拨开投资迷雾，如何分辨优劣，如何培养"切不可贪功冒进"的良好心态。

第十章则是笔者的自创理论，针对市盈率和"壳"的问题，围绕这两个方面系统阐述了在投资实践中如何看待市盈率和壳价值。

第十一章是投资实战，是笔者多年投资实践的心得和总结，提出了一些笔者独有的投资方法论，并针对私募投资机构分享了一些实操经验。针对Pre-IPO这个主流投资策略，笔者分析了其合理性及意义所在。此外，这一章里请来了多位新三板知名投资人士为读者带来他们的投资心得。

以上就是本书的所有内容，希望广大读者多多批评指正。

第一部分

想融资？先了解资本市场

如果给各国资本市场画像，那国与国的气质肯定不同。中国资本市场在管制色彩浓重的历史背景下，孕育出了性格迥异的两个孩子：A股和新三板。不过在这个故事里，没有兄弟相残的桥段，有的只是二者如何协作，共同撑起企业融资这片天的情节。在共同的蓝天下，企业有了"四象限"，投资机构有了图谱，也有了境外资本市场竞争的身影。

第一章

中国资本市场图谱

第一节 资本市场基本模型

100%普惠资本市场不存在

资本市场就是买卖双方进行"资本"交易的场所。期限在一年以内的金融产品交易市场为资金市场，本书的资本市场是指以股票、债券等为主要标的的，期限在一年以上的金融产品交易市场。资本市场促进了资本需求与供给双方的对接，对"资本"这一资源配置起到了基础性作用。一国资本市场连接着投资者和企业，一般来说如图1-1所示。

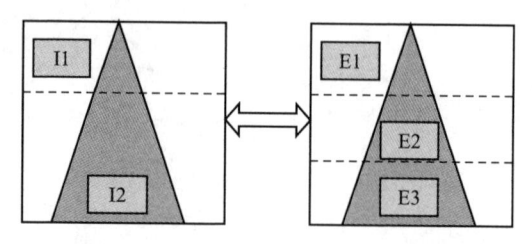

图1-1 资本市场中投资者和企业的构成

资料来源：笔者自制

图1-1中，左半边为一个国家的投资者队伍，根据投资能力和经验，可以区分为合格投资者I1和一般投资者I2；合格投资者的门槛远较一般投资者高。右半边为企业群体，可以简单划分为进入交易所市场的企业E1、进入场外市场的企业E2以及不进入公开市场的企业E3。三个层级的进入门槛逐次降低。

投资者队伍可以通过各类渠道（含交易所市场）直接投资到企业，使企业获得融资，这是俗称的一级市场，实现了储蓄向投资的转化，促进资源配置优化；也可以通过交易场所买卖所持权益，获取流动性的同时，让其他投资者得以投入到企业，这是俗称的二级市场。

如果一个市场，能让所有的投资者都不设门槛、可以方便地进行投资，这个市场对投资者而言就是普惠的；如果一个市场不设门槛、可以方便地让所有企业融到资，这个市场对企业来说就是普惠的。

现实世界里这种100%的普惠市场是不存在的，国与国相比，只有哪些市场对哪个部类而言更普惠一些。

第一章
中国资本市场图谱

普惠的悖论

普通的观念里，普惠是个好词，机会均等。比如普惠教育，大家都能得到教育机会；普惠医疗，可以没有太多顾虑地病有所治。但是至少到了资本市场，问题没那么简单。

在中国资本市场中，A股是高上市门槛，低投资者准入门槛，对投资者而言是普惠的。新三板是高投资者门槛，低挂牌门槛，对企业来讲是普惠的。

以低投资者门槛来讲，所有的自然人都能方便开户参与交易，但是投资者最后还是被分出了层次。从统计来看，有资金实力的机构和个人更容易拥有投研实力，收益率更高，普通大众做"韭菜"的概率更高。普通投资者也有通过参与公募基金变成合格投资人的可能，但是纵观全球，优秀的私募机构一般可以跑赢优秀的公募，而私募的投资者是有壁垒的，有钱人依然在这方面有优势。

新三板市场也能看出这个端倪，中小企业可能在当地还算小有名气，挂牌很容易，但是到了这个市场，在融资这个问题上就变成了要跟挂牌的全国范围的同行企业竞争，本地优势有可能变成全国劣势。除了同类排名，市场上整体的小企业还要面对挂牌的大体量企业的竞争，小企业在这方面无疑是缺乏优势的。

这几年新三板挂牌公司的融资结果符合这个判断。大家都知道，2014年、2015年新三板市场的吸金王主要是私募股权机构，在监管部门对这类机构募资从严后，2016年、2017年的结果如表1-1所示。

表1-1　2016年、2017年新三板市场融资前三强及其市场融资占比

		2016年	2017年
第一名	公司名	华龙证券	神州优车
	筹资额（亿元）	96	70
第二名	公司名	首航直升	齐鲁银行
	筹资额（亿元）	29.72	50
第三名	公司名	ST 亚锦	开源证券
	筹资额（亿元）	27.63	14.7
前三名合计（亿元）		153.35	134.7
全市场定增融资额（亿元）		1390.89	1336.25
前三名所占比例（%）		11.02	10.08

资料来源：Wind 资讯

我们看到：（1）规模越大的企业越容易获得融资；（2）自身有融资天赋的行业在新三板有天然优势。所以，普惠的机会并不必然有普惠的结果，要结果就要更加倍地努力。

延伸些小感想：A 股的分层历史，是先有最高层，然后层次逐步往下分，用向下分层吸纳增量企业，即先有主板，再有中小板、创业板，未来再对创业板进行改造创新；新三板的分层意图，是先有最低层，再把层次往上分，存量调整，选出更好的企业。两者路径不同，结果也不尽相同。

中国资本市场基本模型

党的十九大报告中指出，深化金融体制改革，增强金融服务实体经济能力，提高直接融资比重，促进多层次资本市场健康发展。

第一章
中国资本市场图谱

这一重要部署，为当前和今后一段时期我国资本市场发展指明了方向，是做好资本市场改革发展工作的总遵循。

我国资本市场从 20 世纪 90 年代发展至今，已由场内市场和场外市场两部分构成。其中场内市场的主板（含中小板）、创业板和场外市场的全国中小企业股份转让系统（俗称"新三板"）、区域性股权交易市场（俗称"四板"）共同组成了我国多层次资本市场体系。为什么要设计这样的金字塔结构？那是因为不同的投资者与融资者都有不同的规模大小与主体特征，存在着对资本市场金融服务的不同需求。投资者与融资者对投融资服务的多样化需求决定了资本市场应该是一个多层次的市场体系，呈现正三角的特点。

四板市场有着很强的区域特征，它是为特定区域内的企业提供股权、债券的转让和融资服务的市场，一般以省级为单位，由省级人民政府监管。四板市场对于各地科技创新的鼓励、对于中小微企业的融资支持，起到了积极作用。因此，它也是我国多层次资本市场的重要组成部分，也是我国多层次资本市场建设中必不可少的部分。

目前全国已建成并初具规模的区域股权市场有十几家，例如，上海股权托管交易中心、前海股权交易中心、天津股权交易所等。根据证监会发布的《区域性股权市场监督管理试行办法》，在区域性股权市场发行证券，应当向合格投资者发行，合格投资者的标准除了机构投资者外，还包括在一定时期内拥有符合证监会规定的金融资产价值不低于人民币 50 万元，且具有 2 年以上金融产品投资经历或者 2 年以上金融行业及相关工作经历的自然人。

当然，国内最有影响力的两个资本市场就是 A 股和新三板了。A 股市场包含主板、中小板、创业板。在 A 股市场里，投资者的壁垒很低，是个普惠市场，但是企业进入壁垒很高，所以 A 股市场是 (I1 + I2) 与 E1 的合集（见图 1 - 2）。

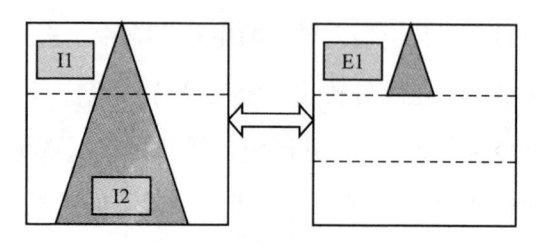

图 1 - 2　A 股市场中投资者和企业的构成

注：I1 指合格投资者，I2 指一般投资者，E1 为交易所市场的企业
资料来源：笔者自制

在新三板市场里，企业进入的壁垒大大降低，对企业来说是个比 A 股更普惠的市场，但是对投资者群体设置了很高的壁垒，是 I1 和 E2 的合集（见图 1 - 3）。

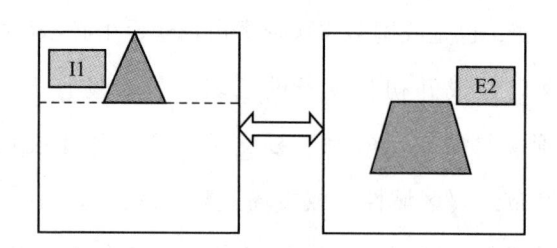

图 1 - 3　新三板市场中投资者和企业的构成

注：I1 指合格投资者，E2 为进入场外市场的企业
资料来源：笔者自制

当然还有更多的企业群体没有进入这两个市场，有些是自身还达不到门槛要求，有些是自身并没有进入资本市场的打算。这就是

中国资本市场最真实的图谱,两个市场建立了比较严密的区隔,又通过IPO通道和退市通道打通了小口径的联系。新三板挂牌企业可以申请进入A股市场,但要走正常的IPO审核程序,没什么"特殊通道"。而从A股退下来的退市公司,也会在新三板市场有个独特的板块:两网及退市公司(俗称"老三板"),供退市股交易。形成这个现状,既有历史的原因,又有出于中国今天现实情况的考虑。一切还是"稳"字当头。对于效率来讲,虽然未见得是最优的,但我们以为这是现阶段最适合中国的选择,是令资本市场波动尽可能小地引发社会秩序波动的最佳选择。

骨感的现实

在广为人知的模型里,多层次资本市场体系是个金字塔,大家普遍希望金字塔的每个层级自然有不同偏好的资金进行投资,并在每个层级中阳光普照,只要政府主导对应每个层级的企业去建设不同的市场,资金自然会关爱到自己头上。

现实很骨感,真相是每个层级都有绝大多数企业得不到跟其他人同等的待遇。更真实的层次见图1-4。

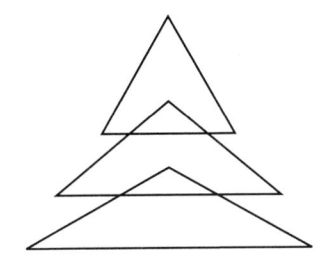

图1-4 中国资本市场多层次体系构成

资料来源:笔者自制

其实每个层次都是一个金字塔，多层次的体系是多个金字塔的叠加，形状画出来也许更像杉树。

每个层级都有自己的头部企业，头部位置不是天上掉馅饼坐等来的，而是通过不断的努力竞争的结果。资本市场配置资源的道理在于每个层级的资金都在努力挖掘对应层级的优秀公司。头部公司或者显然有变成头部潜质的公司，想获得投资机构的青睐，要么用自己过往的成绩单证明我就是优秀的；要么向大家充分展示我不但有天赋，还比其他人更勤奋，所以我未来一定是个头部公司。

新三板开出来，是给所有的小企业开了一个考场，给了大家更多的考试机会，你可以报名参考，能不能被录取却跟考场本身无关。我们听到的大多数三板不能融资的抱怨，其实跟考试成绩不好、抱怨考场是一个道理。其实 A 股对投资者来说也是这样的，这个场所肯定有很多投资盈利的机会，这个机会很低壁垒地向散户进行了开放，是普惠的。但是从赚钱的比例来说，大多数散户投资者只是把握住了亏损的"机会"。

竞争，淘汰，适者生存，这个原理是普世的，唯此，人类才会不断进步。坐享其成，坐等红利，都是不切实际的想法。

第二节　基本要素：企业与投资者

企业四象限

在了解了资本市场框架的基础上，我们再来看资本市场的主角之一：企业。笔者自创了一个模型，按照企业的规模大小和行业的传统与新兴，可以把全国的企业简单地分成四个矩阵：小传统、小新兴、大传统、大新兴。我们把这四个类型的企业放到全球资本市场去称重，大家马上会产生新的认识（见图1-5）。

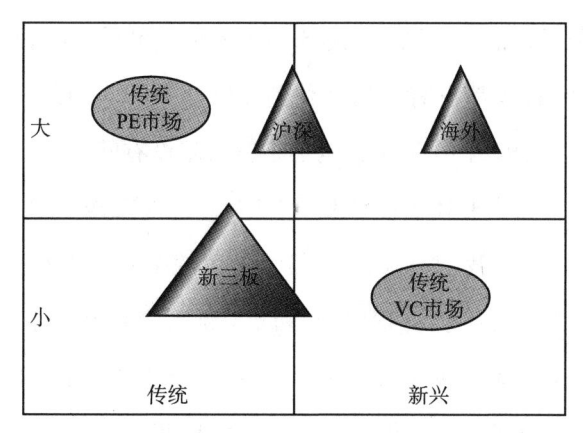

图1-5 根据企业规模和所处行业建立的四象限模型

资料来源：笔者自制

小传统，它的商业模式、行业都很传统，规模体量很小，没有成长空间。它更像一个生意，不像一个企业，这种企业在全球都不值钱，都没有资本关照，中国香港、新加坡、美国、欧洲都是这样的。但这是构成我们新三板目前最大量的企业主体，或者说目前新三板的大量企业分布在这个象限。

小新兴，这类型的企业不论有没有专门的公开市场，有没有交易所都还不错。大家听说过的风险投资市场、天使投资市场，主要就是针对这样的小新兴企业。这些企业就凭一份商业计划书，就可能拿到投资。企业很小，但是想象空间很大，万一做好了我就颠覆世界，我让你赚1000倍！这个市场一直有，这个市场不管有没有三板，都会有估值。前几年因为互联网的火暴和泡沫，很多商业计划不管好的赖的，很轻易能拿到千万级别的融资，一如今天的区块链。所以小新兴有没有三板都能称重，有了三板更容易称重，没有三板我们在机构投资者之间自然称重。我们经常说独角兽，美国独角兽的量级是10亿美元估值，中国一般能到10亿元人民币就叫独角兽，很多独角兽一分钱收入都没有，已经估值10亿元了。小传统的企业做20年估值都未必能撑到10亿元，但是小新兴就没有问题。

大传统，就是相对来说体量比较大，行业和模式比较传统的企业。这个象限中，我们今天的A股，所谓的主板、中小板、创业板，主流的企业都是大传统。我国很多的大新兴企业，商业模式好、技术很先进，我们都认为很好的企业，要么没上市，比如华为；要么就是在海外或中国香港上市，比如腾讯、阿里。

通过这个模型，笔者希望读者明白：不要武断地评价这个市场好还是不好，关键要认清自己，分析自己的企业在哪个象限。市场是公平的，要做好自己，不要单纯地去埋怨市场、埋怨别人。作为企业主，如果你想做一些尝试、做一些改变，你要先给自己分类，清楚自己在哪儿，我们才知道下一步该往哪里走。

优秀的小新兴企业，风险资本会一轮一轮不断地加钱，支撑它做大升级，变成大新兴。大传统的理想场所是A股，三板里面也有这样的一批企业，将来可以考虑登陆A股。小传统的企业呢，未来有三个路径方向供选择。其一，立足主业拼命做加法，做到大传统的象限，A股路径可通。在此过程中，可以考虑并购别人或被并购的资本手段。其二，通过创新或者商业模式转变做到小新兴的象限，可以让风险资本认可或追逐。其三，立足主业拼命做加法的同时做创新，进入大新兴象限。当然了，还有一条不算路径的路径，小传统实在没办法了就退市，安稳做好自己的小生意。做好小传统不丢人，众多有活力的小传统是社会稳定的基石。

合格投资者图谱

前面我们提到，资本市场投资者分为合格投资者I1和一般投资者I2，或也可分为专业投资者和普通投资者。普通投资者也好，一般投资者也罢，大家可以简单粗暴地理解为散户。当然散户不代表不专业，只是他们以个人身份进行投资，俗话说"高手都在民间"，雪球上这样的高手很多。不过话又说回来，大部分的散户还是缺乏独立思考能力的。在A股市场，散户的比例基本占到了八成。如果结合中国股市发展史谈谈散户，那又可以写一本书了，这个群体不是咱们这本书的讨论重点。接下来我们来重点给大家介绍合格投资者I1，或者称专业投资者。

根据证监会最新发布的《证券期货投资者适当性管理办法》，合格投资者包括五类（见表1-2）。

表1-2　　　　　　　　　合格投资者分类

序号	类别	具体项目或条件
1	经有关金融监管部门批准设立的金融机构	证券公司、期货公司、基金管理公司及其子公司、商业银行、保险公司、信托公司、财务公司
	经行业协会备案或者登记	证券公司子公司、期货公司子公司、私募基金管理人

续表

序号	类别	具体项目或条件
2	一类机构面向投资者发行的理财产品	证券公司资产管理产品、基金管理公司及其子公司产品、期货公司资产管理产品、银行理财产品、保险产品、信托产品、经行业协会备案的私募基金
3	养老基金、社会公益基金、境外机构投资者	社会保障基金、企业年金、慈善基金、合格境外机构投资者（QFII）、人民币合格境外机构投资者（RQFII）
4	法人或者其他组织	（1）最近1年末净资产不低于2000万元； （2）最近1年末金融资产不低于1000万元； （3）具有2年以上证券、基金、期货、黄金、外汇等投资经历
5	自然人	（1）金融资产不低于500万元，或者最近3年个人年均收入不低于50万元； （2）具有2年以上证券、基金、期货、黄金、外汇等投资经历，或者具有2年以上金融产品设计、投资、风险管理及相关工作经历； （3）属于第一类专业投资者的高级管理人员、获得职业资格认证的从事金融相关业务的注册会计师和律师

注：金融资产，是指银行存款、股票、债券、基金份额、资产管理计划、银行理财产品、信托计划、保险产品、期货及其他衍生产品等

当然，在一定条件下，普通投资者和合格投资者可以互相转化，第四类、第五类专业投资者可以书面告知经营机构选择成为普通投资者。普通投资者可以申请转化成为专业投资者，但经营机构有权自主决定是否同意其转化。转化的条件二选一，如下：

第一，最近1年末净资产不低于1000万元，最近1年末金融资产不低于500万元，且具有1年以上证券、基金、期货、黄金、外

汇等投资经历的除专业投资者外的法人或其他组织。

第二，金融资产不低于300万元或者最近3年个人年均收入不低于30万元，且具有1年以上证券、基金、期货、黄金、外汇等投资经历或者1年以上金融产品设计、投资、风险管理及相关工作经历的自然人投资者。[①]

接下来笔者想重点跟读者聊聊合格投资者I1中的一类重要群体——私募股权投资机构或私募股权投资基金。私募股权投资或者私募股权基金是个统称，简而言之，就是以私募的形式向特定投资者募集设立基金，并主要投资于非公众公司的股权的行为（或基金）。

按照被投资对象的发展阶段不同，业内通常会把私募股权基金分为创投基金（早期）、成长期（Pre-IPO）基金、并购基金，构成示意如图1-6所示。

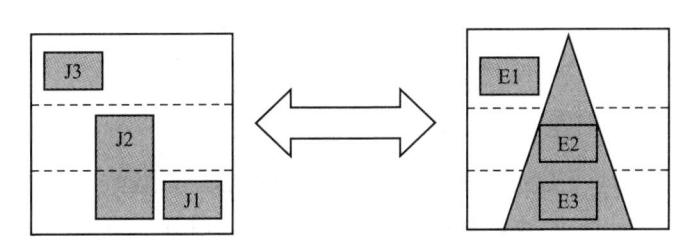

图1-6 多层次资本市场里私募股权基金与所投资企业的构成

注：E系列代表处于多层次资本市场的企业，J系列代表私募基金
资料来源：笔者自制

创投（早期）基金（J1），主要是以E3内的企业为投资对象，并希望未来于E1（上市公司）退出或被其他机构收购；成长期（Pre-IPO）基金（J2），主要是以E2和E3中基本符合或接近符合

---

① 2018年4月27日中国人民银行、保监会、证监会和国家外汇管理局联合发布《关于规范金融机构资产管理业务的指导意见》对该项标准有调整。

IPO条件的企业为主要投资对象，并希望短周期内在E1（上市公司）退出；而目前国内的并购基金（J3），真正类似海外的Buy-out基金比较少，更多见的模式是以E1（上市公司）内的企业为合作伙伴，协助其收购E2、E3内的企业，甚至收购国外企业的基金，目前也有个通俗的叫法，叫PE+上市公司模式。

我们把企业集合再解构，用以分析Pre-IPO基金和目前国内流行的PE+上市公司模式的区别。

图1-7中的左图是已经上市的公司E1合集，根据企业规模、管理水平和市值表现可以分为优秀的蓝筹公司A集合、市值规模偏小的B集合；右图是未上市的公司E2和E3合集，其最上端是规模上已经达到或接近IPO标准的C集合（双线框）。

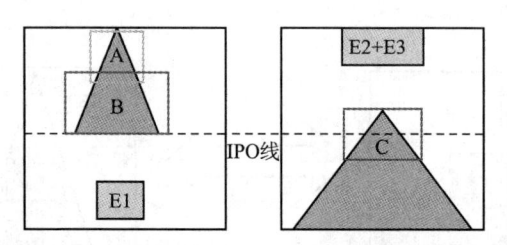

图1-7 根据企业规模和上市与否建立的企业分类模型

注：E1指已经上市公司的合集，E2+E3指未上市公司的合集
资料来源：笔者自制

我们所谓的Pre-IPO基金的业务模式，主要是在C集合中寻找标的，通过规范管理，使其达到IPO标准，成为B集合，分享市值成长；我们所谓的PE+上市公司的业务模式，主要是希望与B集合中的上市公司合作，通过收购C集合中的企业或者海外或中国香港的企业，使自己有机会成为A集合中的企业，分享市值成长。

此外，私募基金中非常重要的一个细分群体是"三类股东"，包括契约型私募基金、资产管理计划和信托计划,"三类股东"前段时间引起了市场的极高关注,本书会在稍后的章节详细讨论"三类股东"的话题。

第三节 图谱中市场的两大主角

A股：全球第二大股票市场

A股由沪、深两个交易所的上市公司构成,内部划分为主板(含中小板)和创业板。根据Wind资讯统计,截至2017年8月,上交所和深交所市值总和达到8.1万亿美元,占全球股票市场市值的9.98%。中国A股成为全球第二大股票市场。同时,深圳和上海分列全球股票市场交易量的第四、第五位,交易量分别为4.9万亿美元和4.1万亿美元,分别占比10.6%和8.9%。目前,A股上市公司有3000多家,行业分布较为传统,金融业和工业的市值占比大,新兴产业市值占比较小。

从战略角度看,A股并不是市场行为自发产生的市场,而是在计划经济向市场经济转变时创立起来的市场。A股起步于国企改革,后来通过股权分置改革进一步市场化。在A股坎坷的发展过程中,经常可以看见"国家意志"发挥作用。在当下的供给侧改革,消化过剩产能、国企混改等方面,A股仍将发挥巨大的战略作用。

A股不是实物股票,以无纸化电子记账,实行"T+1"交割制度，有涨跌幅为10%的限制，参与投资者主要为中国大陆机构或个人。从2013年4月1日起，境内、港、澳、台居民均可开立A股账户。我们A股的电子化交易制度也是全球最发达的，现在日成交额已达到千亿元人民币的级别。

A股对公司上市实行核准制。一家企业如果打算IPO，首先要改制，成为股份有限公司，然后聘请券商进行上市辅导。接下来通过地方证监局辅导验收后向证监会提交申请材料。证监会受理后，排队等待发审委审核。审核通过后取得发行批文，进行询价路演，确定发行价，网上网下发行新股，募集资金。最后，向交易所递交上市申请，择日上市。沪深主板与深交所中小板实际上均是我国多层次资本市场的第一层级，虽然名称不同，实际上均属于"主板"范畴，目前也适用相同的发行条件和相同的审核通道。深交所创业板可以算是我国多层次资本市场的第二层级，其适用独立的发行条件和审核通道。2009~2018年每年新增IPO企业数量如图1-8所示。

图1-8　2009~2018年每年新增IPO企业数量

资料来源：Wind资讯

第一章 中国资本市场图谱

2014年3月,中国证监会发行部颁布《发行监管问答——首发企业上市地选择和申报时间把握等》,将选择上市地的权利完全交给了发行人自身。该文件明确规定:首发企业可以根据自身意愿,在沪、深市场之间自主选择上市地,不与企业公开发行股数多少挂钩。中国证监会审核部门将按照沪、深交易所均衡的原则开展首发审核工作。企业应当在预先披露材料时确定上市地,并在招股书等申报文件中披露。

不同板块IPO发行条件略有差异。差异如表1-3所示。

表1-3　　　　　　　不同板块IPO发行条件

条件	主板、中小板	创业板
主体资格	依法设立、合法存续且持续经营3年以上的股份有限公司	依法设立、合法存续且持续经营3年以上的股份有限公司
盈利要求	(1)最近3个会计年度净利润均为正数且累计超过人民币3000万元,净利润以扣除非经常性损益前后较低者为计算依据 (2)最近3个会计年度经营活动产生的现金流量净额累计超过人民币5000万元;或者最近3个会计年度营业收入累计超过人民币3亿元	标准一:最近两年连续盈利,最近两年净利润累计不少于1000万元; 标准二:最近一年盈利,最近一年营业收入不少于5000万元。净利润以扣除非经常性损益前后孰低者为计算依据
资产要求	最近一期末无形资产(扣除土地使用权、水面养殖权和采矿权等后)占净资产的比例不高于20%	最近一期末净资产不少于2000万元
股本要求	企业发行前的股本总额不少于3000万元	企业发行后的股本总额不少于3000万元
主营业务	—	应当主要经营一种业务

注:其他还有一些合法合规要求,本表暂不详细列示

创业板对于成长性仍然有一定程度的要求,但不再限制行业范围,只要不是过于传统的行业,或者明显是周期性而成长不明显的行业,申报创业板不存在明显障碍。实践中,IPO发行人的盈利能力远高于标准,多数保荐机构一般要求申报创业板的发行人最后一年的净利润水平达到3000万元以上,申报主板中小板的发行人最后一年的净利润水平达到5000万元以上。2018年以来这个标准又大有提高之势。

公司上市后,如果需要再筹资,可以选择配股、公开增发、定向增发、发行可转换债券等再融资方式。不过随着2017年2月再融资新规的落地,上市公司未来再融资面临严格的监管环境。

不过,募资仅仅是上市的意义之一。笔者认为,上市对于一家企业产生的效用至少还有额外三点:(1)股份易变现。我们A股的换手率很高,流动性很好,上市公司的股票具有最大程度的流通性。(2)价值最大化。未上市之前,资产仅能通过评估来衡量价值,上市后,二级市场股价直接反映公司价值,公司的价值通过市值来体现。(3)广告效应。上市公司属于稀缺资源,受到财经媒体关注,可以提高公司在产业链中的知名度,赢得顾客、供应商、银行的信任,对于优秀人才也具有天然的吸引力。

新三板:全球挂牌企业数量最多的证券交易场所

2013年1月16日,全国中小企业股份转让系统正式揭牌运营。2013年12月14日,新三板从小规模区域性试点扩大至全国。新三板主要是为创新型、创业型、成长型中小微企业发展服务。这类企业普遍规模较小，尚未形成稳定的盈利模式。目前新三板完成了市场基本制度的构建，形成了海量挂牌企业规模。

1. 挂牌条件

股转系统按照"可把控、可举证、可识别"的原则，形成了六项挂牌条件：

（1）依法设立且存续满两年，国有企业或外商投资企业需提供相应主管部门的批复文件。

（2）业务明确，具有持续经营能力。最近两个完整会计年度的营业收入累计不低于 1000 万元；因研发周期较长导致营业收入少于 1000 万元，但最近一期末净资产不少于 3000 万元的除外；报告期末股本不少于 500 万元；报告期末每股净资产不低于 1 元/股。

（3）公司治理机制健全，合法规范经营。

（4）股权明晰，股票发行和转让行为合法合规。

（5）主办券商推荐并持续督导。

（6）全国股份转让系统公司要求的其他条件。

我们可以看到，新三板恐怕是全球最低门槛的注册制了，挂牌审查以信息披露为中心，实行电子化申报和网络化沟通，审查反馈意见和公司回复意见全部网上披露。

2. 投资者有门槛

由于挂牌企业信息披露鱼龙混杂，投资风险大，新三板严格限制投资者门槛，就是为了防止大规模社会矛盾的爆发。之所以对投资者设置高门槛，是因为我国的证券法律体系还不健全，企业造假违规的成本很低，投资者维权制度也不完善等原因。投资者要求如

表 1-4 所示。

表 1-4　　　　　　　　　　新三板投资者要求

适用情形	投资者要求
公开转让	机构投资者： 1. 实收资本或实收股本总额 500 万元人民币以上的法人机构。 2. 实缴出资总额 500 万元人民币以上的合伙企业。 3. 证券公司资产管理产品、基金管理公司及其子公司产品、期货公司资产管理产品、银行理财产品、保险产品、信托产品、经行业协会备案的私募基金等理财产品，社会保障基金、企业年金等养老金，慈善基金等社会公益基金，合格境外机构投资者（QFII）、人民币合格境外机构投资者（RQFII）等机构投资者 自然人投资者： 1. 在签署协议之日前，投资者本人名下最近 10 个转让日的日均金融资产 500 万元人民币以上；金融资产是指银行存款、股票、债券、基金份额、资产管理计划、银行理财产品、信托计划、保险产品、期货及其他衍生产品等。 2. 具有 2 年以上证券、基金、期货投资经历，或者具有 2 年以上金融产品设计、投资、风险管理及相关工作经历，或者具有《非上市公众公司监督管理办法》第八条第一款规定的证券公司、期货公司、基金管理公司及其子公司、商业银行、保险公司、信托公司、财务公司，以及经行业协会备案或者登记的证券公司子公司、期货公司子公司、私募基金管理人等金融机构的高级管理人员任职经历。 3. 具有前款所称投资经历、工作经历或任职经历的人员属于《中华人民共和国证券法》第四十三条规定禁止参与股票交易的，不得申请参与挂牌公司股票公开转让
定向发行	1. 《非上市公众公司监督管理办法》第三十九条规定的公司股东、董事、监事、高级管理人员、核心员工，以及符合投资者适当性管理规定的自然人投资者、法人投资者及其他经济组织。 2. 符合参与挂牌公司股票公开转让条件的投资者
特殊情况	1. 公司挂牌前的股东、通过定向发行持有公司股份的股东等，如不符合参与挂牌公司股票公开转让条件，只能买卖其持有的挂牌公司股票。 2. 已经参与挂牌公司股票买卖的投资者保持原有交易权限不变

3. 灵活的融资制度

新三板建设的这几年来，帮助企业融资的成绩非常突出。初步形成了包括普通股、优先股等融资工具在内的直接融资体系，股票发行额度、发行时点、发行方式、发行定价由市场主体自主决定。此外，以银行为主体的间接融资体系针对新三板企业的特点也开发出了很多贷款产品。

定向增发：这是新三板使用最普遍的融资方式，针对不超过35人的特定投资者，且不设定财务指标等硬性条件，投资者可与企业协商确定发行价格，定增新增的股份不设锁定期。企业可以在挂牌前、挂牌时、挂牌后定向发行融资，发行后再备案。

股权质押：新三板股权质押贷款不需监管审批，属于间接债务融资，融资成本较低且不稀释股权，贷款资金除了可用于偿还贷款、解决资金链问题，还能够满足股东增持股票的深层资金需求。股权质押贷款已经成为新三板挂牌企业及股东的重要融资途径。

优先股：国务院颁布《关于开展优先股试点的指导意见》规定非上市公司可以公开发行优先股，且可以在全国股转系统进行转让。优先股作为一种股权证书，收益性、安全性较普通股有优势。但是，优先股股东一般没有表决权。中小企业的创始人和核心管理层通常不愿意股权稀释，而财务投资者又往往没有精力参与公司的日常管理，只希望获得相对稳定的回报。优先股这种安排能够兼顾两个方面的需求，既让企业家保持对公司的控制权，又能为投资者享受更有保障的分红回报创造条件。

新三板股票做市：新三板挂牌企业一般股权比较集中，股权分散度不够，其股票就没什么流动性。引入做市商，将股权出让一部分给做市商，可以加强股权分散度，提高自身股票的流动性。从做市制度的积极意义来看，做市商的加入为新三板企业提供了背书的同时，企业或大股东获得了来自做市商的资金。不过，做市制度在实施过程中暴露了很多问题，未来做市制度尚存很大的改革空间。

创新创业公司非公开发行可转债：这个可转债目前只有新三板创新层企业可以使用，这是2017年9月监管机构刚发布的细则。可转债以前只是上市公司能使用，现在将范围拓宽到创新创业公司，一方面使得企业在获得资金支持的同时，避免了过早稀释股权，股债结合还可以降低企业的发行成本；另一方面也保障了投资机构进行转股的合法权益。转股条款的设置也将增强非公开发行公司债券的市场吸引力，有效促进社会资本形成机制的创新。

丰富多样的银行信贷产品：新三板挂牌公司纳入证监会统一监管，履行了充分、及时、完整的信息披露义务，信用增进效应较为明显。这为银行增加企业贷款授信额度具有积极促进作用，也使得企业授信额度提高，自然从银行等渠道筹措资金的能力增强，从银行贷款的资金增多。各大银行针对新三板挂牌企业设计了丰富的信贷产品，比如，知识产权融资、应收账款质押贷款、挂牌贷、信用贷等。

4. 多元的交易制度

2017年12月22日，股转系统提出了交易制度改革方案，并于2018年1月15日正式实施。新三板的交易制度呈现多样化特点，为下一步改革奠定了坚实基础，一定程度上利好新三板。在估值不断挤泡沫的过程中，新增了集合竞价交易方式，提供了交易选择和交易便利。新修订的交易制度如下：

（1）在交易日的交易时间内，盘中协议转让方式退出历史舞台。创新层公司盘中交易方式二选一，五次集合竞价（时间为9：30、

10：30、11：30、14：00和15：00）或做市交易。基础层的盘中交易方式也是二选一，集合竞价或做市交易。基础层与创新层最大的不同在于集合竞价的交易频次，仅在每个交易日的15：00撮合一次。做市交易的优点是可以满足投资者交易的即时性，而集合竞价采用优先成交原则，价格形成更加市场化。两种交易方式满足投资者的不同喜好和交易习惯，对于常年在A股的投资者来说，与做市交易不同，集合竞价这个词不陌生，其优越性也显而易见。

（2）盘中交易方式无论是做市，还是一次集合竞价，或是五次集合竞价，盘后均有两种协议交易方式：盘后协议转让和线下特定事项协议转让。盘后协议转让也可以理解为大宗交易制度，针对10万股或100万元以上的交易；线下特定事项协议转让针对收购等特殊情况，需要单独申请。即无论创新层或基础层，无论集合竞价或做市，盘后这两种协议方式均通用。交易时间为15：00~15：30。盘后两种协议方式匹配大股东的特殊交易需求，交易价格不会影响收盘价，交易量计入当日成交总量。

（3）盘中做市交易的价格没有限制，盘后协议方式和盘中集合竞价不可随便报价，申报价格范围为：前收盘价的50%~200%。

第二章

虎啸龙吟：资本市场话语权之争

第一节 从区域发展不平衡说开去

站在另一个视角看穿失衡本质

1. 核心城市领跑区域经济

我们国家有些区域相对富裕，比如北京、上海、深圳。而有些则相对贫困，还保持着农业化阶段特征。这种失衡，我们通过一些简单的比较就可以看出来。我们选取北京以及北京周边8个城市，上海以及上海周边7个城市，同时选取深圳、广州以及它们周边的4个城市作比较。其中北京是首都，上海是重要直辖市，深圳是经济特区，广州则是重量级省会城市。为简单表述，在这里姑且把它们称作"核心城市"。

"核心城市"们（北、上、广、深）10年间大大地领先了周边城市，并呈现出巨大的发展不均衡，如图2-1、图2-2、图2-3所示。"长三角经济圈"、"珠三角经济圈"以及"环渤海经济圈"呈现了"大者恒大、大者通吃"的特点，甩开了距离这些"核心城市"较远的地区。

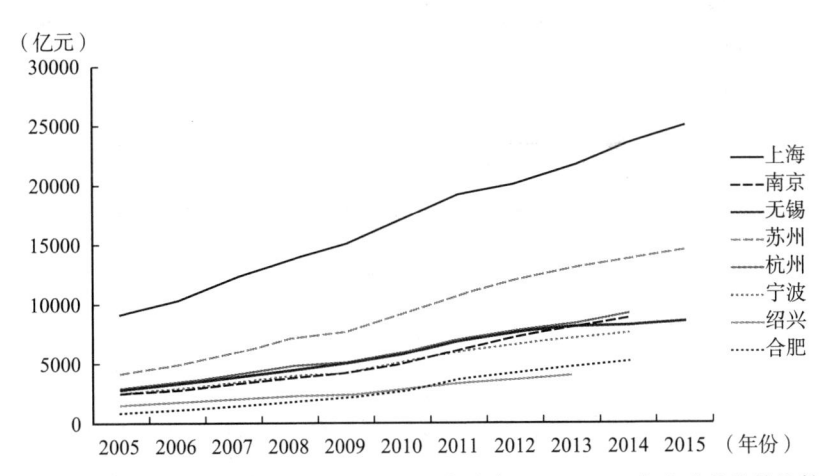

图 2-1 上海作为"核心城市"与周边 7 个城市 2005~2015 年生产总值的比较

资料来源：Wind 资讯

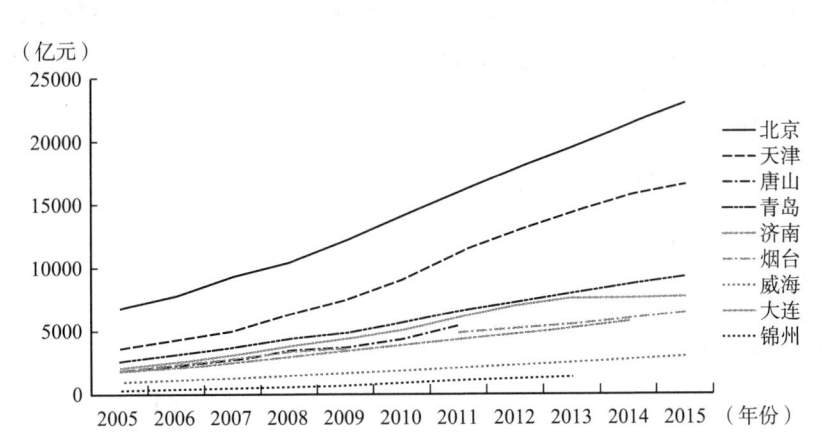

图 2-2 北京作为"核心城市"与周边 8 个城市 2005~2015 年生产总值的比较

资料来源：Wind 资讯

（亿元）
20000
18000
16000
14000
12000
10000
8000
6000
4000
2000
0
　2005 2006 2007 2008 2009 2010 2011 2012 2013 2014 2015 （年份）

——广州
----深圳
——佛山
……珠海
----东莞
……中山

图2-3　广州、深圳作为"核心城市"与周边4个城市
2005～2015年生产总值的比较

资料来源：Wind资讯

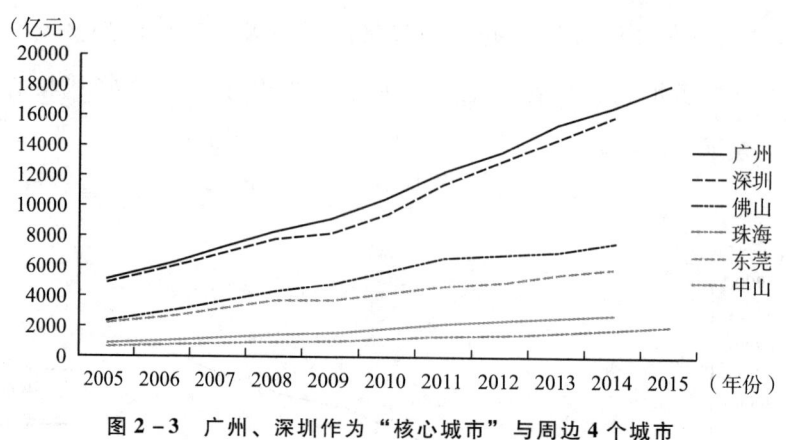

中国大部分政策是通过"试点"展开的。拿深圳来说，作为改革开放的"试点"取得了巨大成就。试验田一旦展开，几年间就会和其他城市拉开巨大差距。一个是资源容易集中，一个是人才容易集中，其他城市即便复制成功经验，也很难把资源连根拔起，也很难把人才吸引过来，道理简单，不必赘述。"试点"会形成其他地区后天难以追平的优势，只会导致集中、集中再集中，传导和带动无从体现。

2. 核心城市产生巨大南北差异

作为北方的代表性城市——北京，聚集了大量资源，号称"全国人民的北京"。把北京、上海、深圳、广州这4个核心城市放在一起比较，结果如何呢？如图2-4所示。

由图2-4可知，北方城市北京和南方城市上海相比，虽然北京的发展聚集了众多资源，但地区生产总值10年之中均是落后的。北方整体竞争力不如南方，伴随南北发展差异的进一步深化，资源将

进一步累积到较强的南方。

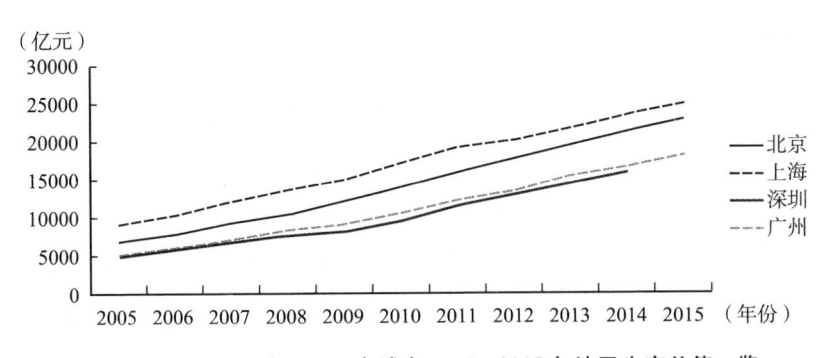

图 2-4 北、上、广、深 4 个城市 2005~2015 年地区生产总值一览

资料来源：Wind 资讯

与核心城市同周边城市差距越来越大一样，改革开放之后的长三角、珠三角两大经济圈的打造，令中国产生了巨大的南北差异。从图 2-4 我们可以很自然地联想到，三大经济圈即便是单独比较，以环渤海为代表的北方经济区域发展也远落后于以长三角、珠三角为代表的南方经济区域。

3. "点"为何无法带"面"

以房产为例，房价上涨除了通货膨胀、货币因素之外，还有一种"增值"来自资源的叠加。比如北京学区房"增值"快，因为居民享受到了巨大的教育便利，再比如奥运会申办成功，举办比赛的区域建设体育场馆，周边的房屋也会因为其稀缺性增值，这类"增值"的方法，其实都具有不可复制性。但不可复制的方法却令建设者们欢呼雀跃、屡试不爽，也会令投资者们充满想象、勇敢买入。随后便带来了巨大问题：人和资源越来越集中在某一个区域，各方面力量再通过不间断叠加投入令不均衡加剧。

更迫切的问题是，相对不富裕的地区更需要基建的滋补，但始终不能引起资金的兴趣。土地的增值大部分来源于其使用价值，繁华区域的房价高会造成劳动力成本上升，还会产生"吸盘效应"令贫弱地区的建设更加缓慢。

"以点带面"的城市发展方式导致核心城市与周边城市发展不均衡，最终将终结和退出历史舞台。所有资源集中于一点发展的城市，与其他区域难以产生合力，影响周边地区发展的同时造成自身机会的丧失，失衡产生之后，周边城市弥补这种差距异常艰难，绝非简单复制核心城市成功经验可以达到，而需要通过重新定位"弯道超车"。

但是，由于人和资源的稀缺性，不可能所有城市都去申办奥运、建设迪士尼、环球影城，也不可能都立刻把当地的普通大学升级为"985""211"，那怎么办？最可行的办法还是打造能够促进就业的企业。同时，这样的企业最好还是经过规范化的上市公司，无论财税还是经营都正规化，不仅可以促进就业、创造税收，还可以为当地吸引广泛资源，带动城市发展，进而带动诸多行业发展，形成合力。

促进城市的发展最划算的办法是拥有较多数量的上市公司，20世纪90年代沪、深交易所的建立，以两大交易所为核心的长三角、珠三角经济获得了极大养分。下面我们来看下上市公司在三大经济圈目前的分布，如图2-5所示。

三大经济圈中，"环渤海经济圈"是由两个直辖市和五个省（区）组成，长三角是明确划分的26个城市，而珠三角仅仅包括9个城市。南方两个经济圈虽然在地域广度不占优势，却在上市公司数量上完胜环渤海经济圈，这个现象值得深思。

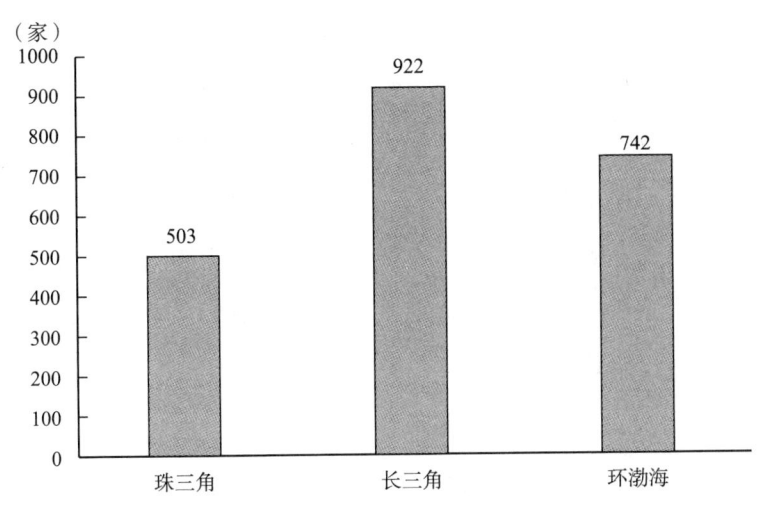

图 2-5 南北三大经济圈上市公司数量分布

注：珠三角包含的城市有广州、深圳、佛山、珠海、东莞、中山、惠州、江门、肇庆；长三角包含的城市有上海，江苏省的南京、无锡、常州、苏州、南通、盐城、扬州、镇江、泰州，浙江省的杭州、宁波、嘉兴、湖州、绍兴、金华、舟山、台州，安徽省的合肥、芜湖、马鞍山、铜陵、安庆、滁州、池州、宣城；环渤海包含两个直辖市和五省（区），分别是北京、天津、河北全省、山东全省、辽宁全省、山西全省、内蒙古全区

资料来源：Wind资讯

来自金融视角的解读

1. 债务融资过渡到股权融资具有现实意义

长期以来，中国经济采取了债务融资为主的发展模式，企业融资大多利用了资产负债表的右上方，这需要企业拥有庞大的资产作为抵押物。于是土地、房屋等容易作价抵押的资产价格伴随经济增长越来越高，即便企业融资成功后也还要争相购买，通过财务筹划留出贷款空间以备满足企业发展的需要。

从国际上来看，企业长期债务过多是不合理的，会导致潜在经营风险加大，一旦绝大部分非金融类公司资产负债率达到60%以上会加剧整体经济风险。中国经济体量逐渐变大，进入"新常态"，发展更要追求平稳，"去杠杆"也将成我国未来长期的任务。

我们还应该注意到，中国早已不是资金短缺国家，这可以从我们庞大的外汇储备和居高不下的中国居民储蓄率看出来。同时中国也已经不是物资短缺的国家，产业结构布局相对20年前已经有了长足进步。适应新特点，提高金融服务实体经济的效率刻不容缓，债权融资逐渐过渡到股权投资具有多重现实意义。

2. 多层次资本市场发展刻不容缓

新型工业化、城乡一体化，实现工业4.0，加大城乡一体化建设，鼓励创新型企业，都需要长期资本的支持。但无论是银行体系，还是目前以A股为代表的资本市场体系，都呈现出一种"劫贫济富"的态势，就是落后地区的储蓄更多地支持发达地区的建设，地方差距越来越大。

由于不实行分区域的存贷比例限制，导致经济状况不太好的省份当地银行的存贷比极低，有些大行的存贷比只有20%，跟发达省份的存贷比差距很大。也就是说这些落后地区的民间储蓄，只有20%用于支持当地的建设，其他都通过回存总行分发到发达地区，实际结果就是落后的地区支持了发达地区的经济建设。

由于A股的核准制特点，营业收入利润规模大的企业才有资格获得入场券，而发达区域的企业在规模上无疑有先天的优势，导致发达区域的上市公司家数远超落后地区。随着A股发展早期计划发行额度色彩的褪去，这些年新股发行的地区差越来越大。同时，中国的股民开户起点很低，证券机构网络在全国布局比较充分，又导致全国各地股民的投资资金可以很方便地通过交易所体系顺畅地支援到发达区域，客观上也起到了"劫贫济富"的效果。

第二章
虎啸龙吟：资本市场话语权之争

A股这些年上市公司的数据很支持这个判断：

（1）2007～2017年，10年间各省市上市公司总数的差距越来越大，集中度越来越高。如图2-6、图2-7所示。

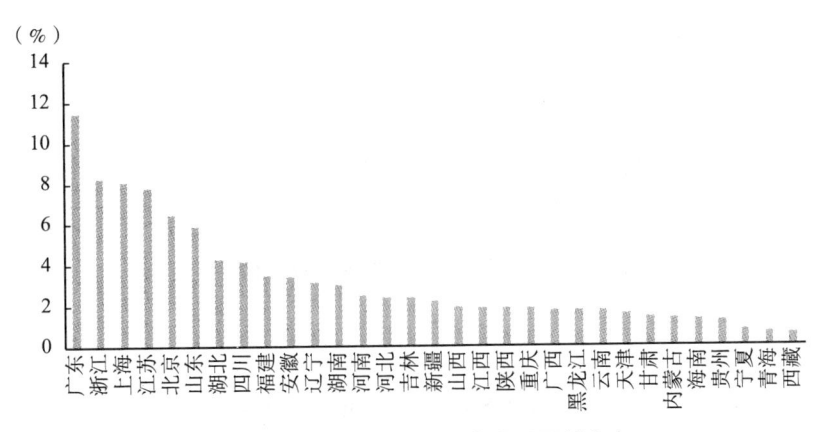

图 2-6　2007年底A股上市公司区域分布

资料来源：上海证券交易所、深圳证券交易所

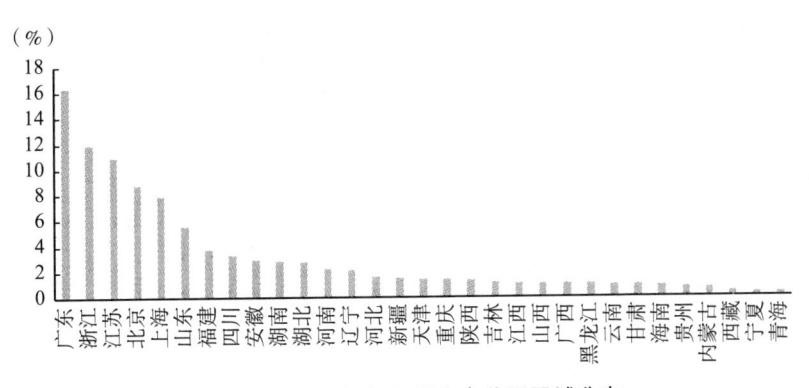

图 2-7　2017年底A股上市公司区域分布

资料来源：Wind资讯

（2）从近几年IPO统计数据看，也是发达地区占比越来越高，

47

见图 2-8、表 2-1。

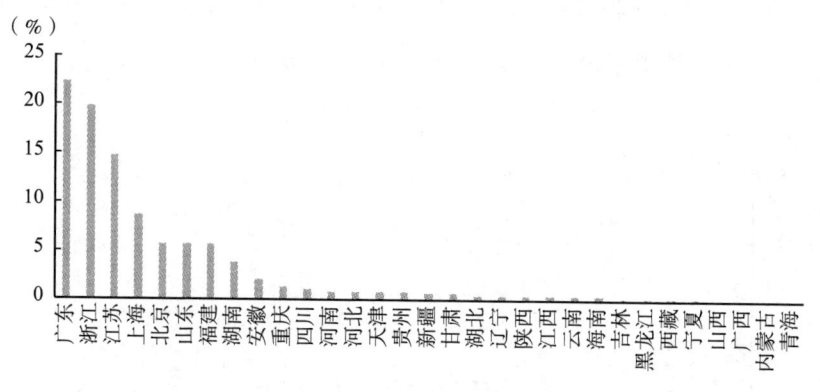

图 2-8　2017 年各省市新增 IPO 家数分布

资料来源：Wind 资讯

表 2-1　　　　　A 股 IPO 家数区域分布排行 TOP 10

排名	2017 年 地区	IPO 家数	2016 年 地区	IPO 家数	2015 年 地区	IPO 家数	2014 年 地区	IPO 家数
1	广东	98	广东	49	广东	38	广东	24
2	浙江	87	江苏	41	浙江	33	江苏	18
3	江苏	65	浙江	28	北京	29	北京	18
4	上海	38	上海	17	江苏	23	浙江	17
5	山东	25	北京	17	上海	19	上海	6
6	北京	25	山东	12	四川	13	福建	4
7	福建	25	四川	9	山东	8	天津	4
8	湖南	17	湖北	9	安徽	8	陕西	3
9	安徽	9	福建	8	福建	7	重庆	3
10	重庆	6	安徽	5	湖南	7	湖南	3
	其他	43	其他	32	其他	38	其他	24
	总数	438		227		223		124

注：家数相同的按照募资额大小排名

资料来源：Wind 资讯

第二章
虎啸龙吟：资本市场话语权之争

从效率的角度讲，资本市场有很好的配置社会资源的作用，全国的资源更多地配置进发达区域，这有很好的逻辑性、必要性。但是效率与公平是辨证的，单纯强调效率，也是有问题的。

而新三板的发展，理论上可以适度缓解资本市场"劫贫济富"的现象。逻辑上的分析比较简单：

A股是个高门槛的市场，发达地区能上市的资源更多，而股民分布在全国各地，发达地区有天然的优势获得全国股民的资金；而新三板挂牌壁垒低，落后地区的企业也比较容易获得展示的机会。而新三板的投资机构和合格投资者更多地来自发达区域，有机会令发达地区的资金流入落后地区的中小企业。

比较A股和新三板挂牌企业的地区分布，显然新三板分布要比A股更均衡一些，如图2-9所示。

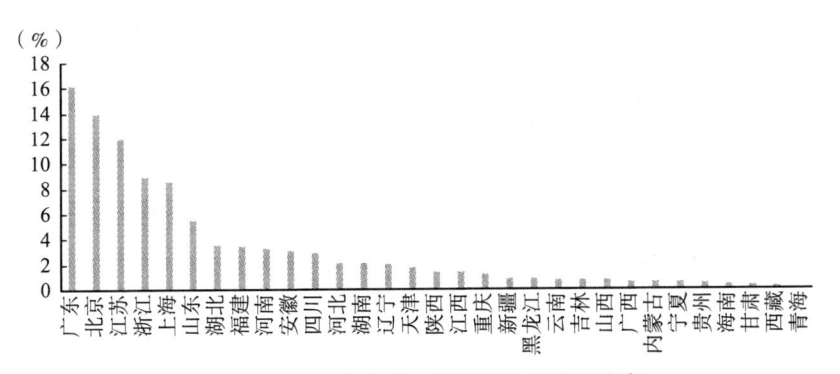

图2-9　2017年底新三板挂牌公司地区分布

资料来源：Choice数据

我们比较了2017年新三板定增融资的省域分布，分布也较2017年新增IPO区域分布更均衡一些，如图2-10所示。

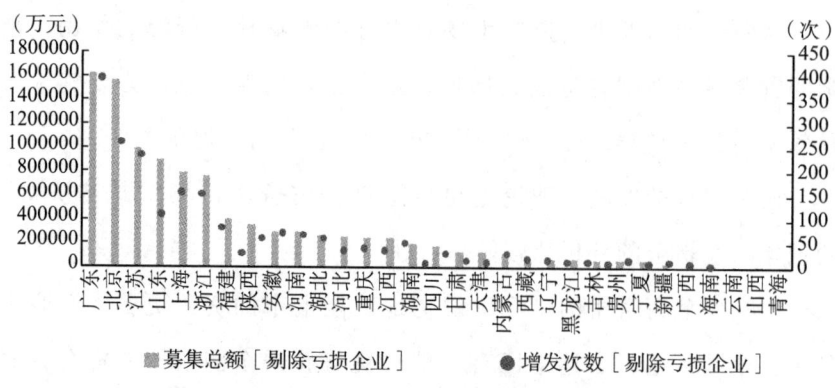

图 2-10 2017年新三板定增募资金额地区分布

注：图中数据已剔除亏损企业
资料来源：Choice 数据

所以，欠发达地区更应该重视新三板市场，利用好这个市场服务当地的经济，股转系统是否也可以考虑适当给予欠发达地区企业更轻一些的挂牌和维持挂牌的经济负担，开放更多的融资便利。

第二节　让人爱恨交加的 A 股

到 2018 年，新三板 5 岁了，大家对新三板有各种抱怨，主要的抱怨还是觉得新三板不如 A 股好，不如 A 股高大上。目前新三板确实还有很多问题，但是当我们回眸 A 股历史，我们也许心情会平复一些，愿意给新三板更多的时间。

A 股也是从小树苗长起来的

1. 历史回眸

我们讲的 A 股市场一般用沪、深两个证券交易所代指。上海交

第二章
虎啸龙吟：资本市场话语权之争

易所挂牌成立于 1990 年 11 月 26 日，1990 年 12 月 19 日开业，深圳证券交易所于 1990 年 12 月 1 日开始营业，到 2018 年，都是二十七八岁的青年了。

刚开业时，上海证券交易所挂牌交易的仅有 8 只股票，分别是延中实业、真空电子、飞乐音响、爱使股份、申华实业、飞乐股份、豫园商城和浙江凤凰，史称"沪市老八股"。而深圳证券交易所开业时有 5 只股票，史称"深市老五股"，分别是深发展、深万科、深金田、深安达、深原野。到 1995 年，两个市场一共挂牌公司数达到 323 家。

虽然笔者 1992 年就投身到这个市场，自己觉得好像每天轰轰烈烈、忙忙碌碌的，但是当我们今天有机会回顾历史，可以很方便地从当年的历史文献中查找到当时 A 股（或者资本市场）在中国经济版图中的位置。

翻看《朱镕基讲话实录》，1993～1995 年，无论是关于金融工作还是在全国经济工作会议上的讲话，均没有有关资本市场的阐述。

时任总理朱镕基在 1993 年、1994 年、1995 年的中央经济工作会议总结讲话中，对资本市场的问题基本只字未提，主要的焦点是在治理通货膨胀、国有企业改革，在关于金融业改革和监管的系列讲话中，主要的焦点在于银行业的综合改革，凸显了在当时的中国金融体系中间接融资占绝对主导地位的现实。

第一次专项提到有关资本市场，是 1995 年 5 月 10 日在一个文件上的批示《证监会绝不能搞权钱交易》，要求对证监会全体员工进行教育，发生类似交易一律法办，开除出证监会，并要追究证监会主席责任。

第二次有关资本市场的专项批示，是 1996 年 11 月 4 日，要求：（1）中国人民银行采取措施切断银行资金流入股市的渠道；（2）财政部采取措施抑制证券回购资金流入股市；（3）证监会加强监管，防止股票市场恶性炒作，全权负责防止股灾爆发。由此引来 1996 年 12 月《人民日报》在头版发表特约评论员文章《正确认识当前股票市场》，带来 A 股历史上第一次连续 3 天的全面跌停。

在 1996 年全国中央经济工作会议的总结讲话的最后，朱镕基总理表达了对股票市场的看法，他说："今年股票价格暴涨是不正常的，深圳的股市从年初的 950 多点，最高涨到了 4000 多点，后来回落一点，现在还是 4000 多点。上海的股市原来 500 多点，现在突破了 1000 点，成倍地增加。深圳一天的股票成交额 190 亿元，上海是 108 亿元。香港是多少呢？香港是全世界有名的几个大股市之一啊，它一天的成交额才 102 亿港元。我们深圳、上海的成交额都超过香港了，能想象吗？香港股市的市值现在是 4 万亿港元，比内地股市市值高十几倍，但是内地股市的每日成交额比香港股市还多，这说明股票每天都在那儿倒手，这个投机性太大。"

他指出政府对于股市的几条要求：第一，政府不要干预股市，也不要出台影响股市的各种政策，包括税务、贷款等方面的优惠政策。要按照证监会发布的通知、规定来办事。第二，"各人的孩子各人抱"。就是这些国有大公司该谁管的，谁把它们管起来，不能再去股市推波助澜。第三，要切断银行跟股市的关系。[①]

1996 年底在全国财政工作会议上，朱镕基总理《关于宏观经

---

① 《朱镕基讲话实录》，第二卷，第 359、360 页。

济和财税工作的几个问题》中首次出现"关于股票市场"的一个专门章节，他讲："1990年12月，在上海成立证券交易所，当时我在上海当市长，大家都认为这是中国改革开放的一个重要标志。这实际上是一个最有效的直接融资方式，同时又成为企业效益的一个"晴雨表"，谁的效益好，谁的股票价格就高……但是，股票也是有风险的，特别是在不成熟阶段……股民没有风险意识，政府对股票的监管力度也不够。邓小平同志当初就讲过，股票可以试，不行就关。现在关是关不了啦，城市人口差不多40%都进入股市去了，怎么关呢？"[1]

自此以后，连续几年，资本市场才越来越进入政府的视野，并作为一个特殊的政策工具，在很长的时间内服务于国有企业改革。

2. A股早年的定位

笔者早年参加交易员资格培训，老师在介绍交易所的诞生原因时，讲交易所的诞生并不是我们简单出于经济方面的规划，更多的意味是在当年的国际国内形势的大背景下，通过这个手段，向全世界昭示我国对内改革、对外开放的决心和信心不会变，政治目的大于经济目的。

这种特征在资本市场发展早期完全可以看到，比如早年改制上市的公司更多的是当时比较边缘化的非大型国有企业，同时政府也严控国家队参与股票投资，对银行资金流入股市严防死守，甚至对违规的行长处以司法处罚。对于交易所的重视程度，反而是上海、深圳两个城市更大一些，两个交易所也不负两个城市的厚爱，为地

---

[1] 《朱镕基讲话实录》，第二卷，第377页。

方经济发展提供了足够的支持，打造出今天两个城市迥异却都很健康发达的资本市场环境——资本积聚、人才充足、机构扎堆。

在1996年资本市场首次被政府高度关注后，连续几年，A股市场就有了一个特殊的定位：服务国有企业脱困。

1997年11月在北京召开的全国金融工作会议上，朱镕基总理在《深化金融改革　防范金融风险》的讲话中又指出："积极稳步地发展资本市场，适当扩大直接融资。经过总结经验，现在来看，必须把股票市场融资和改革国有企业结合起来，要有利于大中型国有企业摆脱困境……现在有个好办法，就是支持优势企业上市，筹来的钱去兼并有发展潜力的亏损企业，结果很有成效……这是使国有企业脱困的非常好的办法。股市集资，前途很大，去香港上市融资也是一个很重要的方面。但是我们希望规范股市融资，要稳步前进，千万不能乱来。"[①] 由此拉开了A股服务国有企业三年脱困的序幕。

在随后的1997年中央经济工作会议上的总结讲话中，朱镕基总理谈到国有企业改革和发展时再次强调：……到股票市场去筹集资金。现在看，企业发债券的效果都不好，最后都还不了钱，这样解决不了问题。经营好的企业，经过严格审查后去上市，到股票市场能够筹集到相当多的资金。今年包括到香港去上市，总共从股票市场筹集到了1300亿元，这对国有企业发展是个很大的支持……因此，我们鼓励优势企业上市筹集资金去改造、兼并亏损企业，这样国有企业的整体效益会进一步提高。[②]

1999年7月25日，在省、部长经济工作座谈会上，朱镕基总理

---

① 《朱镕基讲话实录》，第二卷，第485页。
② 《朱镕基讲话实录》，第二卷，第499、500页。

第二章
虎啸龙吟：资本市场话语权之争

关于国有企业改革又提到了一个新的提法：建立健全社会保障体系……三是配售一部分国有企业股权，通过股市筹集的资金，要拿出一部分来补充社会保障资金。这些措施具体怎么搞，还要认真研究。①

1999年10月15日，朱镕基总理在国务院总理办公会议上发表《进一步推进国有企业改革和发展的几个问题》的讲话，提及建立社会保障体系时，总理再次提出"把国有资产卖掉一些，在股票市场上市，还有其他种种资金渠道，筹集社会保障资金"②，从而引发全国国有股减持补充社保资金的大讨论。

从以上的历程可以看出，A股发展的第一个十年间，大家对A股基本没有定位到配置资源的高度，完成国家各种政治任务的色彩更浓重一些。今天很多三板的人士也在讨论三板的定位问题，在笔者看来，三板目前支持中小企业，支持新经济，配置社会资源的定位要比A股发展早期明确得多。

3. 股权分置改革与全流通

新入市的股民很难理解10多年前那一幕波澜壮阔的股权分置改革以及由此引发的一轮大牛市。

在A股设立后长达15年的历史里，上市公司的股权是有流通股和非流通股之分的。公司向社会公开发行的股份，且能在证券交易所上市交易的，称为流通股；而公开发行前股东持有的股份，是不能上市交易的，称为非流通股。这种同一上市公司股份分为流通股和非流通股的股权分置状况，其实在今天香港上市的H股，还继续

---

① 《朱镕基讲话实录》，第三卷，第299页。
② 《朱镕基讲话实录》，第三卷，第337页。

存在。

股权分置问题曾被普遍认为是困扰我国股市发展的头号难题。股权分置，不仅使上市公司或大股东不关心市值的涨跌，不利于维护中小投资者的利益，也越来越影响到上市公司通过股权交易进行兼并重组达到资源市场化配置的目的，使资源产生极大的错配。简单让非流通股全流通，由于非流通股数量多，金额巨大，可能会带来二级市场暴跌，引发新的社会问题。所以，这一问题一直是资本市场的达摩克利斯之剑，只要有类似题材的传闻，市场立刻剧烈下跌，但是不尽早解决，中国资本市场就无法更好地发展。

最终，2005年开始，在经历了大量的论证、谨慎的试点之后，资本市场人士和监管部门用共同的智慧，以"统一组织，分散决策，类别表决"的程序，由上市公司根据自身经济性质、规模、行业和效益的特点由两类股东博弈，自主决定解决股权分置的对价模式。在很短的时间内，以非常平稳的方式顺利完成，创造了一个难以想象的奇迹，奠定了中国资本市场长期向好发展的基石。

4. 缺乏国家大法的多年裸奔

中国A股的发展史，其实很长时间里是在缺乏国家大法的形势下摸索前进。

1991年交易所设立之初，我国并没有《中华人民共和国公司法》，更没有《中华人民共和国证券法》和《中华人民共和国基金法》。试列举几个当年规范国内股票发行上市等相关规则的时间节点，让大家感受一下当年的氛围。

1984年8月10日，上海市人民政府批准中国人民银行上海市分行《关于发行股票的暂行管理办法》，这是新中国有关证券方面的第一个地方政府规章。

深圳的地方政府法规《深圳市股票发行与交易管理暂行办法》于1991年交易所成立前夕公布实施。

1991年9月2日，颁布《上海市人民币特种股票管理暂行办法》和《深圳市人民币特种股票管理暂行办法》。

1993年4月22日，《股票发行与交易管理暂行条例》由国务院发布，这是很多年国家层面规范股票发行和交易的政府规章。

1993年7月7日，国务院证券委员会发布《证券交易所管理暂行办法》。

首部《中华人民共和国公司法》于1993年12月颁布，1994年7月1日才开始执行。同年6月10日，中国证监会根据《股票发行与交易管理暂行条例》和《股份公司规范意见》关于上市公司信息披露的规定，制定《公开发行股票公司信息披露实施细则》。

同样，规范证券市场的《中华人民共和国证券法》也是1998年底颁布，1999年7月1日生效。

首部《中华人民共和国基金法》于2003年10月28日通过，自2004年6月1日起施行。

可见，中国A股的建设发展过程，也是中国资本市场的法制建设过程，在很多情况下，都是暂以部门和地方规章代替国家大法支撑起我国资本市场的法律框架，实践领先于立法进程。

对比A股的发展，我们认为在以上很多方面，新三板都是站在了巨人的肩膀上，我们面对的问题是新问题，是在上面问题得到解决之后的其他层次的问题。新三板有条件在中国已经发展了20多年资本市场的前提下取得更好的成就，更有力地支持新经济的发展。

A 股的历史顽疾

1. 发行与再融资的行政色彩

A 股发展了 20 多年，在首次发行和上市后再融资方面，一直有着比较严重的行政审批色彩，这些审批经常会跟市场的变化发生抵触，导致资源错配现象的发生。

（1）行政审批的第一个特点：管制发行量。

A 股最早年的股票发行首先是有地域限制的。市场发展之初，国务院确定全国统筹规划，分三个层次积极而稳妥地进行股票市场试验。第一个层次是在上海、深圳举办证券交易所，可以公开发行可上市股票；第二个层次是允许广东、福建、海南三省以及广州、厦门两市公开发行不上市股票，后改为公开发行异地上市的股票；第三个层次是其他省（区、市）可以挑选一两个符合条件的企业去上海或深圳发行可上市股票。

彼时，各地股票市场还是比较混乱的。在上海、深圳以外，还形成了很多"股票民间市场"，著名的如成都的红庙子市场。当时笔者在天津，天津的解放北路上一直聚集着很多内部职工股"黄牛"，腰挎 BP 机，见人就问"大哥，股票有吗？"或者"大哥，股票要吗？"很多地方证券交易中心也曾经挂牌交易过这些公司股票。

后来，国务院整体审批年度股票发行量。比如 1997 年 5 月 16 日国家计委、国务院证券委确定 1997 年股票发行规模为 300 亿元[①]。

[①] 资料来源：新华网。

当时，各省（区、市）、各部委都有股票额度，企业只要争到了额度，就肯定能上市。

在笔者记忆里，股票发行额度制其实也至少有过两种不同方式，一种是直接给企业发行额度，一种是把计划分配给各省（区、市）部级单位，"总量控制，限报家数"。

在对企业直接配给发行额度的状况下，产生过很多有特色的，甚至今天的年轻人都不太好理解的问题。试举一例：假设某企业获得发行额度2000万股，根据上市规则，发行规模不能低于企业总股本25%，这样企业的总股本就不能高于8000万股，扣除对外发行股份，企业原净资产折股就不能高于6000万股。而根据早年国资局和体改委《股份有限公司国有股权管理暂行办法》的规定（本办法后来已废止），每1元国有资产最低折股比例不得低于0.65股，换算一下，就是大概最高每1.53元国有资产可以折为1股股份。

在这种情况下，该企业6000万的发行前总股本，最多可以用来折股的经评估净资产只能在9230万元，再多装进1元的国有资产都是红线。但是企业的规模和体量常常大于这个数字，在这种情况下，逼迫中介机构只能祭起"剥离"大法，把企业很多跟经营有关的资产剥离掉，以满足国有净资产折股比例的要求。比较极端的情况下，企业必须把采购、销售等很多重要业务和资产剥离，只剩下一条生产线申报上市，给后来通过关联交易调节利润留下了非常大的漏洞，市场也为此付出了不小的代价，所以才有后来证监会鼓励企业整体上市，斩断关联交易和同业竞争通道的导向。

即便到今天，无论是IPO还是企业的再融资行为，依然是有额度审批的色彩，只不过现在的额度是按照公司股份比例或者重组的配套融资比例设定，企业并不能根据自身发展情况合理设计募资规模。

（2）行政审批的第二个特点：管制发行价。

发行价格管制不需要多说，大家非常理解，直到今天，IPO发行市盈率的23倍潜规则还在天天发挥作用，产生了中国特有的摇号现象。虽然我们在发行定价规则上是"询价"，并审核出了A、B、C三类投资者参与询价，但是目前形势下询价更像是形式，没有太多实质意义。

打新股赚钱已经持续了20多年了。1996年之前网下买认购证，后来到网上可以摇号，市值可以配售，五花八门……但是打新一直是无风险赚钱机会。假如读者中有中过新股的就一定明白，中一个签如果不是大盘银行股的话，盈利都不错，没有风险，中了就是赚了，天天涨停。为什么这样？说明股票市场供需严重失衡，核准制人为控制股票上市数量，减少供给，窗口指导发行价也为新股爆炒留下了空间。

与IPO限制发行价格上限不同，再融资的过往很多年定价限制的是发行价格下限，即确定基准日，以基准日价格的折扣比例作为发行价格下限，而且基准日也可选择，比如选择董事会决议公告日还是股东大会决议公告日作为上市公司非公开发行股票定价基准日，直至2017年再融资新规将发行日首日作为唯一定价基准日。发行价的基准日规定也曾带来很多问题，因为基准日确定后到企业再融资方案获得批准会经历比较长的时间周期，期间往往市场会发生很大变化，如果届时股票价格已经很高，则会带来外部资金的疯狂认购，甚至演化出腐败问题。如果发行时股票价格已经严重低于批准的发行价，则企业在付出巨大的审批成本后，直接面临发行失败，对企业和中介机构的伤害也很大。

（3）行政审批的第三个特点：管制发行时间。

管制发行时间相较前面额度和价格会抽象一些。对 IPO 发行时间的管制主要在于监管部门会根据市场情况，人为掌控发行审核过会和下发发行批文的时间，短则半年，长则三载，企业完全无法有效预测募集资金的节奏，对经营产生重大影响。对再融资也是一直有距离前次发行时间的间隔要求，比如最新的再融资新规，要求上市公司申请增发、配股、非公开发行股票的，本次发行董事会决议日距离前次募集资金到位日原则上不得少于 18 个月，加上审批周期，上市公司通过股本权益进行再次融资的周期基本上要超过 2 年，这对企业应对市场变化部署新的投资行为也是非常不利的，这也是最近可转债井喷的原因。

2. 政府对二级市场股价的干预，舆论治市

历史和技术的原因，A 股投资者队伍中散户占比非常高，股市波动可能会引发社会动荡，所以多年来，政府一直对二级市场的波动保持影响和干预。虽然各国政府在极端时期都会对股市进行干预，但是像国内干预得如此频繁、如此直接的状况还是比较少见的。

老一代中国资本市场人士阚治东曾经回忆（以下资料摘自阚治东《荣辱二十年——我的股市人生》）：

1996 年 9 月，上海市政府有关领导到申银万国证券公司现场办公，要求申银万国为推动上海证券市场的发展多作贡献，同时认为申银的自营盘子太小，要求扩大规模。

1996 年 9 月底，上海市有关领导以从未有过的强大阵容再次参加了申银万国证券公司的办公会议。这次会议的中心内容是：申银万国证券公司如何为推动上海证券市场的发展作贡献。

会议首先通报了上海市主要领导对上海近期证券市场问题的关注，重点关注的问题是沪、深两地证券市场的竞争。在谈到沪、深两地证券市场竞争的问题时，一位领导加重语气说："我们不怕竞争，不是说竞争要不择手段，但是竞争一定要有手段。"上海证券交易所领导对沪、深两地证券市场的竞争态势作了详细介绍后，表示赞同"竞争一定要有手段"的观点，而具体的手段之一就是通过上海几家主要券商重点运作好一些对市场有引导作用的股票，把上海股市往前推进。他们引用了投资者中流行的说法"高价股看长虹，中价股看陆家嘴，低价股看金山石化"，指出陆家嘴、长虹、金山石化三家公司的股票对上海股票价格具有导向作用，其中重点介绍了陆家嘴公司的股票。最后，会议明确要求申银万国证券公司负责运作陆家嘴股票。

显然，这是在两个城市竞争格局下引发的对股价的直接干预行为。

在中央政府的层面上，我们历史上也多次通过政策制定以及利用舆论媒体对股价进行干预。

比如1994年7月30日，《人民日报》发表证监会与国务院有关部门共商稳定和发展股票市场的措施，俗称"三大政策"：今年内暂停新股发行与上市，严格控制上市公司配股规模，扩大入市资金范围。8月1日，指数从前日收盘333点，以394点跳空高开，当日收445点，大涨33.46%[1]。

---

[1] 资料来源：新浪财经。

第二章
虎啸龙吟：资本市场话语权之争

再比如，1996年12月16日《人民日报》发表题为《正确认识当前股票市场》的特约评论员文章，指出对于目前证券市场的严重过度投机和可能造成的风险，要予以高度警惕，要本着加强监管、增加供给、正确引导、保持稳定的原则，做好八项工作，引发A股后来连续三天的全面跌停[①]。

离我们今天比较近的还有2015年的"去杠杆"、救市，2016年的熔断，都对市场产生了巨大的影响，其实蕴含了很多次生风险。

3. 艰难的退市

中国第一部《中华人民共和国公司法》1993年底颁布，1994年7月1日正式实施，《中华人民共和国公司法》自颁布之日起就有上市公司退市的约定：

第一百五十七条　上市公司有下列情形之一的，由国务院证券管理部门决定暂停其股票上市：

（一）公司股本总额、股权分布等发生变化不再具备上市条件；

（二）公司不按规定公开其财务状况，或者对财务会计报告作虚假记载；

（三）公司有重大违法行为；

（四）公司最近三年连续亏损。

但是考虑到上市公司的摘牌清算，会对以中小投资者为主体的中国证券市场造成过大冲击。出于维护各方稳定的考虑，所以各个相关部门和主体在"退市"这个问题上都非常慎重，更多的情形是由政府出面，通过资产重组的方式"保壳"，保壳的手段也是五花

---

① 资料来源：新浪财经。

八门。

工作原因，笔者也参加过上市公司保壳重组工作，各种资产重组、业务重组、财务重组的方式使用过很多，也因为看到过重组与不重组的结果对比，其实笔者是支持有条件地对上市公司重组，并且不认为退市政策一退就灵。但是无论如何，国内A股真正市场化退市的进程是非常缓慢的。

直到2001年2月，证监会才颁布了《亏损上市公司暂停上市和终止上市实施办法》，使上市公司摘牌有了具体可操作的细则。

同年4月，在中国两个交易所成立十年的时候，中国证监会对PT水仙作出决定：自2001年4月23日起终止上市。这是中国证券市场上的首例退市案。

但即便开启了退市大门，据Wind资讯统计，截至2017年7月，全国A股退市案例却只有区区60例（沪市主板退市公司共26家，深市主板共33家，创业板1家，中小板为0家），尤其是2008～2016年的8年间总共仅有8家案例。可见退市之难。

"退市难"原因无外乎有：一是上市成本高，壳资源稀缺导致壳价格居高不下；二是地方政府为了自身政绩考虑，也会使出浑身解数帮助辖区内上市公司不退市；三是A股投资者的散户属性使得监管层对待退市公司异常谨慎；四是法制建设缓慢，投资者保护制度、集体诉讼制度等在我国都是比较滞后的。

就连前证监会主席郭树清在接受《人民日报》采访时也坦言："退市制度的实施，理论上大家都赞成，一具体到企业、地方和投资者个人，就会遇到这样那样的阻力，除了监管部门和交易所要积极审慎操作，也需要方方面面的理解、支持和配合。"① 即便真退了，退到了老三板，也仍旧是个香饽饽，就因为这个牌照价值，永远都存在起死回生的可能。老三板会成为另一个资本运作的"狩猎场"。

退市常态化，A 股还有漫漫路途。

4. 腐败很难避免

核准制使得上市的通道集中在部分委员手中，这本身就是个容易出问题的制度设计。按理说，上市这种涉及巨大经济利益的事情是要跟政府官员尽量隔离的，搅和在一起，腐败就很难避免。就好比，所有打算 IPO 的公司只能走核准制这条高速路，别的路都不行，那作为高速路本身，收点过路费也天经地义。当然，政府肯定会鲜明地表示，这过路费我不能收。但是政府不收，却很难防止有个别人通过其他方式体现这部分价值。

5. 上市公司变身类金融企业

只要 IPO 通过，这家公司可就一飞冲天了，之前不是说过，卖新股的价格是证监会窗口指导的结果，并没有卖出个好价钱。但是没关系啊，上市了，公司就拿到了稀缺牌照。这个牌照意味着什么呢？代表着上市公司有多种融资工具可以变着花样用，股权质押、定增、发债、并购重组等。

此外，A 股还有一个神奇的现象，上市公司"不怕烂，就怕好"，如果公司主业还行，一看也没有亏损，也不可能变成壳，股价反而有可能被低估。但如果公司业绩很差，什么时候市值跌到 20 亿

---

① 资料来源：新华网。

元以下，高管们就偷着乐吧，因为极大的概率，马上就会有人来借你的壳。比如，360借壳的江南嘉捷，市值已经翻了多少倍。因此，很长的时间里，光是A股这个六位代码，就值20亿元。

IPO 的苦恼

不管是牛市还是熊市，能通过IPO成为上市公司，是许多有为企业家的终极梦想。可这个梦想，真的就那么美好吗？

1. 谁的偏好

我们去水果市场，各种口味都有人喜欢，怎么达成交易呢？就是按照自己的偏好进行挑选，但A股不是这样。A股的偏好，这么多年来由我们认为权威的发审委委员来定，说这家公司好，那家公司不好。权威委员选出来的东西让投资者埋单，这本身就不太合理，如果投资者埋单应该投资者自己挑才是。况且，其实投资者并不总是喜欢委员选定的那些标的。比如一个孕妇喜欢吃点酸的，委员说酸的对身体不好，请吃甜的。3000多家A股上市公司就是几个委员选出来的。选到今天，中国在全球最大市值的公司都没有在A股。为什么呢？专家和发审规则说，不好，我不喜欢。所以我们的腾讯在哪里？我们的阿里在哪里？我们的京东在哪里？我们A股没有，因为委员和制度不喜欢，这就是偏好。

2. 鸡肋的募投项目

IPO，必须先确定募股资金投向，我们给你发股票给你钱干什么呢，这也一直是发审委特别关注的问题。因为募投项目设计得不合理，枪毙掉的项目非常多，所以你一定要说干什么项目，这个项目一定要被委员认为靠谱，什么都具备了就差钱了才行。它是这么一个机制：为了这个募投项目，我们的企业就要去买地，甚至是把厂房造起来，把环评批下来，什么都弄完了，之后才能申报IPO。

结果呢，中国IPO审批要排队，这个排队时间可就不好说了，短则一年多，长则好几年。过了会，等发行批文又要等好几个月。历史上大多时间里，排队时间大概率都是好几年的。大家想想看，三年半到四年的排队周期，四年前你定了一个事，四年后给你钱，技术都过时了，这还算好的。还有些企业更痛苦，因为我要搞募股投资项目，我就要先负债把它弄起来，因为地要买对吧？银行表示支持赶紧给你贷款。最后审到一半不行了，财务大核查得撤材料，IPO暂时不行了，银行一看你上不成了就要抽贷，公司不上市还好好的，结果因为上市失败，企业垮台了。

3. 计划定价

还有定价，拿到批文后，监管层鼓励你去路演、去询价，问问投资者我以多少钱卖合适啊，通过市场的博弈来发现股票的价值，看上去很好，是不是？但是不好意思，因为还有窗口指导，说你们原则上不能超过多少多少倍市盈率发行。所以，询价就是走个形式，最后新股的发行价是早就定好了的。因此，IPO发行人最终到账的募资金额就是按照这个窗口指导价，稀释25%的股权得来的。至于散户在市场上看到的新股多少个涨停，市场飙到了80倍、100倍甚至200倍市盈率，这个已经跟上市公司没什么关系了，这是二级市场上炒作的资金了。炒得那么高，是打新股的投资者赚到的，不是企业拿到的真正的现金。

出现这个现象，说明计划定价和市场定价之间发生了非常激烈的冲突和错位。

往者不可谏，来者犹可追

A股市场经过20多年的发展和改革，上市企业的格局已有了明显改观。除了大中型国企之外，许多大中型民企也变成了上市公司。但是A股的行业结构是有问题的，金融业和工业市值占比大，产业发展与发达国家相比不均衡。对比美国的交易所，美国的新兴产业为其主导产业，信息技术、金融和医疗保健行业市值占比达到了五成，行业净利润与行业市值基本匹配；中国的产业结构则更为传统，金融、工业和非日常生活消费品市值占比达到了五成，但盈利水平与市值并不匹配，净利润一骑绝尘的是金融业，上市公司作为中国最优秀公司的代表，只有金融业的盈利水平最高。

我们再来对比一下中、美两国上市公司总市值占GDP的比重。在2015年，美国的上市公司数量4300多家，中国是2800多家。单从数量看没什么感觉，但假如看上市公司总市值占GDP的比重这个指标，就能明显看出差异，2015年中国上市公司总市值占GDP才58.60%，不到美国的一半。可见我们的资本市场在资源配置方面存在严重问题，稀缺的上市公司名额占据最优秀的资本市场资源，却产生不了最好的效果（如图2-11所示）。

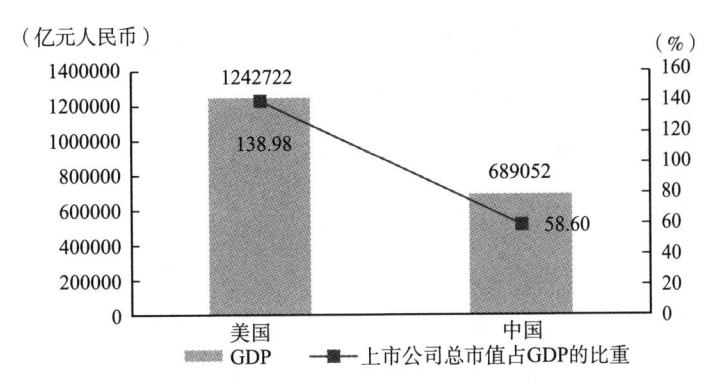

图 2-11　2015 年中、美两国的 GDP 及上市公司总市值占 GDP 的比重

注：2015 年美国的 GDP 已经按照 6.89 的汇率换算成人民币
资料来源：Wind 资讯

那么，发展到如此程度的 A 股，究竟出了啥问题？

前面说过，A 股的诞生有其历史印记。20 世纪 90 年代的 A 股，挽救了国企，与当时的经济发展匹配。原来的改革实际上是把企业权责明确，调动生产积极性，但是现在改革已经到了深水区和下游，就是要帮助中小微企业融资。历史车轮驶入 21 世纪，中国的经济早就不是单靠国企拉动了，而是也要依托千千万万中小微创企业，大力发展新经济，我们的经济模式已是"大众创业、万众创新"了。可是很明显，大量经济发展的主力军是没法让 A 股为其输血的，因为 A 股上市有持续盈利要求，有利润门槛要求。

银行就更不可能为这些主力军输血了，它们资信水平不高，也没什么抵押物。所以我们看到互联网经济的领军企业都没有在 A 股上市，就债权层面而言，我国的银行掉队了，海外风险投资填补了这个空缺；就资本市场而言，A 股掉队了，海外资本市场接纳了这些互联网企业。

因此，为了不再错过BAT，不再错过新经济企业，多层次资本市场需要大发展，以填补A股身后的空白。

前面探讨了很多A股的问题，不过不能因此就偏激，觉得A股一无是处，其实是我们自己的国情、众多利益相关方将证券市场塑造成了今天的样子。从历史角度来看，A股也完成了很多历史使命，促进了国企和大中型民企的发展。而且中国A股市场从出生那天就是受益于信息技术或者说互联网技术的发展，迅速把网络伸向了全中国的每一个角落，每个自然人都可以方便地参与。中国股市从生下来那天在信息技术方面就是全球最最领先的，没有之一。这也就导致了A股的估值确实高，不然你看那些中概股，很多大新兴，都想放弃海外市场，选择回归A股。

不过，也正是因为A股本身还存在很多问题，不能更好地满足国内更多企业发展的需求，国务院才着手加强多层次资本市场的建设，我们才看到了新三板这几年的迅速发展。东北证券的张可亮曾提出，新三板是中国资本市场的双轨制改革，计划内是主板、中小板、创业板，就是今天的A股；计划外，是新三板。笔者深以为然。然而，也要有足够预期：A股的问题不是一天造成的，新三板未来成长的烦恼也必然很多。

资本市场本身就是个"名利场"，牵涉的利益方有多少，改革的阻力就有多大。为什么2015年呼声颇高的"注册制"在证券法修订中夭折？做个简单的推演，如果真实行注册制了，上市成本是低了，但是没有"做空制度"保驾护航，财务造假成本也低了，到那时，监管部门岂不是更加手忙脚乱？注册制能在中国成立需要牢固的地基，比如做空制度，比如完善的法律……如果这些地基尚未建成，就不要提注册制这栋大厦了。

第三节　新三板会改变什么

响应供给侧改革

中国经济改革取得了万众瞩目的成就。改革开放以来，偏外向型经济发展方式提高了国家经济实力与人民生活水平。经历了巨大成功之后，经济总量日益庞大，从"快速发展"到"求稳"，到步入"新常态"，再到面临"新问题"。

目前经济形势可以简略表述为：宏观经济增速放缓与微观经济结构调整的压力并存，宏观经济政策持续收紧且趋于严厉。当前及今后一个时期，伴随供给侧结构性改革的深入，产业结构不断优化，中国经济将发生翻天覆地的变化。

增加"有效供给"的核心在于提高科学技术生产力，往往代表着追加大量投入。"有效供给"能力往往代表着一国强大的科技实力。用增加有效供给的方式解决日益增长的供不应求的高端服务需求，同时抑制"低效供给"和"无效供给"，彻底扭转低产能、高消耗的经济增长方式是结构调整的根本出发点。

推动供给侧改革，促进结构性调整，必须从经济生态中的重要组成单元——企业入手，企业蒸蒸日上是经济繁荣发展的基础。历史告诉我们，企业的积极性的调动很大程度取决于分配制度和资源配置，原先更强调企业产权制度的明确，而现在则需要强调在此基础上打造更加便利的融资环境。原先更强调企业自主化，促使企业自主经营、自负盈亏，目前中小企业基本解决了这个问题，更迫切的需求则是拥有满足自身各阶段发展的多层次资本市场。

多层次资本市场发展壮大，不断促成企业优化整合、资金活络、资源互补，企业反过来向市场提供更多有含金量的"有效供给"。强大的多层次资本市场可以令企业规范公司治理结构，优化资源配置和形成较为合理的激励机制。加快多层次资本市场尤其是新三板的发展步伐，令企业、中介机构以及投资者完全承担其相应责任，加快引导企业走向资本市场，逐步做强做大。多层次资本市场建设有利于企业获得均衡发展，虽然小微企业的投融资活动具有一定风险，但裹足不前将带来更大的风险和损失，中国经济的新局面需要更为强大的资本市场做支撑。

新三板的挂牌企业涵盖了物联网、云计算、信息咨询、移动互联网等新兴技术领域。其中软件和信息技术服务业、互联网和相关服务、医药制造业、生态保护和环境治理业、科技推广和应用服务业、废弃资源综合利用业、铁路、船舶、航空航天和其他运输设备制造业、研究和试验发展等行业归为政府大力倡导的行业，这些行业的企业在新三板的占比达到了三成左右。相信伴随着未来企业挂牌家数的增加，新三板将进一步解决中小微企业尤其是高科技企业"融资难"和"融资贵"的问题，必将为我国推动供给侧改革，转变金融运行机制和优化产业结构提供动力，从而实现我国科技强国之梦，实现中国梦。

第二章

虎啸龙吟：资本市场话语权之争

普惠中小企业

2017年8月25日，股转系统的谢庚董事长有一次讲话，是关于新三板市场建设发展情况的。该讲话系统总结了五年来新三板建设发展的成就，大家看几组数据（以下内容摘自全景网刊发的谢庚讲话全文）：

截至2017年7月31日，新三板挂牌公司数量与总市值分别为11284家和4.87万亿元，分别是市场初建时的32倍和88倍；进入8月后，市场总市值已经超过了5万亿元。

新三板目前已成为全球上市（挂牌）企业数量最多的证券交易场所，其中中小微企业占比达94%；行业覆盖从初期的12个行业大类发展至覆盖全部89个行业大类；地域覆盖从四个高新园区扩大至境内所有省域，地级市覆盖也超过了90%。

截至2017年7月31日，新三板做市股票1513只，协议股票9771只，市场累计成交5387.85亿元。

截至今年7月末，5029家挂牌公司完成7615次股票发行，实现股权融资3503.02亿元，一批处于研发阶段的企业也顺利完成融资；2017年以来的平均发行市盈率为26倍。

截至2017年7月末，挂牌公司累计披露重大资产重组和收购800次，交易总额1232.07亿元，其中七成以上属现代服务业和战略新兴产业公司进行产业整合或传统制造业公司谋求转型升级。

这些数据充分展示了新三板的普惠性，新三板切实为创新型、创业型、成长型中小微企业提供了资本市场的融资和服务。在大众创业、万众创新的时代背景下，新三板就是中小微创企业快速发展壮大的助推器。

单看数据可能没什么感觉，笔者偶然翻出自己尘封多年的论文，看到了当时统计的一些A股数据，贴出来给大家跟三板做对比（见表2-2、表2-3）。

表2-2　　　　　A股与新三板挂牌总数和市值比较

A股			新三板		
年份	上市总数	市值（亿元）	年份	挂牌总数	市值（亿元）
1990	13	12	2014	1572	4591.42
1991	14	109	2015	5129	24584.42
1992	53	1048	2016	10163	40558.11
1993	183	3522	2017	11630	49404.56
1994	291	3691			
1995	323	3474			
1996	530	9842			
1997	745	17529			
1998	852	19500			
1999	947	26471			
2000	1088	48090			

资料来源：沈沛：《中国证券市场世纪之交的回顾与展望》，中国金融出版社2001年版；全国中小企业股份转让系统官网

表2-3　　　　A股与新三板各自的历年筹资额　　　　单位：亿元

	年份	1993	1994	1995	1996	1997	1998	1999	2000	合计
A股	金额	315.58	138.40	119.92	350.50	958.86	746.38	856.64	1417	4902.98
新三板	年份	2014	2015	2016	2017					
	金额	134.08	1216.17	1390.89	1336.25					4077.39

资料来源：《上海证券报》2000年12月27日版；全国中小企业股份转让系统官网

第二章
虎啸龙吟：资本市场话语权之争

一直到2000年，A股上市股票总数一共只有1088家，总市值约4.8万亿元，流通市值只有1.6万亿元。而新三板扩容短短四年，挂牌家数已经超过万家，总市值约4.9万亿元。这是爆炸式的发展。

A股的筹资统计是包括了两市A、B股新股发行、配股和增发数据。可以看出，A股发展之初，筹资功能并不像大家想象那么强大。而新三板今天的筹资体量轻松上到千亿元水平，更多的企业获得了融资机会。

在当初，大家也讨论A股定位问题，希望A股不是简单圈钱市场，不是国企甩包袱市场，要定位成配置资源市场。今天，新三板显然配置资源的功能比A股更市场化；当年，笔者的论文里还在探讨独董制度、累积投票权、全流通、壳现象、退市等一系列问题，觉得很多问题只能是理论探讨，遥不可及。今天，这些事情在新三板都根本不是问题。

新三板是真正地给所有企业提供了一个平台。不管你的出身是贫民还是贵族，是骡子是马，都要出来遛遛，展示展示自己，优秀的公司自然会有投资人青睐；对投资人而言呢，新三板就像农贸市场，好的坏的掺杂其中，需要大家货比三家，认真挑。这正是三板旺盛生命力所在。

我们很多人经常在呼唤民主、呼唤平等。平等不是财富平等，不是地位平等，是机会平等。新三板就是中国资本市场中最民主、最平等的一个市场，新三板给所有企业以平等的展现机会。在这样一个机制下，新三板一定会孕育出全中国甚至全世界最伟大的企业，这一点我坚信不疑。

所以，今天对三板的抱怨有些是不能用历史的眼光看问题，三板的发展壮大还需要时日。如果对比今天的环境，我们发现政府对资本市场、对三板的态度相较20多年前，要重视很多，三板的快速发展也是站在A股的肩膀上的。

积极效应初步释放

这些积极效应还是谢庚的讲话总结得比较全面，在这里贴出来供大家共同探讨（以下内容摘自全景网刊发的谢庚讲话全文）。

一是引导和带动了早期投资。新三板的设立，提高了中国证券市场对企业的包容度和覆盖面，拓宽了早期投资退出渠道，拉长了中小微企业直接融资链条。据清科统计，2016年VC、PE退出案例中通过新三板退出的分别占61.5%、71.4%，推动改变了过去VC、PE集中做成熟项目的状况。

二是提高了金融体系协同效应。新三板对挂牌公司会计信息和公司治理问题的规范，为提高金融体系协同效应创造了条件。全国股转公司与33家商业银行开展了战略合作，通过信息共享，降低银行的信息搜集成本和审贷成本。2016年，5771家公司依托新三板通过专项金融产品等方式获得银行贷款合计4871亿元。

三是激发创新创业热情。挂牌公司通过实施股权激励提高对创新创业人才的吸引力，累计激励8100多人次，实现了个人贡献与企业发展的利益共享。目前有核心员工持股的挂牌公司约有1500家。

四是引导企业规范发展。万余家股份公司在新三板平台上按照公众公司的要求，逐步规范会计信息、健全公司治理、提高运作透明度，股份定价实现了市场化，获得了快速发展，在全社会起到了很好的示范引领作用，也促进了股权文化、诚信文化、契约精神的深入发展。2016年年报显示，有725家公司设立独立董事，665家公司管理层引入职业经理人；2350家挂牌公司公布分红预案。

五是增强了资本市场服务国家战略的能力。新三板对贫困地区和民族地区企业挂牌设立单独通道，实行即报即审、审过即挂政策，同时减免费用。截至2017年8月18日，贫困地区挂牌企业共233家，民族地区挂牌公司共319家，涉农挂牌公司共418家。77%的挂牌公司在2016年年报中披露了扶贫与社会责任事项，2151家公司开展了实质性的扶贫工作。初步统计，有近2000家挂牌公司以产品出口、设立海外生产基地等不同方式参与"一带一路"建设，2014～2016年挂牌公司海外业务收入合计2598亿元，海外业务收入占营业收入的比例分别为16%、19%、22%，呈逐年增长趋势。

总的来看，新三板的设立，弥补了中国资本市场服务体系的缺失，增强了资本市场服务实体经济和供给侧结构性改革等国家战略的能力。2014～2016年，挂牌公司整体营收增长分别达11%、17%、17%，净利润增长分别为24%、42%、7%，832家公司挂牌后实现规模升级，由小微型企业成长为大中型企业。挂牌公司员工人数2016年末达2619万人，同比增长149%，较同期全国城镇就业人员增长率高11.74个百分点。

五岁的新三板和五岁的A股

从2013年全国股转系统正式揭牌运营，至今已经整整五年了。一路走来，新三板的发展一直被人用今天的A股市场对标，并遭到很多批评和质疑。在今天这个时点，让我们回放一下 A 股五周岁和新三板五周岁的对比（见表 2-4、表 2-5），看看小朋友之间的差异。沪、深两个交易所都成立于 1991 年底，到 1996 年满五周岁。

表 2-4　　　　五岁 A 股与五岁三板的有关指标对比

项目	挂牌/上市家数	市值（万亿元）	发行（挂牌政策）	筹资金额（亿元/当年）	当年融资家数
五岁 A 股	530	9842	额度制	350.5	207
五岁三板	11623	49404	注册制	1336.25	2666

注：A 股当年融资家数取得是新上市家数，笔者未能统计获得融资的所有上市公司家数，但是筹资额包含新股发行和再融资的金额
资料来源：上海证券交易所官网；深圳证券交易所官网；全国中小企业股份转让系统官网

表 2-5　　　　十岁 A 股与五岁三板的有关指标对比

项目	投资者总数（万户）	机构投资者开户数（万户）	机构投资者占比	摘牌/退市家数
十岁 A 股	5801	28	0.48%	0
五岁三板	40.86	5.12	12.53%	709

注：因为资料原因，A 股数据采集的是 2000 年数据
资料来源：上海证券交易所官网；深圳证券交易所官网；全国中小企业股份转让系统官网

由于新三板更普惠的特点，使得挂牌公司家数远超五岁时的 A 股。而饱受大家指责的融资方面，即便考虑到货币贬值的因素，新三板依然有较大优势。但是从单个公司平均融资额来比，新三板跟 A 股差异还比较大，也反映出新三板服务中小企业的特点更鲜明一些。

第二章
虎啸龙吟：资本市场话语权之争

从投资者数量的角度看，A股对投资者更普惠，几乎所有的自然人都能便捷参与。而新三板的投资者壁垒显然非常高，机构投资者占比远高于当年的A股，也是因为机构投资者的定位，使得新三板挂牌之后的摘牌成为一个常态，可进可退，优胜劣汰，是市场配置资源的必然表现。但是A股发展到今天，退市也是一个影响很大的事情。事实上，A股市场出现第一例摘牌事件发生在交易所成立十年之际，2001年4月，PT水仙从上交所退市，成为A股第一例退市案例。

从法制环境上，A股五岁时，《中华人民共和国证券法》《中华人民共和国基金法》都没有颁布实施，大家都是在依托地方政府和部门规章"摸石头过河"，笔者参与投资银行业务所依赖的"红宝书"中，最重要的一个法规文件是1993年颁布的《股票发行与交易管理暂行条例》。规范证券市场的基本大法《中华人民共和国证券法》是1998年底颁布，1999年7月1日生效；而《中华人民共和国基金法》于2003年10月28日通过，自2004年6月1日起施行。新三板设立的法制环境显然比A股优越许多。

在中央政府对资本市场的关注度上，笔者查阅了早年《政府工作报告》，有关资本市场文字摘录如表2-6所示。

表2-6　　《政府工作报告》中有关资本市场的文字摘录

年份	内容	关键词
1991	"逐步扩大债券和股票的发行，并严格加强管理"；"发展金融市场，鼓励资金融通，在有条件的大城市建立和完善证券交易所，并形成规范的交易制度"	试点交易所
1992	"实行股份制是筹集建设资金和监督企业管理的一种有效形式，要积极进行发行股票和证券交易市场的试点工作，使股份制经济为社会主义建设服务"	试点

续表

年份	内容	关键词
1993	"股份制是适应市场经济发展的一种企业组织形式,要使之健康发展"	
1994	无	
1995	无	
1996	"积极稳妥地发展债券和股票融资,进一步完善和发展证券市场"	发展完善
1997	"规范证券、期货市场,增强风险意识","选择一些大型企业和企业集团,通过发行股票或可转换债券筹集资金"	规范、筹资
1998	"理顺和完善证券监管体系",股票发行"向大中型国有企业倾斜","对具有条件的大中型企业实行规范的公司制改革,根据市场情况,允许一些企业发行股票",首次提出"保护投资者的利益"	监管、保护投资者
1999	认真贯彻《证券法》,规范和发展证券市场	法制
2000	进一步规范和发展证券市场,增加企业融资的比重,要完善股票发行上市制度,支持国有大中型企业和高新技术企业上市融资	规范发展、直接融资、高新技术
2001	"建立创业板股票市场,支持中小企业技术创新"是实现科教兴国的一个战略步骤;"支持有条件的企业到境外上市,积极探索采用收购、兼并、风险投资、投资基金和证券投资等形式,扩大利用外资规模";"取消一切限制企业和社会投资的不合理规定,对不同所有制企业实行同等待遇"	新兴、国际化、同等待遇

而在2017年《政府工作报告》中提及资本市场是这样表述的:"深化多层次资本市场改革,完善主板市场基础性制度,积极发展创业板、新三板,规范发展区域性股权市场。"通过对比可以看到,新三板快速发展的今天,新三板和创业板被同时写进政府工作报告,可见中央政府对资本市场的关注度空前提高,资本市场在中国经济版图上的地位今非昔比。

第二章
虎啸龙吟：资本市场话语权之争

在笔者的记忆里，今天的申万宏源证券早年是三家证券公司，当年的南方、国泰、华夏等第一批全国性证券公司都已改头换面，A股五岁时，今天资本市场机构投资者主力之一的公募基金当年还没有出现，私募基金当年还在地下坐庄，当年流行的词汇是"禁止国企投资股票""禁止银行资金入市"，严防死守，1996年工行合肥分行、中信济南分行等在任行长都因此被直接免职。今天困扰新三板公司的"三类股东"，当年更是听都没听说过，2001年《中华人民共和国信托法》颁布后，大概在2003年，才出现了大家觉得很新鲜又很陌生的"信托计划"的提法，至于为什么叫××计划，笔者至今并没有查证由来，反正后来各类证券资管计划、基金资管计划、保险资管计划就这样顺延下来了。

1996年A股还有个历史性事件，就是在连发"十二道金牌"无效后，1996年12月16日《人民日报》发表《正确认识当前股票市场》的特约评论员文章，并引发A股历史上第一次连续三天的全面跌停。而今，做市指数几年也经历了很大的波动，政府已经很少用这种方式实施"舆论治市"，反映出政府管理手段的提高。

在新三板五周岁的这个时点，我们回顾一下五岁的A股是有意义的，可以让我们知晓新三板的起点其实很高，今天遇到的问题有很多是站到A股肩膀上发现的新问题，这样我们就可以更有信心、更有耐心，更加相信并期待新三板可以更好地绽放！

第三章

外面的月亮更圆吗

第一节 香港创新板——新三板最大的竞争对手

创新板的先进性

2017年6月16日,香港交易及结算所有限公司及其附属公司香港联合交易所有限公司(联交所)刊发以下两份文件,就一系列拓宽香港资本市场上市渠道及完善香港上市机制的建议方案展开咨询征求公众意见:(1)创新板框架咨询文件;(2)检讨创业板及修订《创业板规则》及《主板规则》的咨询文件。

创新板框架咨询文件提出的建议方案,旨在提高香港市场的竞争力,吸引有以下一项或多项特点的新经济公司。香港目前的市场机制并不接受这些公司上市:(1)尚未有盈利的公司;(2)采用非

第三章
外面的月亮更圆吗

传统管治架构的公司;(3) 拟在香港做第二上市的中国内地公司。

据建议方案,创新板分为创新主板及创新初板,根据每个板块的不同风险水平将设定相应的股东保障标准。根据联交所的这个动向,笔者尝试为读者们通俗地解读一下:

(1) 联交所准备在自己的旗下,开一个"新三板",取名"创新板";

(2) 创新板直接分两层,一层叫创新初板,一层叫创新主板;

(3) 创新初板只允许合格投资者参与投资,更像今天的新三板,创新主板允许散户参与,有点像三板传说中的"精选层";

(4) 创新板不仅可以容纳不盈利的公司挂牌,更可以忍受类似阿里一样同股不同权的公司挂牌;

(5) 联交所将在自己同一体系内,开出创新板、创业板、主板,并可以根据规定条件进行转板操作,极具竞争优势。

此举会对大陆的新三板市场有影响。港股推创新板,第一个被竞争对象并非A股,而是新三板。A股特有的交易模式和投资者群体,在很长的时间周期内,全球其他任何市场都是不能比的,何况港股。

但是,同是机构投资者定位,港股已经有成型的机构投资者群体,三板还没有;更何况新设的创新主板就可以向散户开放;港股可以推动顺畅的转板,三板显然没办法轻松打通沪、深交易所;港股交投不活跃,三板何尝不是;港股交易量集中于头部公司,三板又何尝不是?

港股没吸引到阿里巴巴,但是知错能改,开始兼容同股不同权的制度,这显然是非常吸引精英创业者的。对比一下我们还在为了

金融不虚：
新三板的逻辑

"三类股东"在争论，孰优孰劣一目了然。

至于拿港股有做空机制说港股不好，笔者就更不能认同了。一个市场，仅靠监管部门查报表，相较于另一个在制度上引入了社会监督的市场，到底哪个更具有净化功能，这个需要过多讨论吗？难不成我们说一个更便于造假的市场对大家更有吸引力？

对国内普通中小企业来讲，如果新三板不在制度创新上大力改革，剩余最大的优势可能仅剩成本，海外上市的成本确实是很高的。但是成本不能仅看绝对数，挂牌便宜，但是挂牌后没有收益，这个成本率其实是无穷大。

好的制度可以把坏人变好，坏的制度可以把好人变坏。港股确实有很多不足，其中有些不足是之前的制度造成的，不能仅说结果不问原因。现在，联交所要推动变革，笔者最大的担心是：如果新三板不用更大的力度推动改革，我们内地市场不仅流失了阿里、腾讯、网易、京东，我看也留不住滴滴、摩拜、ofo、今日头条……

香港市场性感吗？

前面提到了香港拟推创新板，那么包容的制度，肯定令很多年轻有为的企业家内心蠢蠢欲动。那么去香港市场上市究竟值不值得考虑呢？我们不替您作判断，但笔者会把优缺点都列出来，企业家们自己定夺。

1. 香港上市的优点

香港有着国际金融中心的地位，金融市场有 120 多年的历史，市场机制、法律和监管等方面更为成熟。香港市场实行港交所和政府机构双重监管，数据双重备份，监管比较完善和全面，上市公司的信息和财报等比较公开真实。

港股市场上存在着大量优质的公司，比如腾讯、联想、比亚迪、长江实业等，这些公司长期趋势良好，分红可观，都是价值投资的典范。特别是腾讯，从上市以来股价上涨了200多倍。这个收益跟2005年就在北京投资房产的收益差不多。

港股的估值偏低，同一家公司在A股和H股上的二级市场价格不同，也就是大家通常说的A股、H股的差价。H股的价格单位是港币，A股是人民币，结合汇率换算，一般港股的股价都比A股低。比如万科，2017年某个交易日H股是港币19.7元，折合人民币为17.5元左右，而万科A股的价格为人民币19.1元，算下来H股要比A股低了8.87%。虽然随着A股沪港通和深港通的开通，差价有缩小的趋势，但差价依然还是存在。

还有就是交易制度优势。首先，T+0交易，不设涨跌停板，短线交易获利空间大，当然风险也大；再者，交易品种多，交易规则灵活，做多、做空可以选择，合理对冲风险；此外，港股还有丰富的衍生品工具。

2. 港股的缺点

香港市场的两极分化非常严重，20%的股票创造了80%的交易量，尤其是腾讯这一只股票，就吸引了市场20%的资金量。相应地，大量普通中小企业即使上市，交投情况也不会很乐观，流动性和换手率都没那么理想。

香港是一个高度国际化的市场，国际化背景的机构投资者占了大多数，这样的投资者结构就导致了一个问题，对中资背景企业的投资价值，国际投资者有自己的评价体系，往往给出的估值很低。加之港股发行上市是完全市场化的行为，不同于 A 股行政审批的结果，因此，对于普通中小企业而言，想获得高估值非常困难。

最后，就是高昂的中介费用了。主板上市费用 2000 万港币左右，创业板上市费用 1500 万港币左右，上市后每年的维持费用在 350 万港币左右。

H 股全流通

2017 年 12 月 29 日，中国证监会公告称，经国务院批准，将开展 H 股上市公司"全流通"试点（试点企业不超过三家），进一步优化境内企业境外上市融资环境，深化境外上市制度改革。H 股全流通这件事，笔者认为会是对新三板的重大打击。

先普及一下常识：H 股也称国企股（这里是指国内企业，而不是国有企业），是经证监会批准，注册在内地，在香港市场上市，供境外投资者认购和交易的股票。在往年内地企业去香港上市的架构下，上市前境内股东持有的股份为"内资股"，外资持有的被称为"外资股"。当内地企业上市后，其在香港市场发行的 H 股可以自由流通，外资股也能转为 H 股流通股，唯独"内资股"不能进行流通。"内资股"这些企业原始股东持有的股份只能在中国法人或自然人、合格国外机构投资者或战略投资者之间转让。所以 H 股其实一直存在 A 股以前的股权分置问题，而股权分置带来的负面影响就不赘述了，经历过股权分置改革的投资者自然能晓得改革带来的红利是什么。

另外，国内企业在香港上市的方法就是"红筹模式"，是指境内公司将境内资产或权益通过资产收购或协议控制（VIE）等形式转移至在境外注册的离岸公司，而后通过境外离岸公司来持有境内资产或股权，然后以境外注册的离岸公司名义申请在港交所挂牌交易的上市模式。

笔者在对三板的分析框架中，一直有一个企业的四象限分类：大传统、小传统、大新兴、小新兴，小传统对任何资本市场意义都不大，小新兴是传统的私募创投市场。一个交易所市场的成功，主要在于能否培育并留住大传统和大新兴类的企业。

历史的原因，导致 A 股成为全球给予传统行业估值最高、流动性最好的市场，新三板在这个层面永远无法也没必要跟 A 股竞争，新三板长期的繁荣一定是利用 A 股上市严格审批制度留给自己的空间培育自己的新兴产业板块，这些新兴板块不能马上在 A 股上市有的是因为业绩的原因，有的是因为国内监管政策、产业导向等方面的原因。打个比方，比如互联网金融我相信未来很长时间都比较难以直接在 A 股顺利上市。在海外市场有种种不便利的情况下，三板就有机会让这些新兴企业在三板市场发扬光大。但是 H 股的股权分置，就会让一些创业者和境内股东多一重疑虑。

如果 H 股能够全流通，这些新兴企业将更有动力走向联交所，而不是留在新三板。A 股分流走三板优秀的传统企业，港股分流走三板优秀的大新兴企业，港股可以容忍同股不同权的政策再吸引走一部分有影响力的小新兴企业，如果三板再不思改革、不面对竞争，未来留给三板的将是什么？

还好，令人欣慰的是，2018 年 4 月 21 日，股转系统与港交所签署合作谅解备忘录，双方欢迎对方市场符合条件的挂牌/上市公司在本市场申请挂牌/上市。

第二节　纳斯达克不是中小企业的天堂

纳斯达克是个倒三角

在专家的笔下和众多中小企业心目中，纳斯达克是全球最成功的孵化中小企业的交易所，是中小企业的天堂，所以大家都期待新三板能变成中国的纳斯达克，期待自己的企业在那里有很好的融资，很好的发展。事实真相是什么？

纳斯达克证券交易所分为三层（或者叫市场），最高层叫纳斯达克全球精选市场（Nasdaq Global Select Market），后面依次是纳斯达克全球市场（Nasdaq Global Market）和纳斯达克资本市场（Nasdaq Capital Market）。

经过多年的发展淘汰，目前纳斯达克2700多家上市企业中，最高层精选市场的上市家数接近1500家，最低层次的资本市场只有600多家，在三个层次中家数是最少的。纳斯达克自己就是个倒金字塔。它也不是我们想象的那种多层次市场体系，相反，纳斯达克和纽交所是竞争对象。我们的新三板分层什么样呢？创新层只占了1/10，基础层企业占了9/10，是个正三角。

同样，纳斯达克交易的结构性也非常明显，最大市值的几家公司，吃掉了纳斯达克一半以上的流动性和市值，绝大多数公司都可以叫"僵尸"公司。

第三章
外面的月亮更圆吗

纳斯达克远没有那么亲民

从纳斯达克退市标准看，绝大多数新三板公司即便挂牌纳斯达克，也很难维持。为了方便大家比较，笔者罗列了纳斯达克全球精选和全球市场的退市（退层）标准和新三板创新层的保层维持标准。

纳斯达克的退市标准（也可以说是保层标准）有三类，分别是权益标准、营收利润标准和市值标准，按照这个想法，我们也把新三板创新层的分层标准按这个方式分类（新版的新三板创新层保层标准相对统一），其中标准三兼顾了股权权益标准和市值标准，标准一和标准二可以类比纳斯达克的营收利润标准。结果如表 3 - 1 所示。

表 3 - 1　　　　　　　纳斯达克的退市标准

	股东权益标准		营收利润标准			市值标准	
	全球/精选（美元）	新三板（元人民币）标准三	全球/精选（美元）	新三板（元人民币）标准二	标准一	全球/精选（美元）	新三板（元人民币）同标准三
股东权益	1000 万						
股数		5000 万		2000 万	2000 万		5000 万
股票市值		6 亿				5000 万	6 亿
总资产			5000 万				
总营业收入			5000 万	两年平均不低于 6000 万且 50% 增长			

续表

	股东权益标准		营收利润标准			市值标准	
	全球/精选（美元）	新三板（元人民币）	全球/精选（美元）	新三板（元人民币）		全球/精选（美元）	新三板（元人民币）
		标准三		标准二	标准一		同标准三
净利润					两年均不低于1000万且ROE大于8%		
公众持股量	75万		110万			110万	
公众持股市值	500万		1500万			1500万	
每股价格	1		1			1	
总股东数量	400	50	400	50	50	400	50
做市商	2	6	4			4	6

首先，纳斯达克的维持标准保留了鲜明的交易所特色，更重视流动性，所以对公众持股量、公众持股市值、股东人数、做市商家数、交易价格有统一标准，没有流动性和交易，就必然退市。而新三板则更具场外市场特点，公司是否能够交易，不作为能否保住创新层的基本标准。

其次，纳斯达克的保层标准高于新三板保层标准，新三板最新版的维持标准删除了业绩和市值的要求，只强调最近一个会计年度经审计的期末净资产不为负值。无论是1000万美元（折合人民币约6700万元）的净资产，还是5000万美元（折合人民币3.35亿元）的营业收入，或者5000万美元的市值，在三板看来都是三板挂牌的

第三章
外面的月亮更圆吗

大公司了。请注意,这可不是挂牌标准,这是维持标准,大大低于挂牌标准。

所以,相比新三板,纳斯达克对中小企业来说远没有那么亲民。纳斯达克不是中小企业的天堂,如果非要加上烙印,说纳斯达克是全球创新型企业的天堂也许更贴切。全球没有哪个交易所专门服务中小企业,同样,也没有哪个场外市场有很好的流动性和估值。

观察全球所有交易所,让小型企业能获得最好的流动性和估值的,其实非中国的沪、深两个交易所莫属。在其他所有的交易所,小企业都是"僵尸",交易所绝对不是中小企业的天堂。场外市场通常是中小企业步入资本市场的踏板,但是场外市场无一例外流动性和估值都比较差。

但是,这是否意味着中小企业就无法利用资本市场,就无法走资本市场之路?当然不是。

交易所只是多层次资本市场体系的重要环节,并不是资本市场的全部。交易所市场通过估值和流动,给优秀的创业者和优秀的风险资本以良好的激励和引导,风险资本和伟大的风险投资制度才是解决优秀创业者和优秀中小企业走资本市场之路的直接推手。想较好地解决中小企业融资问题,在建设好交易所市场的同时,必须同步制定和优化配套的风险投资制度,效果才会相得益彰。如果都视风险资本为豺狼虎豹,资本流向创投和 PE 机构被认为是"脱实向虚",那么中小企业融资难问题无解。

金融不虚：
新三板的逻辑

历史是面镜子

美国证券市场的发展历史与中国截然不同。美国证券市场是从场外市场向交易所演进的过程。17世纪、18世纪，美国的证券交易分散在大街小巷，都是些"柜台市场"。18世纪90年代，诞生了费城股票交易所和知名的"梧桐树协议"代表的纽约交易所。再然后，又分别诞生了若干地方性证券交易所。

到了19世纪，随着经济水平的提高和通信技术的进步，交易所的跨区域经营成为可能，交易所市场才出现了从区域性向全国性交易所升级的潮流。到了21世纪，诸如纽约交易所，纳斯达克等中国人熟知的这些交易所是全国性的，美国其他大部分交易所仍然是区域性的。

场外市场的话，早期就更加分散了。1904年，全美报价局开始传递全国范围场外市场证券的报价信息。直到1971年全美证券商协会成立纳斯达克，这时候的纳斯达克只是个报价系统，可以统一报价显示、统一成交确认、统一委托路径、统一撮合，这个报价系统的革命性意义就在于使场外市场从分散的状态统一起来。

20世纪80年代，纳斯达克开始分层，分层后在交易平台引入订单分派和交易执行功能。这是纳斯达克发展史上的一个里程碑，这个系统可以将市场中低于500股的小额订单自动派发到合适的做市商自动交易。当然，纳斯达克之后也经历了做市商操纵价差的风波。在纳斯达克私有化完成后，其向监管当局提交了成为交易所的申请。2006年，纳斯达克正式转型为交易所。

第三章
外面的月亮更圆吗

所以大家看纳斯达克的发展史,就会明白我国是"自上而下",美国是"自下而上"。两国的国情非常不同。在纳斯达克蜕变的同时,美国的场外市场也在蓬勃发展,如知名的OTC市场,还有很多新兴的场外市场。

所以,大家不要再拿纳斯达克和新三板做对比了,二者完全不能类比,至于新三板的未来会不会转型成交易所,我想只有我们中国人自己有答案。

第二部分
新三板不完美？也许不是缺点

　　新三板稚嫩，新三板年轻，所以新三板不完美是正常的。在不断的试错中，在百家争鸣的激辩里，我们看到了新三板的成长，看到了新三板的潜力，也看到了希望。希望总是好的，新经济企业在观望，真投行在培育，新生态在生长。没别的，请多给年轻人一点儿时间！

第四章

内 因 主 导

第一节 挂牌企业素描图

新三板运营至今,挂牌企业规模已超万家,行业覆盖从初期的12个行业大类发展至覆盖全部89个行业大类;地域覆盖从四个高新园区扩大至境内所有省域,地级市覆盖也超过了90%(见图4-1、图4-2)。

新三板挂牌企业分为两层:基础层和创新层,创新层企业占比11.54%。盘中交易方式为两种:做市交易和集合竞价交易,截至2018年1月做市交易占比11.4%。创新层企业有35.97%的企业采用做市交易,64.03%的企业采用集合竞价交易;基础层企业有8.25%的企业采用做市交易,91.75%的企业采用集合竞价交易(见图4-3)。

金融不虚：
新三板的逻辑

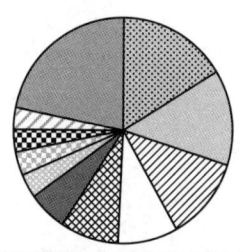

排名	省份	公司数	占比（%）
1	广东	1868	16.1
2	北京	1614	13.9
3	江苏	1384	11.9
4	浙江	1028	8.9
5	上海	989	8.5
6	山东	637	5.5
7	湖北	406	3.5
8	福建	402	3.5
9	河南	379	3.3
10	安徽	357	3.1

图4-1 新三板挂牌企业地域分布

资料来源：Wind资讯

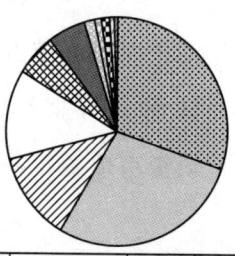

排名	行业	公司数	占比（%）
1	信息技术	2148	30.2
2	工业	1990	28.0
3	可选消费	913	12.8
4	材料	899	12.6
5	医疗保健	439	6.2
6	日常消费	374	5.3
7	金融	117	1.6
8	公用事业	77	1.1
9	能源	74	1.0
10	房地产	44	0.6

图4-2 新三板挂牌企业行业分布

资料来源：Wind资讯

第四章
内因主导

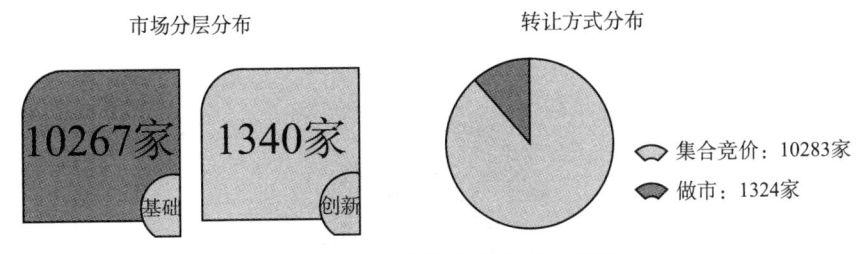

市场分层分布　　　　转让方式分布

10267家　1340家
基础　　　创新

集合竞价：10283家
做市：1324家

图 4-3　新三板挂牌企业分布情况

注：数据截至 2018 年 1 月 23 日
资料来源：全国中小企业股份转让系统官网

新三板挂牌企业平均设立年限 11 年，成熟企业与初创企业并存，成立超过 10 年的企业占比达到六成（见图 4-4）。平均股本 5800 多万，总股本 2000 万以下的企业占到了三成（见图 4-5）。

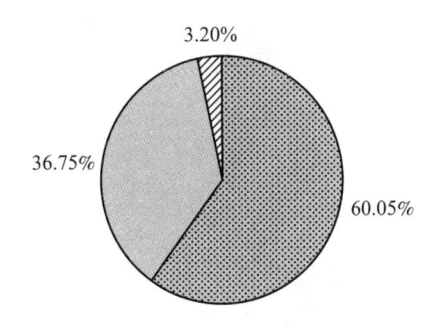

3.20%
36.75%
60.05%

■10年以上　□5~10年　▨不足5年

图 4-4　新三板挂牌企业成立年限分布

资料来源：Wind 资讯

就营业总收入来看，1000 万~5000 万元的企业达到了 4000 多家，过亿的企业也达到了 4000 多家，5000 万~1 亿元的企业有 2700 多家。营业总收入过亿元的企业中，87% 的企业营收规模在 1 亿~5

99

亿元这个区间（见图4-6）。

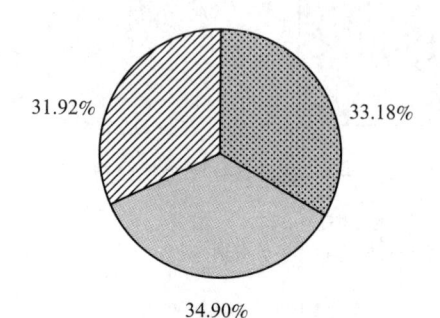

图4-5 新三板挂牌企业总股本分布

资料来源：Wind资讯

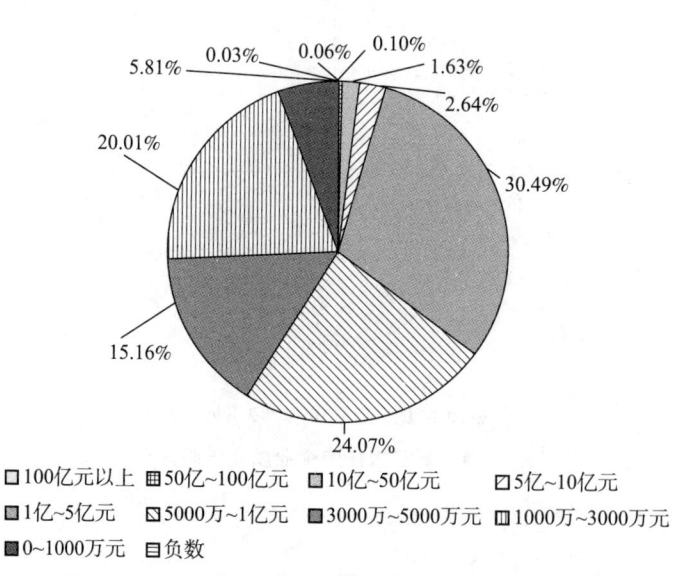

图4-6 2016年年报新三板挂牌企业营业总收入分布

资料来源：Wind资讯

第四章
内因主导

就净利润来看，亏损企业仍然有 19.86%。盈利的企业中，0~500 万元这个区间企业数量最多，达到了 3900 多家，1000 万~3000 万元的企业有 2500 多家，净利润过亿元的企业占比为 1.22%，过半数的企业净利润规模在 0~5000 万元（见图 4-7）。

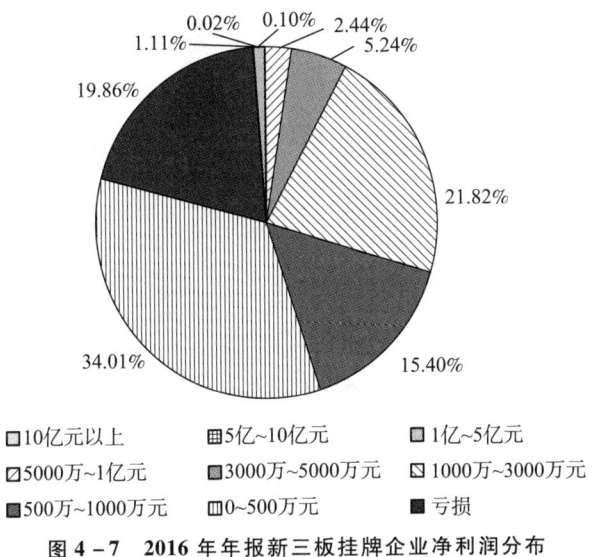

图 4-7 2016 年年报新三板挂牌企业净利润分布

资料来源：Wind 资讯

就 2017 年中报数据来看，大部分新三板企业的净利润区间在 0~500 万元（见图 4-8）。

把营业收入和净利润分行业统计一个均值，我们进行排名，可以看到传统行业的业绩已形成规模，新兴行业还需要时间追赶（见图 4-9、图 4-10）。

101

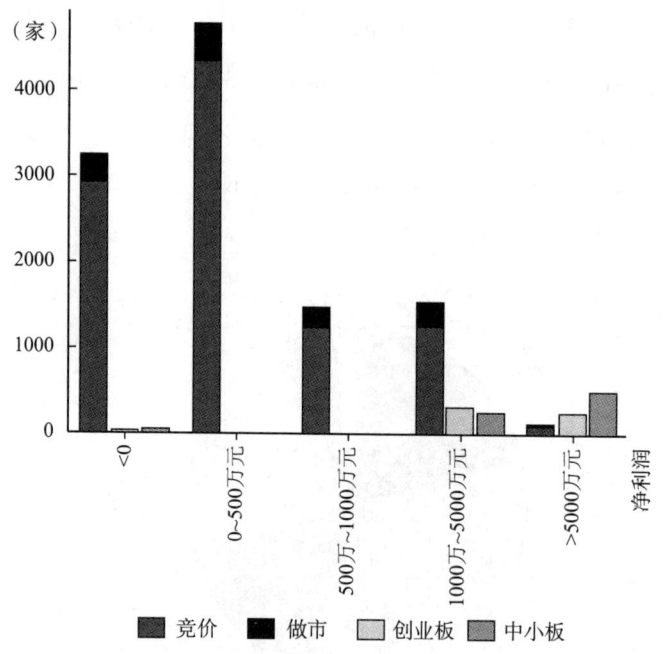

图 4-8 2016 年年报各板块净利润的比较

资料来源：Wind 资讯

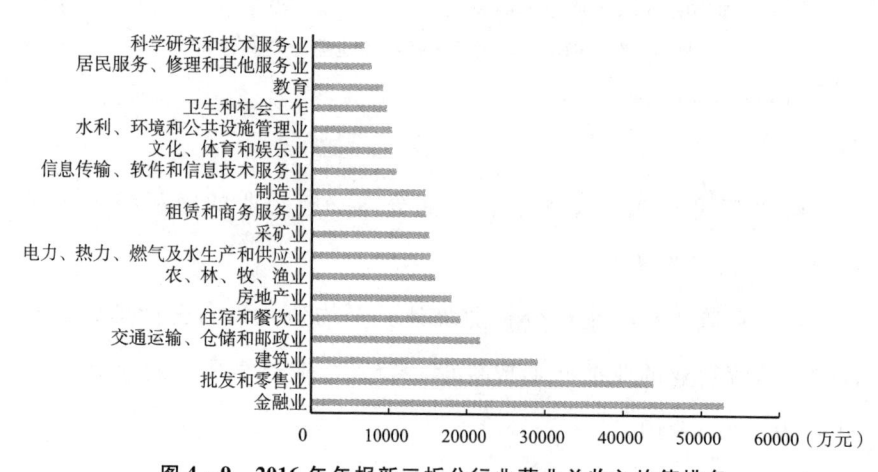

图 4-9 2016 年年报新三板分行业营业总收入均值排名

资料来源：Wind 资讯

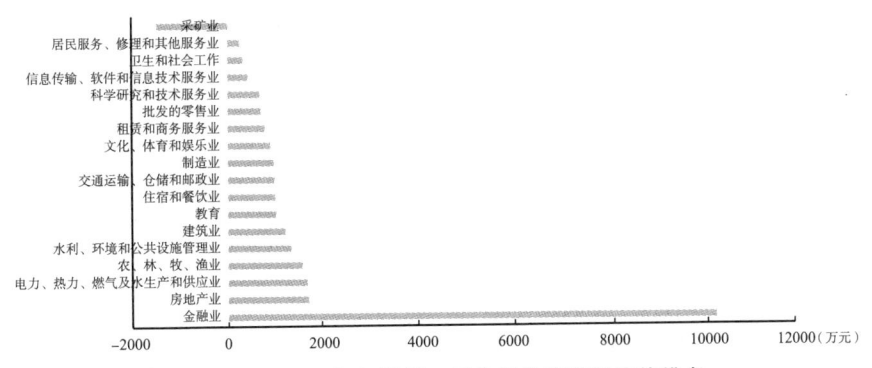

图 4-10　2016 年年报新三板分行业净利润均值排名

资料来源：Wind 资讯

2016 年度营业收入、净利润同比双增长的公司有 5800 多家，净利润增速过 100% 的公司有 2500 多家，说明新三板的大部分公司成长性还不错。但需要注意的是，也有 2500 多家公司营业收入、净利润同比负增长。就成长能力而言，三板企业存在两极分化现象（见图 4-11、图 4-12）。

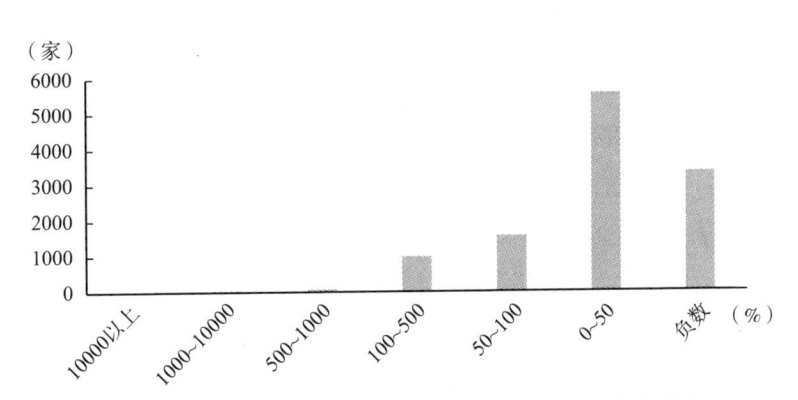

图 4-11　2016 年年报新三板挂牌企业营收同比增长率分布

资料来源：Wind 资讯

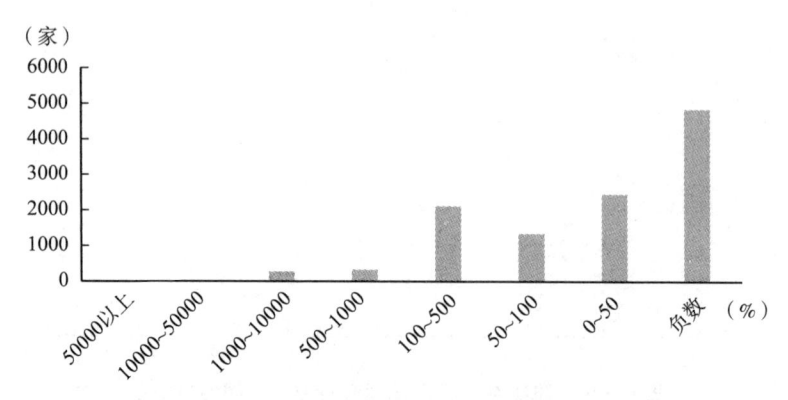

图 4-12 2016年年报新三板挂牌企业净利润同比增长率分布

资料来源：Wind 资讯

净利润在 1000 万～3000 万元的企业有 2500 多家，净利润在 3000 万元以上的企业有 1000 多家，这两个区间的挂牌企业群体在新三板极具代表性，也是颇受投资资金追捧的群体，从这两个区间企业的前十大行业分布来看，可以看到很高的重合性，行业分布也以战略新兴行业为主（见图 4-13、图 4-14）。

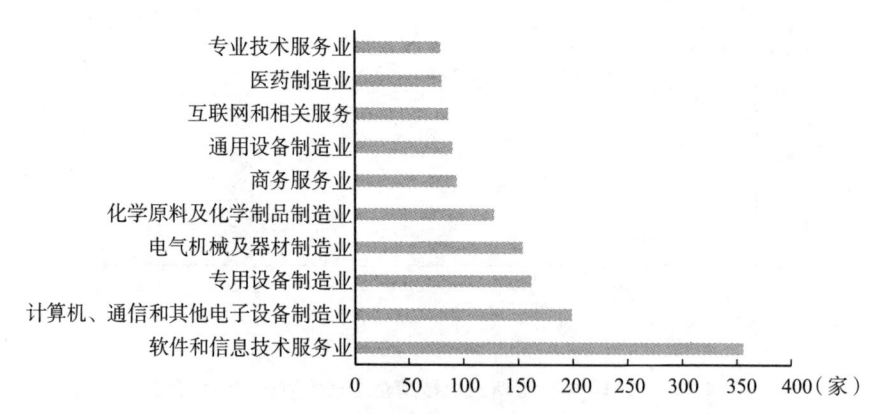

图 4-13 2016年年报净利润 1000 万～3000 万元企业前十大行业分布

资料来源：Wind 资讯

第四章
内因主导

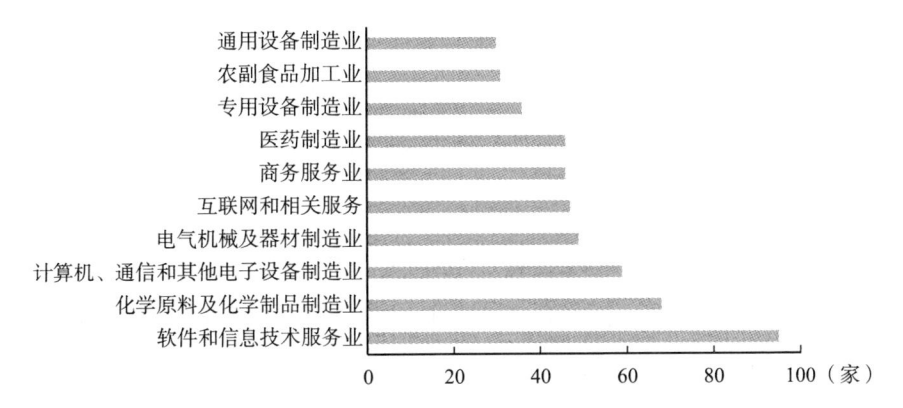

通用设备制造业
农副食品加工业
专用设备制造业
医药制造业
商务服务业
互联网和相关服务
电气机械及器材制造业
计算机、通信和其他电子设备制造业
化学原料及化学制品制造业
软件和信息技术服务业

0　　20　　40　　60　　80　　100（家）

图4-14　2016年年报净利润3000万元以上企业前十大行业分布

注：本节图表数据未做特殊说明的，截止日期均为2018年1月23日
资料来源：Wind资讯

第二节　挂牌企业质量差吗

田忌赛马

从2013年底新三板全国扩容至今，新三板挂牌企业已经超出万家规模。这些挂牌企业群体的质量，是新三板长期发展的基石，是新三板估值、流动性、融资能力的基础。2017年春节前后，笔者曾经走访过私募同行，当时发现至少有一半以上的同行和从业者对新三板不关注、一知半解或者嗤之以鼻。原因除了从媒体报道和自身经历中获得的感知以外，骨子里的主要原因是认为新三板企业质量"不好"，估值又比不挂板的企业贵。

为什么会得出三板企业质量不好的结论？原因大概有两个方面：

105

第一，新三板企业良莠不一，平均水平较差；第二，有些私募自己投资的企业上了三板后表现不好，有些私募干脆将自己投资的企业中表现不太好、无法IPO或者被并购的企业挂上三板再找机会处置。

讲到三板企业平均质量差，也是有个潜台词的，就是拿三板的平均水平跟投资机构在市场外筛选出来的可投资标的样本进行比较，这也不太科学。换言之，如果把全国所有非上市企业作为样本量，其平均水平拍脑袋想想应该比三板平均水平要差很多才对吧。

还有个阻碍部分PE投资机构投资新三板优秀公司的原因是，估值高，但这个估值是真的高吗？三板好公司普遍投资估值在15~20倍市盈率以上，而未挂三板的可比公司目前私募估值还均衡在10倍市盈率左右。但是按笔者的经验观察，由于未挂牌企业大多没有经历规范过程，在经历规范过程并付出规范成本之后，实际市盈率水平远超10倍，三板好企业并未贵到哪里去。

仔细想想，看好三板和不看好三板有无法互相说服对方的情形，陷入了"田忌赛马"的怪圈。当年田忌与齐王赛马，马的质量是分上等、中等和下等的。看好三板并积极投资的机构，是把新三板作为一个跑马场，观察里面上等马的表现并纳入自己的项目池；不看好的机构是因为自己投资后挂牌到三板的企业普遍是三板的劣等马。但新三板是个包容的市场，这个市场里上等马、中等马和下等马都有，关键看你怎么去发现它们。这些挂牌企业的质量，才是新三板的内因，而内因一定是起主导作用的。其他各类制度变革都属外因，制度的优化有助于新三板挂牌企业的长期发展，制度的过激（比如贸然散户化）也会彻底毁掉新三板。

第四章
内因主导

下面我们来看新三板挂牌企业的分布，参照本书第一章提出的"四象限"理论，目前新三板挂牌公司的分布结构如图4-15所示。

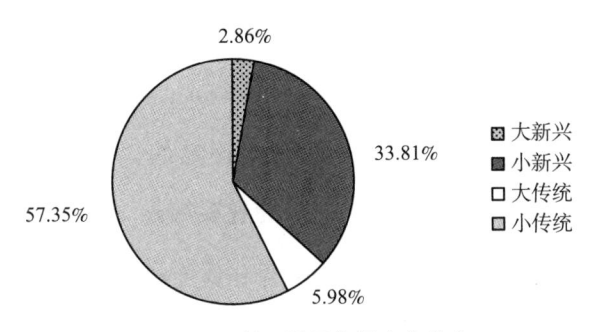

图4-15 新三板四象限企业分布

注：大、小新兴的产业选取标准为新一代信息技术、节能环保、生物、高端装备制造、新能源、新材料、新能源汽车，其余产业归为传统；大小规模的划分采用了3000万元净利润标准，数据为2016年年报数据；图中挂牌企业数据的截止日期为2018年1月10日
资料来源：Wind资讯

我们可以看到，新三板大部分挂牌企业属于"小传统"，小新兴的占比也达到了三成以上。一般来讲，小而传统的企业在全球任何一个市场都备受冷落，缺乏估值和流动性基础；小新兴对应典型的风投市场，可以获得比较好的估值和一定的流动性，但是风险巨大；大传统相对稳定，但是在机构投资者眼中，估值提升空间有限，大传统构成了A股的主流板块，并且在A股特定的制度下获得了全球最高估值水平和最好的流动性；大新兴则在全球市场都可以获得追捧。

当然，投资理论从来都是"见仁见智"的。总之，新三板好公司的比例虽然不算高，但总量已经足够投资机构挑选配置；更主要的，笔者再次强调，我们对这种市场化赛马机制下能够跑出中国最好的上等马群体的结果充满信心。"不畏浮云遮望眼"，希望在不久的将来就能看到这个美好结果。

二八定律

相对于 A 股，新三板其实是非常普惠的。2016 年，就有将近 2500 家企业在新三板获得融资，融资规模超过 1390 亿元，2017 年，又有超过 2600 家企业融资 1336 亿元，这超过了大多数年份中上海证券交易所和深圳证券交易所分别上市企业 IPO 的融资规模。众所周知，2017 年是 IPO 井喷大年，两个交易所累加 IPO 融资也只有 2200 亿元，而上市企业的家数也只有 400 多家。即便如此，新三板获得融资的企业数量也只占了整体挂牌数量的 25% 左右。也就是说，如果你去做问卷调查，你回收的问卷的七成以上会得到挂牌企业对三板融资不满意的答案。

事实上，如果没有新三板，你做这个问卷调查，你得到不满意回答的概率应该是 9.5 成以上，我们天天吵吵的中小企业融资难不是白说的。更重要的是，这个现象恰恰是正常的，是符合市场规律的。大家一定听说过"二八定律"，用在资本市场中解读应该是 20% 的企业拿到 80% 以上的融资量，这就是三板目前的真实写照。投资者用钱投票，好公司、有潜力的公司、重视投资者关系管理的公司才能获得投资者的青睐。什么样的公司都能获得融资，一定是资源被错配了，被扭曲了。而这恰恰是 A 股的现状。

下面看看近几年新三板公司的融资数据，读者的感受就会更直观。如图4-16所示，完成融资的企业家数（挂牌企业总数为11600多家，数据截止时间为2018年1月10日）占到了两成。单就基础层来看，这个融资成绩也是符合"二八定律"的，1万多家基础层企业中，1700多家获得了融资；创新层会比较特殊，1300多家企业中，将近半数的公司获得了融资，说明创新层公司更加能获得投资者的认可。

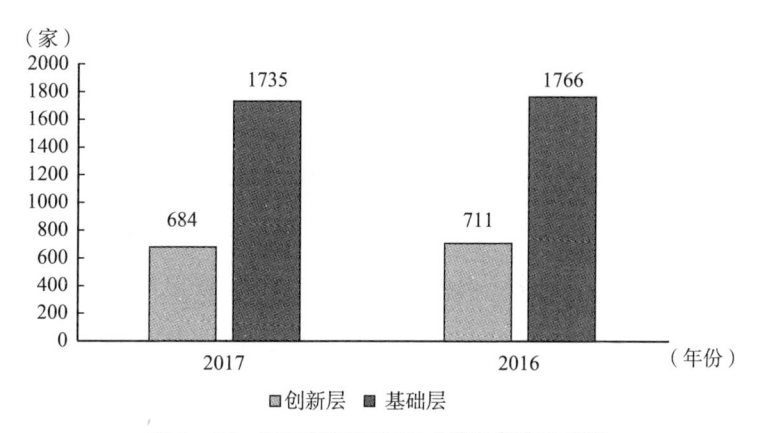

图4-16 新三板近两年完成增发募资的家数

资料来源：Wind资讯

不过，仅从数量上看，还看不出创新层和基础层的融资差异。我们再来看图4-17，不论是2016年还是2017年，创新层公司从均值来讲，融资效率都是优于基础层公司的。2017年，基础层公司平均融资额为3574万元，创新层公司平均融资额为7306万元。2016年，基础层公司平均融资额为3972万元，创新层公司平均融资额为6186万元。

（亿元）

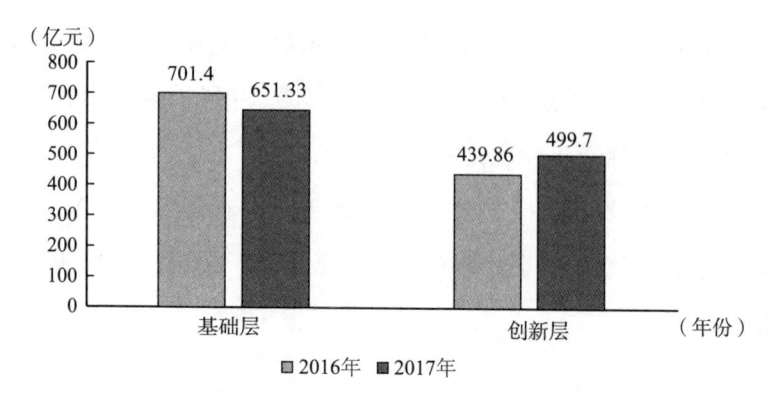

图 4-17 新三板近两年完成增发募资的金额

资料来源：Wind 资讯

如果将两张图结合起来看，不论基础层也好，创新层也罢，完成融资的家数都是递增的，但就融资总额来看，基础层是递减的，创新层是递增的。就融资均值来看，基础层也是递减的，创新层是递增的。

指数及样本构成

2017年11月15日，三板做市指数收于999.32点，出现了破千点的情况，这是三板做市指数首次收于千点之下。这个现象使得市场的悲观情绪、恐慌情绪持续发酵，有声音认为这是流动性冰点，有声音认为新三板做市制度失败。那么，如何理解这次事件？

为了反映经济生活中的价格波动，我们经常引入某种指数的概念，最常见的如股票价格指数，通常情况下，指数涨了，说明市场涨了。构建指数有个基本概念就是指数有统计样本，样本稳定且交易正常，指数波动的代表性就高（此处不讨论指数计算方法问题，

第四章
内因主导

尽管也很重要），否则，指数就容易失真，单看指数就会给人错觉。

试举几个例子供大家体会：

1. 房价指数

现在很多地方披露房价指数或者房子成交均价，媒体经常会惊呼昨日某地暴涨或暴跌。房价指数或成交均价最失真之处就在于缺乏稳定样本，卖了一套就没有第二套了。我们现在一般统计的是新房成交价格，一个城市中，城中心和城郊的价格差异是非常大的，如果前日成交集中在城中心，第二天成交集中在城郊，当然统计数据就会有巨大波动，但事实上房价根本没有那么大的波动。有些地方政府比较聪明，用限制中心城区新房开盘的方式稳定房价，稳定民心。

2. 三板做市指数

三板做市指数屡创新低，市场低迷的大背景不假，指数失真的情形也是有的。主要原因是：做市企业并非都不涨，相反，很多好企业实际上是大涨的，可是，这些好企业因为要去申报 IPO 和准备 IPO 的缘故，编个理由停牌了，甚至摘牌了。所以，能涨且大涨的，对指数没有产生拉动作用，留下不能涨的在交易，自然指数就天天冷色调了。

我们通常讲股市是经济的晴雨表，美国股市指数涨了，是否代表美国经济肯定好呢？也不完全。以纳斯达克为例，在纳斯达克市场上市的最好的企业在全球精选市场（层），这些企业并非单纯来自美国，而是来自全球。这些优秀的国外公司表现好，对指数就有向上拉动的作用，但并非简单代表美国有多好，反之亦然。

同理，中国股市指数这两年比较疲软，但是中国经济也未见得那么糟。因为一些蒸蒸日上的大市值的互联网龙头公司都没有在国内上市，还有类似华为这样的好企业根本就没上市，没有为中国股市指数贡献力量罢了。

从长周期看，股票价格指数的样本总会换，差的公司会被踢出，好的公司不断进入，道琼斯指数从 100 点涨到 20000 点，并不代表你在当时买入的那个成分股也涨了 200 倍，实际上那间公司有可能早就破产了。所以有些股民认为的买错了股票不要抛，只输时间不输钱的理念有时候是大错特错的。

综上，看指数涨跌，也稍微关注一下样本构成，对指数的理解就会更准确一些。

对散户的心里话

接下来有些心里话想对散户甚至大多数个人投资者说。因为三板的投资更接近一级市场投资，适合机构化运作，不适合简单的炒买炒卖。

1. 企业信息披露不充分，部分企业披露质量极差

举个大家听得懂的例子，跟 A 股相比，如果阅读一篇 A 股的招股说明书，基本上可以搞懂公司是干什么的，怎么干的，行业如何，上下游怎样，竞争对手是谁。可阅读完三板挂牌企业的公开转让说明书，就好像喝了白开水，如果你对这个行业不懂，基本读完后还搞不清公司是怎么回事。至于日常披露的差错就更普遍了。

2. 造假不少

阅读报表，你可以看到不少匪夷所思的财务比率，异常的存货、异常的应收款、异常的关联交易、异常的毛利净利水平，而且明目张胆。

3. 企业普遍偏小，波动大

目前挂牌企业绝大多数都是中小微企业，3000万元利润都是大公司。企业小意味着企业经营的不稳定性高，波动大，风险也大，即便前两年公认的白天鹅，年报一出变黑的也不少。

4. 流动性差，交投不活跃

在A股发现问题可以割肉跑路，在三板，跑路的机会都没有。同时看好的公司也买不到，多数时候需要通过定增方式参与，而定增这个市场个人参与很困难。

5. 制度不完善，中小投资者保护较A股差很多

一般人都痛恨A股，其实，A股是全球少有的对散户利益保护度比较高的市场，但是三板则不然，看看最近几单并购和退市的案例，就知道小投资者拿大股东没脾气，无处维权。

也是基于这些出发点，笔者算比较旗帜鲜明地反对降低投资者门槛的人士之一。让散户投资者远离三板市场，既是对投资者的保护，也是对三板莫大的保护。是不是永久性地隔离散户，倒也不这么绝对。那么什么时候放散户入场合适？当三板通过长周期淘汰形成稳定的头部公司之时，似乎条件就成熟了，真到那一天，我们才可以欣慰地说：三板建设成功了！

第五章

外因优化

第一节 老生常谈的定位问题

体会顶层设计

2006年1月,经国务院批准,股份报价转让系统(新三板前身)在中关村科技园区开展试点。

2013年12月,国务院发文,新三板试点扩大至全国,鼓励创新型、创业型、成长型中小微企业融资发展。

2016年3月17日,新华社刊发《中华人民共和国国民经济和社会发展第十三个五年规划纲要》,提出"创造条件实施股票发行注册制,发展多层次股权融资市场,深化创业板、新三板改革,规范发展区域性股权市场,建立健全转板机制和退出机制"。

第五章
外因优化

2016年8月8日，国务院发布《国务院关于印发"十三五"国家科技创新规划的通知》，提出"要强化全国中小企业股份转让系统融资、并购、交易等功能"。

2016年8月22日，国务院发布《国务院关于印发降低实体经济企业成本工作方案的通知》，提出"规范全国中小企业股份转让系统发展"。

2016年9月1日，李克强主持召开国务院常务会议，会议提出"要完善全国中小企业股份转让系统交易机制"。

2016年9月18日，国务院发布《国务院关于印发北京加强全国科技创新中心建设总体方案的通知》，提出"要支持'新三板'、区域性股权市场发展，大力推动优先股、资产证券化、私募债等产品创新"。

2016年9月20日，国务院发布《国务院关于促进创业投资持续健康发展的若干建议》，提出要"充分发挥主板、创业板、全国中小企业股份转让系统以及区域性股权市场功能，畅通创业投资市场化退出渠道。完善全国中小企业股份转让系统交易机制，改善流动性"。

2016年10月10日，国务院发布《国务院关于积极稳妥降低企业杠杆率的意见》（以下简称《意见》），明确提出"要加快完善全国中小企业股份转让系统，健全小额、快速、灵活、多元的投融资体制。研究全国中小企业股份转让系统挂牌公司转板创业板相关制度"。

2016年10月12日，发改委印发《促进民间投资健康发展若干政策措施》（以下简称《措施》），提出"支持符合条件的民营企业发行债券融资、首次公开发行上市和再融资，积极推动私募股权投资机构和创业投资机构规范发展，积极稳妥发展'新三板'市场和区域性股权市场"。

2016年12月2日，国务院发布《国务院关于印发"十三五"脱贫攻坚规划的通知》，提出"鼓励有条件的地方设立扶贫开发产业投资基金，支持贫困地区符合条件的企业通过主板、创业板、全国中小企业股份转让系统、区域性股权交易市场等进行股本融资"。

2016年12月19日，国务院发布《国务院关于印发"十三五"国家战略性新兴产业发展规划的通知》，指出"要积极支持符合条件的战略新兴产业企业上市或挂牌融资，研究推出全国中小企业股份转让系统挂牌公司向创业板转板试点，建立全国中小企业股份转让系统与区域性股权市场的合作对接机制"。

2017年政府工作报告提出，深化多层次资本市场改革，完善主板市场基础性制度，积极发展创业板、新三板，规范发展区域性股权市场。这是新三板市场首次写入政府工作报告，并且放到与创业板并列的位置。

上面关于政策的罗列，读者们不要一扫而过，而要逐字逐句认真体会。认真阅读你就会发现国家顶层支持新三板的急切和对新三板的关怀。全球高杠杆率主要由发达国家导致，但发展中国家随时可能成为下一个债务危机的"主角"。中国是最大的发展中国家，降低企业杠杆率不得不引起中央高度重视。同时，创新是引领经济发展的第一动力，大力发展多层次资本市场、深化创业板、新三板改革是科技创新的重要保障，长期性、股权性资本将在中国金融体系中发挥越来越重要的作用。

第五章
外因优化

发改委原先就有"小国务院"的雅称,发改委再次发文重提新三板和区域股权市场,发改委《措施》绝对是对国务院《意见》的呼应。前面已经论述过,"去杠杆"是可以解除危机警报的,非金融类企业杠杆率上升过快是个不能忽视的问题,但是任何"减债"的行为都具有一定的紧缩效能。我们都知道负债下降,在净资产原地不动的情况下,总资产也下降,也就是所谓的"资产负债表衰退",为了不导致信心打压,信用萎缩,多层次资本市场必须在本次经济结构调整中发挥重要作用。

降低企业杠杆率这件事情表面看起来是冲着降低债务比率去的,但结合资产来看,还需要提高净资产部分也即是股权融资比重。这一切的必要条件是健全和完善我国资本市场,目前急需打造一个更适合企业生存发展,融合着包括股权融资、并购重组、债转股等多功能于一体的,包含着主板、中小板、创业板、新三板、区域股权市场于一体的多层次资本市场。虽然现在 A 股和新三板的行情都不好,但是读者们要认清政府大力发展多层次资本市场的决心和形势,只有股权的融资、退出渠道多元了,很多目前积累的问题才有了解决的可能。

苗圃土壤论

证监会主席刘士余在 2017 年 2 月 10 日证券监管工作会议上提出,"对于新三板挂牌企业还需优化分层的制度和办法,新三板既要有苗圃功能,又要发挥土壤功能。让一批创新能力强、诚实守信、市场前景好的企业,能够转板的就转板,不愿意转板的就在新三板

117

里面绽放"。同时,刘士余还将新三板市场形容为"未来中国资本市场的一道风景线","风景线"一词点明了新三板市场在深化多层次资本市场体系改革中的重要位置。

在刘士余发表这次讲话之前的一年,证监会高层曾经发声,强调"要改革全国股转系统,更好服务中小微创新创业型企业发展",并且在2016年组织了一场规模宏大的密集调研活动,"没有调查,没有发言权"嘛!券商的做市部门、研究部门、私募机构、区域股权市场等,很多地方都有证监会的足迹。相信未来新三板的改革方针、制度红利的灵感和思路就会来自这些调研,市场各个参与方还需要保持耐心。

刘士余的这番"苗圃土壤论"在当时引发了市场的热议,大家都认为这是对新三板定位的一种形象描述。市场人士普遍认为,"苗圃只是现在,土壤才是未来"。新三板不会成为预备板或培育板,长远来看,新三板一定是一个独立的市场。之所以现在要做"苗圃",因为新三板的各方面还有待完善,只能将优质的小苗,转栽到主板。对于财务投资人而言,考虑到投资期限和IPO退出渠道的畅通,建议未来更多地在苗圃中投资,选择可能成为参天大树的小树。至于"未来的土壤",新三板内部将来会是个有层次的市场,不同层次匹配不同的信批和交易制度,未来无疑将会给投资人的退出提供多生态并行的渠道,使得小新兴绽放为美丽的花朵。假如最顶层的交易制度和融资制度优越,大传统和大新兴可能都会愿意留在新三板,去不去A股已经无所谓了。

第五章
外因优化

"中国创造"的基因

2017年的"两会",有一个细节让笔者印象深刻,这是一个记者的提问。这不是一个中国的记者,这是一个外国的记者,这位记者来自非洲。他问题的大致意思是,他很困惑,中国没有照搬任何国家的模式,却依然取得了巨大的经济发展成就,他不知道这里面的真正原因是什么,他们非洲国家想学习,却不知从何学起。

1. 中国给世界出的难题

被外国人这样羡慕,很值得骄傲。然后笔者就觉得,这位记者的坦诚很可爱,我们中国人在这其中遇到的坑,吃过的亏,这些宝贵的经验和教训,岂是非洲兄弟轻易就能学去的?事后再回想当时那个场景,正所谓"当局者迷,旁观者清"。在"大众创业、万众创新"的历史洪流中,我们所有中国人都在不知疲倦地向前奔跑着,没有时间回顾、审视自己。于是,这个工作,外国人替我们做了。

与美国不同,我们并不是资本主义,我们并不是完全的市场经济,我们的国企没有私有化,A股的最大股东其实是国有股东;我们的土地没有私有化,就拿北京来说,有很多种房本,但我们也有商品房,我们也可以按照市场行为来买卖房产。另外,中国又有着大量的民营企业,民营企业的走势也昭示着中国的未来。

就是这样一个有着诸多问题,"四不像"的经济体制,却取得了惊人的成功。

2. 学习是为了创新

在过去的两年中,新三板一直是资本市场的热点话题。许多人反反复复思考新三板的定位问题，"对标思维"盛行。"对标思维"当然没什么不好，这是比较省力的发展模式，但是这种思维也有它的弊端，就是过分地关注于对比，最终的结果只能获得细微的迭代，细小地发展。如果想在短时间内快速地发展，获得巨大的成功，不如像我们有中国特色的社会主义一样，摸索出一条属于自己的道路。

反观我们的新三板，这几年走的磕磕绊绊，既取得了巨大成就，也出现了很多问题。出现问题并不可怕，证明新三板在成长。令人担忧的不是新三板产生了什么问题，而是新三板一旦出现问题，就会立马有人跳出来说，这样做不对啊，你看人家谁谁谁，就不会这么干，应该这么干。或者说，定位如此混乱，还让人怎么玩啊？总得有个基本的指导原则、指导思想吧？诸如此类。

倒不能说这种"对标思维""教科书式思维"有什么问题。但请大家仔细想想，如果真按他们建议的那么做了，现实吗？最新的《中华人民共和国证券法》的修订工作还在积极推进中，最新版对新三板的相关界定到什么程度，我们还不得而知。谁都不会否认，法律基础的重要性。但偏偏新三板就在没什么国家大法界定的基础上，发展起来了。换句话说，真等到《中华人民共和国证券法》都准备好了，再来发展新三板，可能错过了时机。

首先，以纳斯达克市场来说，笔者也很认同，是一个极好的学习榜样，因为很多国内的公司在纳斯达克获得了融资，得到了发展，纳斯达克绝对可以作为优秀榜样，但是完善我国新三板市场还需要符合本国国情。其次，以A股市场来说，笔者认为新三板目前还不具备A股市场的流动性，中国证券市场的发展历程似乎并不能为新三板的发展提供现成案例，以及更多可供学习和借鉴的经验。

第五章
外因优化

对于年轻的新三板，虽可以不断模仿，但独树一帜的深度思考，似乎更为可贵。以往的经验告诉我们，停留在纠结学术概念的层面上，会错过很多发展机会。不得不承认，很多概念伴随着时间的推移也需要不断补充新的内容，一些概念也不能很容易说清。

总之，从中国实际国情出发，能够推进供给侧改革，能够满足多层次资本市场建设的需要，能够满足企业发展需求的市场就是个"好市场"。从以往经验来看，无论在过渡时期，还是在改革深水区，概念的争论都会令人裹足不前。新三板就是新三板，新三板是有中国特色的多层次资本市场的有机组成部分，也是近几年发展速度最快、市场化程度最高的市场。

3. 撸起袖子先干

这使笔者想到了2016年股转系统副总经理、新闻发言人隋强多次提到的新三板独立市场的定位。当时隋强曾表示，"新三板尽管面临着很多问题，但市场化、法制化、独立市场设计方向不会变。在此原则下，这个市场到底是场内市场还是场外市场，是公开市场还是私募市场，这些概念性的东西都可以抛开"。其实在隋强发表讲话的同时，市场反复讨论新三板的定位问题，总拿新三板和纳斯达克对比，说什么要把新三板建设成中国的纳斯达克。结果纳斯达克的中国区代表听了不乐意了，说我们是交易所，新三板并不是啊。

前一阵子，许多好的新三板企业纷纷准备IPO。于是就有人大喊，完了完了，新三板闹了半天只是跳板，新三板要被抛弃了。想想当时新三板全国扩容的背景，是因为IPO核准制的巨大弊端，一会儿开闸一会儿暂停，形成了堰塞湖，大量的企业得不到直接融资的机会。于是新三板诞生了，让企业先挂牌，让好的企业先融到资

121

再说。现在一些企业选择离开新三板，只不过是因为他们再次看到了 IPO 成功的希望，而且新三板和这些企业并不相互合适。但是新三板的巨大成就已经摆在了那里，要离开的企业只是少数，大量的中小企业还需要与这个平台和谐共生。

新三板在中国承载了太多东西，承载了民营企业的希望，承载了经济结构改革的重任，还需要在 A 股 IPO 核准制出问题的时候，承载优秀企业的直接融资任务。背负着多重任务的新三板，探讨明白定位问题真的没那么重要。撸起袖子先干，虽然简单粗暴，但是好用。

独立市场设计与转板并不矛盾

"转板"这个话题在国务院的文件中提及多次。从感性的角度讲，热爱新三板的人士会觉得可惜，好公司都转走了，只留下了差公司，对新三板未来发展不利；还有热爱新三板的市场人士认为转板违背了把新三板设计成独立市场的初衷。这两种意见笔者都不太赞同，转板的话题不应也不该回避，而且"转板"和独立市场设计并不违背。

先给大家举个小例子，北京的通州之前属于河北省，随后并入北京市，一开始叫作"通县"，后来撤县改区叫作"通州"，直到最近被定位为"首都副中心"。请问读者们，通州的定位是不是属于独立设计呢？通州承担着疏散人口、打造国际新城的职能，你总不能说因为通州需要独立发展，与其让大家早上都去国贸上班，不如留在通州本地上班，所以干脆不再修建与市区相通的任何公路，把人

第五章
外因优化

口留在通州。大家认为这样做合理吗？肯定不行吧？反而适得其反，因为通州需要建设的时间至少还要十年，这个阶段也没有那么多工作机会可以留住人。

我们通过现实来看，通州区到市里的公路反而越来越多，比如早期的京通快速路、朝阳路、朝阳北路，还有2016年通车的两广路延长段。新城发展，不光公路没有减少，反而增加了。虽然大家依然去国贸上班，但是伴随通州基础设置越来越发达，商业环境越来越发达，工作机会也就越来越多了，留在通州的企业也就越来越多。

通州的发展不能和北京割裂开来，通州的发展是为了北京市更好的发展，新城和老城是和谐统一的。就好比新三板不能和建设多层次资本市场这个总目标相割裂一样，新三板也是多层次资本市场的重要组成部分，二者也是和谐统一的。

再回到咱们新三板的转板话题。我们一直在强调多层次资本市场，"转板"是通道，也是多层次的体现，转板制度不可回避，有了转板通道，这个多层次的意义才能体现出来。如若没有该通道，各个市场封闭发展，无法产生有机联系，从长远来看，对各个市场的发展都是极其不利的。另外，新三板的设计初衷就是有进有出，转板不会只留下差公司，很多有潜质的公司还会源源不断的挂牌新三板，新三板仍然会是多层次资本市场中最具活力之地。换个提法："中概股"回归并不能证明纳斯达克是失败的。

总体来看，要完成打造多层次资本市场的任务和目标，一方面，新三板和区域性股权市场需要实现畅通对接；另一方面，新三板与交易所的通道也有待打通。说到这里让笔者想起，其实新三板转板创业板，对企业而言是个好归宿，想当年，新三板的试点工作还是依托深交所的技术平台。

多维定位

1. 独立设计的市场

A股、新三板、区域股权市场各自独立发展又互有交集，比如转板、比如跨市场的并购重组，这才是多层次资本市场发展的健康状态。

新三板的创新是"设计思路"的创新。就拿竞价交易制度来说，欧美证券交易所走的是"自然演化"的发展路径，垄断做市商制度，进而改革到竞争做市商，再到现在主流的做市和竞价混合交易模式；而沪、深交易所一步到位地实现了竞价交易制度。那么，有没有一种可能和设计，让中国证券市场按照一个自然演化的过程，从协议、做市走向竞价呢？很明显，近几年新三板提供了生动鲜活的案例，这体现了不同于A股的独立设计。崭新的独立设计，必然吸引不同的参与者，笔者好友东北证券张可亮张总就做过一个生动的比喻，对于中介机构来说，新三板是一个有别于A股的新赛场、新领域。

新三板的创新，是和多层次资本市场融为一体的创新。目前新三板走到了一个关口，到了要和多层次资本市场通盘考虑的时刻，新三板下有区域股权市场，上有交易所市场，每一步设计都稳步推进，注入了监管层的心血。这样一个市场扩容至全国也就几年的时间，但取得了相当瞩目的成就，不论是挂牌家数还是挂牌企业融资额，它都承载了政府和社会的巨大期望。这样一个市场是符合中国国情特有的市场，严格意义上，新三板没什么对标市场。纳斯达克也好，兴柜也好，我们可以学习其成功经验，但是照搬照抄都是不现实的。

2. 新三板是"有门槛"的

注意，此处先不说投资者的"门槛"。众所周知，新三板绝对是一个"包容"的市场，但不代表任何企业都可以来新三板挂牌。在新三板全国扩容的一开始，基本上依法存续满两年，聘请中介机构都是可以挂牌的，但随着挂牌企业数量的增多，逐渐出现了一些问题，有些特殊行业，比如类金融的企业就暂停了挂牌。

到 2016 年 9 月 9 日，股转发布了《全国中小企业股份转让系统挂牌业务问答——关于挂牌条件适用若干问题的解答（二）》（业内俗称"负面清单"）的公告，里面对于科技创新类公司和非科技创新类公司的营业收入、复合增长率有了明确的要求，同时这份文件明确告知国家淘汰或过剩产能行业的企业是不能挂牌的。挂牌准入负面清单发布后，对主办券商完善推荐标准、提高挂牌公司质量、更好地服务于科技创新类企业起到了良好的推动作用。

为便于挂牌条件适用标准的统一执行、形成明确的市场预期，2017 年 9 月 6 日，股转系统发布《关于修订〈全国中小企业股份转让系统股票挂牌条件适用基本标准指引〉的公告》（以下简称"挂牌新规"），对新三板挂牌的基本条件进行了若干修订，同时将之前发布的两个《关于挂牌条件适用若干问题的解答》废止。挂牌新规摒弃了挂牌准入负面清单中不便于操作的相关要求，同时没有突破上位规则中关于挂牌基本条件的规定，坚持在《全国中小企业股份转让系统业务规则》框架内对六个挂牌基本条件进一步细化、进一步明确。最需要广大市场参与主体关注的是：挂牌新规对"营运记录"设置了具体的标准,包括现金流量、营业收入、交易客户、研发费用支出等。拟挂牌公司应在每一个会计期间内形成与同期业务相关的持续营运记录,不能仅存在偶发性交易或事项;最近两个完整会计年度的营业收入累计不低于1000万元;因研发周期较长导致营业收入少于1000万元,但最近一期末净资产不少于3000万元的除外;报告期末股本不少于500万元;报告期末每股净资产不低于1元/股。

这些信号都在向我们表明,新三板是服务于我国供给侧改革大方针的,不是随便哪个企业都可以在新三板挂牌,新三板挂牌条件会随着市场情况的变化随时调整。对于一些特殊行业,比如私募,会有特定的挂牌条件要求,有兴趣的朋友可以查阅股转系统的相关规定。

在我国千万量级的民营企业中,新三板的这些企业进行了规范治理并进行信息披露,有公开的财务数据可查,这些企业将来都是我国民营企业很好的范本,从这个意义上讲,"有门槛"是合理的。

3. 新三板是一个分层的市场

新三板分层是历史必然,在多层次资本市场的大框架下,新三板本身也是个多层次的市场。虽然目前只分了两层,但这仅是第一步,将来很有可能在创新层之上再分个精选层出来。分层改变了挂牌企业的"大锅饭"模式,对不同层级的企业匹配差异化的制度,新三板已经从量变过渡到了质变阶段,面对数量可观的万家企业,分层制度是最科学的监管策略。毕竟,在服务好万家企业的基础上,才有资格谈服务创新层甚至精选层那一小拨优秀企业不是?

有一句鸡汤大家一定都知道,"这世界唯一不变的就是改变本身。"今天借着这句鸡汤笔者也希望大家明白,不要太纠结于新三板定位问题,因为这个东西不会是一成不变的,新三板作为多层次资本市场的塔基,它的定位会随着我国国情、资本市场的发展、A股发行制度改革而不断产生微调,随着其肩负的使命而产生微调。其实对于新三板挂牌企业而言,第一要务是练好内功,不要盲目跟风,抓住时机打破自身"瓶颈",恰当选择适合自己的生长环境。新三板也好,A股也罢,只有适合你的,才是最好的。

第二节 分层制度的合理性

分层是产房

2016年5月,新三板分层前夕,市场上对于分层的议论进入了新一轮高潮,"流动性"也被市场渐渐地、不容回避地重新拉回到讨论的中心位置。流动性不足带来的不良后果,经历过几轮股灾以及近期"熔断"的投资者都还记忆犹新。伴随新三板挂牌企业家数的增加,流动性不足对于新三板的消极影响也在逐渐显现,新三板在万众瞩目和惊呼中壮大和崛起的同时也迎来了新的挑战。

2015年流入新三板的大量资金以及定增繁荣所构成的一幅平衡图景已然被打破,越来越多的不确定性,让我们很难通过直觉来评判新三板分层后的前景。如何平衡几千家(当时新三板挂牌企业大约7000家)新三板中小微企业的利益,从而让大家机会平等地获得资金养分的补给,是摆在监管层面前的难题。之前有人将分层制度比作将新三板送入"停尸房",而笔者认为新三板分层是"产房"——进入产房前确实是个"坎",但值得期盼的是,这个"坎"过去后,将孕育新的生命。

1. 撇开流动性不谈,分层是大势所趋

构筑美国资本市场魔幻魅力的不再是传统产业,而是纳斯达克所代表的 TMT、生物技术等新兴技术行业。在经历分层后,纳斯达克发挥着主导美国创新的根本性作用,培育了大量包括苹果、思科、谷歌等国际知名企业。鲜有登陆纳斯达克的企业转板到纽交所,而在中国国内,转板的呼声却始终居高不下。虽然原因是多方面的,但也确实反映出目前新三板的困局有待打破。

纳斯达克的分层既是长期积累的结果,也有偶然性创新的因素。纳斯达克始建于 20 世纪 70 年代,起初仅仅是无交易的电子报价系统,伴随交易所管理层的创新举动,开发出了全国市场系统并相应设置上市标准,将部分规模大,交易活跃的股票强制划入了纳斯达克全国市场,剩余股票则纳入基础性常规市场。通过创新意义的分层安排,不仅吸引到了美国本土的优秀企业上市,一些中国的优秀企业如网易、携程等也纷纷踏入。

直到 2006 年,纳斯达克宣布分层为三个市场——纳斯达克资本市场、全球市场以及全球精选市场。纳斯达克的分层对于新三板有着很强的借鉴意义。新三板对于我国多层次资本市场意义重大,连接着种子期、天使期、A 轮、B 轮、PE 投资期的投资标的。

以往企业上市过程是漫长的,比如中文在线从创业到上市经历了 15 年,而新三板则可以缩短上市时间。如果创新层具有一定流动性，交易基础健康稳健，则等于从基座底端打通了注册制，可以从底端倒逼 A 股注册制改革。

A 股融资实行了多年的审批制，较多地体现了证券市场对于政府的宏观经济意义，未来改革的方向必然是使市场化程度更高。新三板从微观层面出发，功能定位更偏向于企业自主融资，企业通过良好的定向增发制度吸引资金，满足企业自身发展。而分层可以使不同企业间的辨识度更高，方便投资者选择，也方便监管部门对不同类型的企业采取不同的监管和服务措施，可以说分层既是历史发展的趋势，也是目前推动新三板发展的良药。

2. 分层不会自动解决新三板流动性问题

流动性构成了我们对新三板市场冷静观察的新角度，可以说，新三板目前正在经历阵痛。从长期来看，无论人们的意愿如何，随着新三板挂牌企业家数的不断增多，都会趋于供需不平衡，从而在某个时点停滞下来，对市场产生非积极的影响。

针对分层，一种批评声认为，新三板本来就无须交易活跃，更无须通过分层来活跃。这种批评的道理在于，新三板终究不是二级市场，说到底是股权市场，股权市场的特点就是风险高。因此一旦中小投资者利益受损，监管层势必放缓节奏，最后的结果或趋同于目前的主板以及中小创的堰塞湖。这种批评并没有考虑到新三板的发展现状以及功能的转变，新三板挂牌企业股票需要明确的估值，而交易的活跃度代表着市场的有效性，有效的市场才能合理反映出股票的估值，所以针对该种批评此处不做过多讨论。

还有另外一种批评声认为，分层未必会令交易瞬间活跃，从一定意义上说，这种批评是有道理的。流动性问题的本质在于供需矛盾加剧，企业数量增加但资金却逐渐递减，单靠简单的分层无法解决流动性问题。新三板市场都是大机构参与，是一个排斥中小投资者的市场，而大机构的眼睛是雪亮的，贴不贴这个标签并不重要。可见分层是"表"，而接下来的一系列举措是"里"。分层在短期内对新三板的困局可能不会带来巨大的改善，但从长期看，必将推动新三板朝着更为健康的方向发展。

3. 到底谁是尸

针对"分层将把新三板变成'停尸房'"的观点，笔者认为，"房"本身是被动的，主动的视角是谁是"尸"？有"尸"才有"停尸房"，"尸"停在哪里，哪里就是"停尸房"。否则，即便规划的是"停尸房"，没有"尸"，也可能被改造成"养老院""健身房"，甚至是"产房"。在资本市场没有估值基础的企业自挂牌那天，就是资本市场的"尸"，出生即死亡。

前面讲过，资本市场没有转型意愿和能力的"小传统"，是没有估值基础和估值潜力的，是当然的尸，这些企业会随着时间推移主动退市。所以分层不会把三板变成停尸房，三板永远不会成为停尸房。

分层是国际化蜕变

1. 新老更替从未停止

新三板分层的隆重登场是一次伟大的开始，这仅仅是划时代序曲而已，分层代表着蜕变。如果说从前新三板火爆的"逻辑"是挂牌公司基数的话，那么未来分层后新三板的投资"逻辑"必定是企业质量的提高和增量资金的注入。如果说新三板是一所名牌大学，"好学生"肯定获得更多营养。

在已经具备"量"的基础上，追求质才符合一个新生事物的正确发展方向。只有量不考虑质，只会劣币驱逐良币。规范运作、踏实运营的企业与不规范企业为伍，融资、估值均受到不良影响，从而自然选择转板，导致"差企业"淘汰"好企业"。

分层代表着步步为营、深思熟虑的中国资本市场正在向着国际化蜕变迈出重要一步，不光给"好学生"提供了更多的养分，更是提高了资源配置效率。配置效率高往往体现了证券市场的实力，也为国际化铺垫了良好的基础。

美国证券市场的国际化历程，追究其根源无非也是全球化背景下的国际竞争压力。纳斯达克利用金融危机短暂复苏，在当时，积极拓展了海外业务，将自己的触角拓展到美国以外的市场，将业务拓展至外汇、衍生品市场以及货币市场，通过一系列兼并与收购延长了产业链的上下游，实现了多元扩张。与成熟的证券市场相比，各个新兴国家证券市场对外开放步伐都在不断加快，加速国际化的主要目的是通过证券市场的开放吸引更多国际资本。

2. 分层必然强调优胜劣汰

分层会自发地通过"无形之手"使得融资渠道等各类资源向好企业集中，这是更有利于市场发展的制度设计，物竞天择、优胜劣汰的生态圈将孕育出更为自由、蓬勃的生命。不得不说，一时没进入创新层不代表企业是"差学生"，但是发展几年仍旧不好，恐怕就怨不了别人了吧？分层是新三板市场化退市制度的基础，发展不佳的企业可以自行摘牌或被强制摘牌。有进有出、生老病死符合自然界规律，只进不出的设计，会导致僵而不死。

"准注册制"的准入以及市场化的退市机制是国际化证券市场的良好开端，便于监管，便于投资，满足质优企业的制度红利期许的根基是注册制。注册制的设计必然导致发展不好的企业挂牌也只是镜中花、水中月。

3. 分层让估值落差显现

有人惊呼，分层必然会导致分化，"好企业"越来越好，"差企业"将呆滞僵化。要知道，"不那么好的企业"由于资源和资金的瓶颈，发展速度慢，更需要挖掘，而流动性以及活跃度可以通过好企业向"不那么好的企业"的杠杆收购实现，一部分人先富起来，从而带动整体这招在中国是屡试不爽的。分层类似于改革开放，让一部分人先富起来，我们已经看到成果就摆在我们眼前，一部分先富起来，整体的盘子才能盘活，从而向着获取大面积财富的方向前行。

粗略描述下，假定一家企业集团的年收益为5000万元，股票市盈率为50倍，其合理估值为25亿元，由于市盈率远高于其他新三板中估值较低、规模较小的企业，于是，这些大企业的收购动力产生。该公司以一家年收益2500万元的公司、市盈率为25倍的公司为目标，发行6.25亿元的新股收购对方，股票基数仅仅扩大25%，但集团的年收益增加50%，每股收益也提高了20%。分层后如果真的出现估值差距难道不是好事吗？聪明的投资者一定会看到杠杆收购的机会。

在瀑布形成的高低间隔里，水流速度的增强，是毫无疑问的。分层不仅仅剑指加强机构间的交易，"大象之间"的游戏已经开始，流动性必然破冰。国内私募作为先知先觉的潜伏者，其敏锐的嗅觉早已预判出杠杆收购的机会，那就是分层之后不同层级企业间的估值落差。

此外,多层次的好处究竟都有哪些?

(1)挂牌企业不吃"大锅饭"了,不同层级的企业会有不同的制度,股转可以合理配置监管资源,层次越高的企业规范治理的成本越高,但是相应的交易和融资上的便利也更大。

(2)不同层次的企业适应不同风险偏好的投资者,分层可以降低投资者信息搜集的成本。引用中科沃土董事长朱为绎的一句话,"不同风险偏好的投资者,会有在不同层次里寻找合适投资标的的需求"。风险偏好较低的投资者主要投资创新层企业,而风险偏好较高的投资者则愿意到基础层淘金,之后通过培育发展被投资的基础层企业进入创新层,最终实现获利退出。

(3)分层为后续差异化政策打好了基础,比如增量资金入场、比如不同层级采用差异化的交易制度等,分层是为引入增量资金做准备,创新层已经具备条件逐步走向具有流动性的竞价交易。

分层标准调整带来新期许

新三板自2016年6月27日正式实施了市场内部分层,起步阶段先将企业划分为创新层和基础层。接下来,在2017年5月30日完成挂牌公司分层的年度调整。这次调整暴露出一个问题,就是一年一度的调层,造成创新层和基础层的企业大进大出,每个层级的变动数量都达到几百家。这个问题迫使监管层反思分层标准和维持标准已经不能与时俱进。因此,在2017年12月22日冬至这天,股转系统推出了新的分层标准和维持标准(见表5-1)。

表 5-1　　　　　　　　　　新的分层标准和维持标准

类别	变化	改革前	改革后
差异化准入条件（满足一项即可）	降低盈利性指标要求	√ 最近两年连续盈利，且年平均净利润不少于2000万元 √ 最近两年加权平均净资产收益率平均不低于10%	√ 最近两年的净利润均不少于1000万元 √ 最近两年加权平均净资产收益率平均不低于8% √ 股本总额不少于2000万元
	提高营业收入指标要求	√ 最近两年营收连续增长且年均复合增长率不低于50% √ 最近两年内营收平均不低于4000万元 √ 股本不少于2000万股	√ 最近两年营收连续增长且年均复合增长率不低于50% √ 最近两年内营收平均不低于6000万元 √ 股本不少于2000万元
	完善市值指标要求	√ 最近有成交的60个做市转让日的平均市值不少于6亿元 √ 最近一年年末股东收益不少于5000万元 √ 做市商家数不少于6家 √ 合格投资者不少于50人	√ 最近有成交的60个做市或者竞价转让日的平均市值不少于6亿元 √ 股本总额不少于5000万元 √ 采取做市转让方式的，做市商家数不少于6家
共同准入条件（同时满足）	删除"最近60个可转让日实际成交天数占比不低于50%"	√ 最近12个月完成过股票发行融资，且融资额累计不低于1000万元 √ 或者最近60个可转让日实际成交天数占比不低于50%	1. 最近12个月完成过股票发行融资，且融资额累计不低于1000万元；合格投资者人数不少于50人
	增加合格投资者人数要求	公司治理健全：股东大会制度等9项制度完备，设立董事会秘书并取得董秘资格证书	2. 公司治理健全：股东大会制度等9项制度完备，设立董事会秘书并取得董秘资格证书
	不变	合法合规要求	3. 合法合规要求
	增加最低净资产要求	年报按时披露、审计意见符合要求	4. 年报按时披露、审计意见符合要求，最近一个会计年度经审计的期末净资产不为负值

134

第五章 外因优化

续表

类别	变化	维持标准 改革前	改革后
需同时满足	删除	√ 最近两年连续盈利，且年平均净利润不少于 1200 万元 √ 最近两年加权平均净资产收益率平均不低于 6%	—
	删除	√ 最近两年营业收入连续增长，且年均复合增长率不低于 30% √ 最近两年营业收入平均不低于 4000 万元 √ 股本不少于 2000 万股	—
	删除	√ 最近有成交的 60 个做市转让日的平均市值不少于 3.6 亿元 √ 最近一年年末股东权益不少于 5000 万元 √ 做市商家数不少于 6 家	—
	不变	合格投资者不少于 50 人	合格投资者不少于 50 人
	删除	最近 60 个可转让日实际成交天数占比不低于 50%	—
	不变	√ 公司治理健全，符合合法合规要求 √ 股东大会制度等 9 项制度完备 √ 设立董事会秘书并取得董秘资格证书	√ 公司治理健全，符合合法合规要求 √ 股东大会制度等 9 项制度完备 √ 设立董事会秘书并取得董秘资格证书
	不变	合法合规要求	合法合规要求
	新增最低净资产要求	年报按时披露，审计意见符合要求	年报按时披露，审计意见符合要求，最近一个会计年度经审计的期末净资产不为负值

135

此次分层制度的修订完善，保持了分层制度的基本框架和基本逻辑不变，同时着眼于提高创新层公司稳定性，防止"大进大出"，进一步增强了创新层公司的流动性。未来创新层公司将会获得更多的制度红利和市场关注度。

第三节 舶来品做市制度

做市制度在我国水土不服

做市转让制度作为新三板以及我国资本市场的一大创新，从引入和缔造之初，就被人们寄予了深厚期许。然而，当来到三年之后的今天这个时点，这个制度已经变得颇有些尴尬。

据联讯证券新三板研究院统计：

1. 做市企业

2014年8月做市转让制度出台，首批43家企业采用做市方式成交，做市转让实施首日，采用做市转让方式的股票成交额达到3892万元，占全部挂牌股票成交额的48%。在当时，做市商制度带来了流动性的提升，而流动性提升又吸引了更多的投资者以及更多公司挂牌新三板。

到2014年底，做市转让股票数量已达122只。这段时间做市转让股票的数量仍然在迅速增加，到2015年底，做市转让股票数量已达1112家。到了2016年，形势却出现了新的变化，现行做市制度

第五章
外因优化

的弊病开始凸显，市场对做市转让的热情在逐渐下降。

2016年第三季度开始，做市转让制度停滞不前，市场用脚投票，新三板做市转让股票数量增长接近停滞，2016年6月底做市股票数量为1570家，到12月底，做市股票数量1654家，总量上仅增加了84家。甚至，2016年第四季度做市股票总量仅仅增加了14家。

进入2017年，做市转让制度走入衰退期。做市股票数量从2016年底的1654家逐渐萎缩至当前的不足1500家，2017年至今，新增做市转让公司仅有不到100家，更多的已有做市企业则选择黯然退出。这些情况的出现，直接显现了挂牌企业对做市制度和现状的不满意与无奈（见图5-1）。

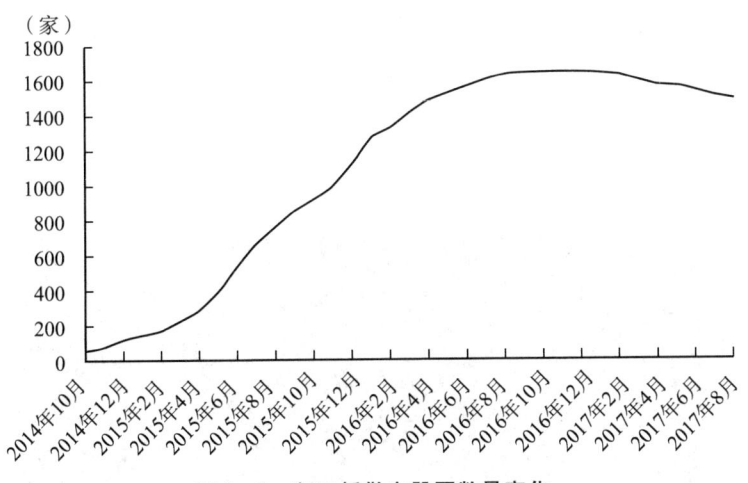

图5-1 新三板做市股票数量变化

资料来源：东方财富choice、联讯证券

2. 做市指数

2015年3月18日，股转公司正式发布三板做市指数，以2014

年12月31日为基期，以1000点为基点。做市指数成为反映新三板投资者信心的晴雨表。在做市指数推出的初期，受外来资金涌入影响，投资者信心高涨，指数急剧攀升，到4月7日，做市指数达到历史最高点2673.17点。

到了2017年第二季度，受多重利空因素影响，市场行情再次急剧恶化，至今三板做市指数仍经历着一年多以来最为猛烈的下跌过程，指数几乎没遇到任何抵抗的一路下泄，8月24日做市指数创下了1014.60点的最低点，第二季度以来做市指数累计跌幅高达14.30%，远超市场预期，做市指数已重新回到了2015年1月的基点水平。

从做市个股的表现来看，赚钱效应缺失，3/4的做市股票自做市次日至今股价下跌，跌幅累计超过50%的做市股票有430家，跌幅累计超过80%的做市股票有93家，涨幅累计超过30%的做市股票却仅有153家（见图5-2）。

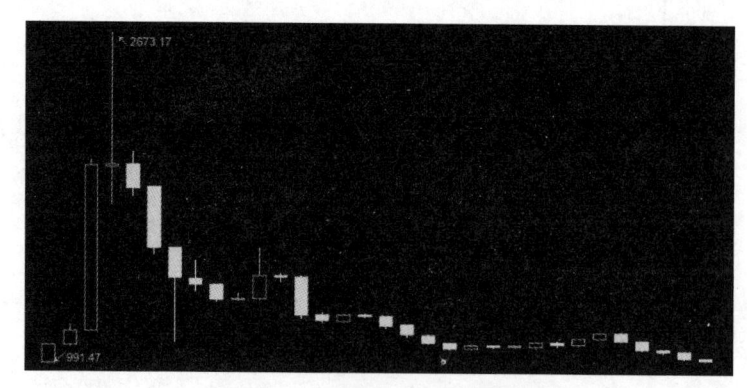

图5-2 三板做市指数月线图

资料来源：东方财富choice、联讯证券

3. 做市转协议

2016年以前，新三板市场尚无一起做市转协议的案例出现。最早一家由做市转协议的挂牌企业是奇维科技（430608.OC），开创了做市转协议的先河。在整个2016年上半年，还仅有10起做市转协议的案例，但到了下半年，情况有了很大变化，做市转协议之风已愈演愈烈，成为当下值得关注的一大热点现象。2016年第三季度，每月新增做市转协议案例数量保持在6～7家，第四季度开始，每月新增做市转协议案例数量迅速突破10家。2016年12月，当月新增做市转协议案例数量突破20家。

到了2017年，做市转协议更是蔚然成风，不可阻挡。2017年至今，已有261家挂牌企业（含已退市）将股票的转让方式由做市转让变更为协议转让，而同期新增做市的挂牌企业仅有不到百家。

4. 做市股票估值

做市股票的估值水平也出现了异常低估的现象。从图5-3中可以看出，即使在2017年中小创估值中枢大幅下调的情况下，新三板市场的整体市盈率仍远低于中小创，当前仅有28倍左右，而能够代表真实估值水平的做市转让股票，当前整体市盈率已不到25倍。如果按中位数计算，新三板做市股票的动态市盈率（PE、TTM，剔除负值）中位数只有20倍，动态市盈率不到10倍的做市股票有128只；对比创业板动态市盈率（PE、TTM，剔除负值）中位数为57倍，动态市盈率最低的温氏股份也有18倍。当前，新三板的估值水平已严重挫伤到企业挂牌、做市交易、融资的积极性。同时，中小创估值的回落对新三板市场整体估值水平还构成进一步的下行压力。

行情的不断下跌、流动性的缺失严重影响到了新三板市场正常的估值体系，以致出现新三板做市价格与定增价格倒挂、大面积破发等现象。根据联讯新三板研究院统计，2016年以来，共有近千家挂牌企业出现定增价格倒挂情况，仅做市企业就有300多家，其中将近60家做市企业的定增价格已是当前股价的两倍以上。定增价格倒挂的结果就是挂牌企业难以定价，无法按照预期的价格与投资人谈判完成融资，严重影响此类定增的实施进程和企业融资的积极性（见图5-3）。

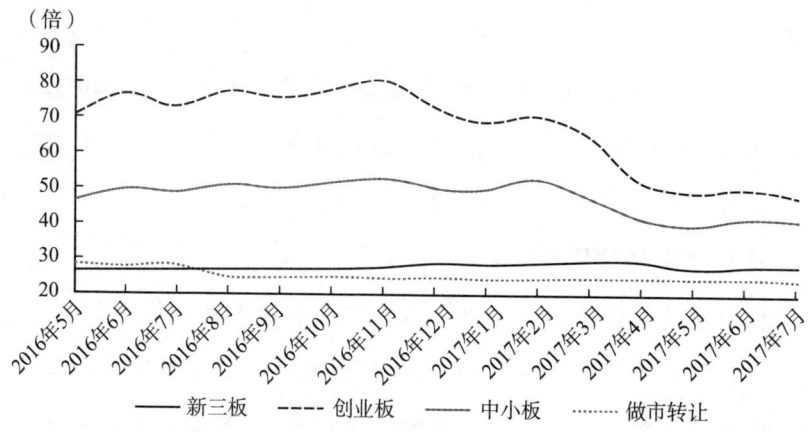

图5-3 新三板与中小创整体市盈率（TTM，整体法，剔除负值）比较

资料来源：东方财富choice、联讯证券

5. 做市商

当前，做市商不仅面临着没有新增做市股票的增量危机，而且还面临着做市股票股价不断下跌的亏损危机。在无法获取盈利，甚至出现大幅亏损的当前下，券商做市业务已处于停滞不前状态，部分券商做市业务已大面积收缩。做市商主动退出为新三板企业做市比比皆是，2016年至今，已有超过860起做市商退出为新三板企业

提供做市服务案例，涉及403家做市企业。做市商退出股票做市报价服务的原因与股票将转让方式从做市转为协议、做市公司经营恶化、做市股票拟订IPO、做市股票被风险警示，以及做市商基于自身股票投资抉择而进行的其他因素有关。

6. 做市转协议的原因

挂牌企业选择做市转协议的原因是多种多样的，首先，诸多进入上市辅导进程及正在筹划实施并购的挂牌企业选择变更协议转让，避免股权分散及"三类股东"问题而引起不必要的麻烦；其次，做市股票及做市指数的持续下跌，已严重挫伤了做市企业的做市热情，为避免股价不断下跌，导致的价值低估、定增价格倒挂等情况出现，许多做市企业已无奈退出；最后，在挂牌企业并购过程中，变更协议转让也是完成股东变更和清理工作的重要步骤；一些做市转让企业还面临股东减持或私募产品到期的处境，目前以缺少大宗交易平台的做市转让方式难以操作。

一般的观点认为，做市商提供新三板的流动性支持。也有专家的观点认为，做市商的首要贡献是对科技型企业进行定价。毋庸置疑，在新三板投资者少，挂牌公司股东人数少的现状下，做市商制度对企业的估值定价以及提供适当的流动性有很好的意义。

做市商制度其实是欧美的舶来品，尤其适合场外市场交易。在美国，做市商兼具交易商和经纪商两种身份。当做市商与客户之间进行订单成交时，做市商是"交易商"；当客户要买卖的股票不在其做市范围内时，做市商可以将订单转给别的做市商，从而赚取撮合交易的佣金，这时的做市商是"经纪商"。总结一下，美国做市商的收益主要分为两部分：价差收益和佣金收益。

在我们新三板，做市商主要是"交易商"的角色。他们低价买入企业的股票，在二级市场提供报价服务，坐等投资者上门，进行交易。在投资者人数有限的初期，做市商对满足投资者时点上不对称的买卖需求帮助很大，一个公司，股东人数这么少，外围投资者人数这么有限，在同一时点上有人想卖出并且刚好有人想买入是小概率事件，做市商就成为蓄水池，可以很好地充当媒介，满足这个需求。

作为交易制度本身，也被国际资本市场证明是领先于协议转让的一种交易制度，做市制度现在却被企业抛弃，一定是哪里出了问题。目前，做市指数持续走低，破千点，做市交易量下降，做市扭曲定价等问题造成做市转协议企业增加和优质股票不愿意被做市的现象。从联讯证券新三板研究院的报告可以看出，做市制度被嫌弃的短期因素是因为不好控制股东人数和股东类型，与现行IPO审核发生冲突。但，仍在做市的企业估值异常低估与定增价格倒挂，又是因为什么呢？一个看似完美的制度设计，为什么在中国新三板的实践中变了味？

1. 数量难以匹配

先直观地从数量上来看。新三板做市商与做市企业的数量比大致为1∶16，兴柜市场的这个数量比在1∶10左右，纳斯达克的这个数量比在1∶5左右。这个比例直接导致新三板的做市商非常稀缺，加之做市商需要拿自有资金参与做市，这直接导致了就平均值而言，做市企业能获得的做市资源非常有限，做市商平均到每个企业的做市资金也很有限。

因此我们可以推导出，做市商提供的流动性是有局限的，只能满足一定量级的需求。超过这个量级，做市商实质上也会阻断流动性。由于私募机构是目前三板投资者的主力，私募机构在单只股票上的持仓往往超过了做市商在这个股票上的投入量，如果私募买卖操作超过了做市商的能力，做市商就通过价格快速调整和减小报单数量实质上阻断流动性。不过常规来讲，一般的高净值客户单日几十万元到上百万元的交易需求，做市商还是能够非常好的满足的。

2. 牌照的特权

曾有一种观点认为，做市商的主要身份就是专家，给大家看不懂的企业进行定价。从短期看，做市商的指导价有帮助；但从长期看，专家定价的效果显然不如连续博弈更市场化、更准确。新三板目前由于券商系做市商垄断，定价能力也有欠缺，市场又没有做空工具，所以做市商初始报价容易虚高。因为报价低了会有人买，定价高了除原始股东外，在外面没有流通股，做空力量极端不足，虚高的结果就是后面演化为跌跌不休的现象。听闻有的做市商会根据申报量即时调整报价，此操作会造成二级市场价格的非连续性。定价虚高本身也是流动性阻断的原因。

此外，做市库存股的成本方面，中外差异非常大。纳斯达克做市商通过 IPO 的方式获取做市库存股，成本接近股票市价，通过不断做市，做市商可以赚取 7% 左右的手续费；而新三板的做市商通过定增等手段获取做市库存股，成本仅有市场价格的 40%～50%，强势的做市商甚至可以拿到更低成本的做市库存股。因此，作为一个"理性经济人"，做市商也是趋利的，股票价差收益已经可以赚得盆满钵满，谁会在乎做市手续费那点蝇头小利？做市商本身提供做市服务的动力就严重不足。

3. 专家也爱"投机"

看 2015 年做市业务巅峰时媒体对做市人的访谈："感觉做市就像'特权',一天盈利 100 多万元,有的时候甚至两三百万元。""那个时候做市真的很疯狂,天天幻想着投两三亿元,赚两三亿元。好多股票开盘就翻四五倍,这都是家常便饭。""做市俨然成为券商内部最具希望的部门,各个营业部、投行部门都在给做市部门推项目。"

接下来我们再回顾一下做市指数的表现。做市指数刚上线时,短短三个月时间,指数涨幅达到 167.84%,在到达 2600 点的高峰后,指数一路下行,极致狂欢过后,自然是一地鸡毛。期间有过两次反弹,一次在 2015 年底,当时 A 股指数也大幅反弹;另一次是在 IPO 提速,加之扶贫政策催化下的反弹。由此可以看出,做市指数也紧随市场热点起伏,投机性很明显。

因此,做市制度启动,券商看到了牌照价值,短短半年,超过半数券商选择加入做市商阵营。这样的决策速度,在券商内部都非常罕见。做市制度启动,做市企业和做市商铆足了劲儿要赚这波制度红利的钱,定增价格不断被推高,"合理的估值"早已被抛诸脑后,做市指数的一个大高潮和二个小高潮则充分展示了这份赌性和投机性。虽然很多人嘴上痛骂 A 股的赌性,宣扬新三板的长期价值投资,可真到实践中,还是"身体"比较诚实。

券商系做市商的困境

在我国,做市只是券商的一个部门,这是一个很重要的问题。

第五章 外因优化

首先,从整体看,做市商需拿券商自有资金做市,既然是自有资金,就有业绩压力。于部门而言,内部业绩需要考核,必须服从券商整体利益;于公司而言,券商资本金每年还有收益性考核。作为部门,受到部门利益和风控的约束,一旦部门的盈利和投入不成正比,再加上来自投行、自营等其他部门的竞争,在流动性低迷的特殊时期,想必做市部门在券商内部的处境非常艰难。双重压力之下如果做市会导致做市商亏损,那么其提供流动性的动力就不足。盈利才是做市商的核心诉求。

其次,在同一家券商内,做市与经纪两个部门的协同就存在问题。做市商的业务面向市场所有的投资者,这些投资者里面就包含自家经纪部门的客户和别家券商经纪部门的客户,假如新三板做市商可以像国外做市商那样,寻找交易对手,促成订单成交,灵活协同自家或别家客户撮合交易,那不仅进一步活跃了市场,更是为经纪部门贡献了佣金收入。毕竟在成熟市场,价差收益的获取越来越难。但我国的现实情况是,做市部门和经纪部门因为内部防火墙、部门割据等种种原因,是不可能产生那么高的协同效率的。

最后,由于新三板投研的逻辑与 A 股不同,新三板的投研体系非常薄弱。这种不足不光体现在研究部门对外的商业模式不清晰,也体现在做市部门对做市企业的研究投入不够。因此数量稀缺的做市商在初期寻找做市企业的时候,往往"人云亦云",捆绑入驻,这直接使得少数优质企业遭受追捧,而大部分企业的投资价值尚待挖掘。不过好在现在做市业务进入低迷期,很多做市人已经选择静下心来认真研究企业的投资价值了。

所以,这个话题衍生开来,就是交易、经纪、做市、投行、研究等诸多牌照的管理问题。国际惯例自然是差异化战略，这些牌照分别由不同的公司主体获得，名称也不一定非叫证券公司，可以叫理财，也可以叫资本。而在我国，券商对待这些牌照的态度很积极，追求的目标是"大者恒大，强者恒强"。在过去的实践中，可能牌照集中的券商确实带来了内部效率的提升，但在多层次资本市场建设的新阶段，这种牌照集中就未必是好事。现在新三板做市制度问题的爆发，可以从一个侧面佐证牌照集中的不合理性。

做市商的未来

1. 监管越来越严

大家都知道在欧美，做市制度非常成功，尤其适合场外市场的交易。大家不知道的是，在欧美，做市商的道德风险也很高。2009年，芝加哥股交所就爆发过6家做市商违背自身的专家义务，采用抢先交易、插入交易、替代交易等方式将自身利益凌驾于客户利益之上的案例。在美国这种法制完善、做市商监管成熟的市场都会爆发这种问题，更不要说处处还在摸索试错的新三板了。

美国纳斯达克市场对于做市商的准入制度、退出制度、做市权利和义务都有详尽规定，做市商违规成本很高。反观新三板，相关规定不完善，尤其是做市权利和义务的规定很模糊，实际操作拼的是"牌照"而非"服务"，未来对于做市商的监管，还需细化和加强。

2. 引入竞争机制

引入竞争机制是两条思路。方向一，做市商扩容，发展不同类型的做市商；方向二，为做市交易这种方式找竞争对手，给投资者提供别的交易选择。当然，协议转让相比做市交易要非市场化的多，协议转让不是对手。就目前来看，在"冬至新政"后，做市交易的竞争对手就是"集合竞价交易"。

以美国纳斯达克市场为例，其做市制度也不是一成不变的。其由一开始的竞争型做市商制度向混合型做市商制度演进，并最终走向竞价交易制度。同时，不同层级的公司采用的交易制度也不同，其中全球精选市场采用完全竞价模式，全国市场与资本市场采用混合做市商交易模式。在混合做市商制度下，竞价交易和报价交易共存，投资者可以选择和做市商成交，也可以选择投资者之间成交。其实这也是对做市商的一种竞争性安排。

3. 私募做市停滞

2016年9月，《私募机构全国股转系统做市业务试点专业评审方案》发布。这一文件的发布及实施，标志着私募机构做市业务试点工作的启动。但是时至今日，一年多了，私募做市仍未正式开启，监管层也未透露相关筹备工作的具体阶段。

这其中原因，笔者推测，可能有两方面：

(1) 效果有限。

虽然引入私募参与做市，可以提供增量资金，从而在一定程度上促进市场流动性与活跃度，并形成与券商做市的有效竞争，对市场定价能力的提高肯定会有所帮助，但首批仅有十家私募入选，短期内资金效应和市场定价能力的提高幅度会非常有限。

(2) 动力不足。

私募做市商相比券商做市商存在天然劣势。首当其冲的就是结算问题，结算券商可以为多家私募做市商提供结算业务，虽然结算券商有保密义务，虽然券商各部门之间都有防火墙制度，但是它天然掌握着信息优势，反过来说，这也是私募做市商的劣势。我们把目光收回 2014 年，参照当年证监会发布的《关于证券经营机构参与全国股转系统相关业务有关问题的通知》，该通知林林总总说了很多东西，里面提到"证券公司可以试点开展全国股转系统挂牌股票借贷业务，对冲做市业务持仓风险"。但就私募的业务特点来看，如何对冲做市股持仓风险？私募做市商的选择余地肯定没有券商那么大，这是第二点劣势。

4. 看未来，回到起点

做市制度的未来，笔者是无法预测的。因为我国的国情和美国实在不同。既然想不清楚，不如回到起点。我们看看做市商的商业模式和盈利点。其实在华尔街，顶级投行不太看得上做市商业务，受制于证券市场交易总量的限制，蛋糕太小，高盛甚至完全不参与场外市场做市业务。在证券业同行的眼中，做市业务是个"劳动密集型产业"，其业务规模取决于做市资金的规模和交易员的数量。就利润规模而言，如果说单个投行每年的利润额是头雄狮，那么单个做市商每年的利润额充其量是只小猫。

既然这么吃力又不讨好，为什么纳斯达克仍然有多达五六百家做市商？秘密在于毛利，做市商的利润率还是不错的，与高杠杆、高风险业务的利润率不相上下。虽然近些年随着混合交易制度的引入和监管的加强，做市商的毛利率有所下降，但仍然维持在了一个相对诱人的水平。

美国各类牌照，是单独发放的，比如做市业务，就有无数公司愿意争取,虽然是苦活累活。如果未来大型、合规私募参与做市,先从试点开始,慢慢普及、稳步推进,不排除将来这些第一批"吃螃蟹的人"拿到券商细分业务牌照。这可能是一个美好的愿望,但笔者仍坚定地认为,将投行、经纪、自营、做市、资产管理、研究等各类牌照单独发放给不同类型的市场主体,会更有利于新三板的发展。对于新三板这个新生事物,像暂无成熟商业模式和利润低的研究,做市,场外等部门,业务动力往往不足,而新三板恰恰需要在这些地方借助市场的力量发力。如果未来将这些牌照单独发放给各类市场主体,也许又会是另外一番景象了。

第四节 流动性不要对标A股

流动性"掣肘"

所谓"流水不腐",流动性对于资本市场的重要意义已不言而喻。然而,伴随着新三板挂牌企业家数的增加,流动性不足对于新三板的消极影响也在逐渐显现。新三板"流动性"问题是近期被广泛讨论的课题,其实笔者认为流动性问题讨论的本质体现了大家对于已投资金退出方式、退出时机的焦灼,因为最普遍、不费力气的IPO退出方式现在有了很高的时间成本和机会成本。

针对流动性难题,目前来自专业机构以及市场的声音大致有以下几种解决路径:

第一，监管层应放开投资者适当性要求，打破500万元门槛，打通交易广度。这种思路看似可以直接催生流动性，但是新三板作为中国证券市场注册制改革的先导，需要系统考量安全性与流动性的关系，不能脱离发展阶段激进前行。股权投资本来就是风险很高的事情，在投资者维权得不到切实法律保护的前提下，降低门槛把大量的投资者放入市场，是不是对引入的中小投资者不太负责任呢？

第二，放开公募基金入场。这种思路笔者倒是赞成，但其中的潜在问题也不容忽视。在引入公募基金的同时，要充分考虑证券基金与股权基金的区别，如何对公募基金投资者中的大量无门槛散户进行投资者保护，如何将公募基金转化为长期资金入市等问题，都需要更为科学的政策建议而绝不能草率行动。

第三，新三板应推出竞价交易。从逻辑上来看，这其实就是"先有鸡还是先有蛋"的问题。在500万元门槛以及流动性不足的情况下，谈竞价交易是伪命题，即便推出竞价交易效果也依然非常有限。

第四，试图通过对新三板企业进行市值管理等操作增加企业流动性。由于市值管理以及投资者关系管理在实践过程中概念化过强很难落地，同时要求企业高管具有较高的资本市场经验与道德准绳，有些证券市场市值管理操作并不规范，存在误区与误导之嫌，对企业长期发展甚至是有害的。

目前市场中所有简单对标A股来分析新三板流动性和估值的观点都是错误的，必须建立新的视角和分析框架，国际化视野和资本市场历史观有助于研判新三板。

第五章
外因优化

颗粒度理论

到底什么样的东西易流动？

看看身边的物质特性，就很容易理解：颗粒度越小的物质流动起来越容易。空气很容易流动，水很容易流动，沙子虽比水差，但是有个高度差也能滑，大石块就很困难了，真流动了就麻烦了，估计是泥石流。

股份制改造就是在法律上把公司的权益变成小颗粒，把一大坨财产变成标准的可分割的一股一份，为流动性做好前提准备。但这只是法律上的。当公司股东只有几个人的时候，这些股票被每个股东黏成了各自的一小坨，也就是顶多把一个大石块敲成了几小块，流动性自然是不足的。

想要好的流动性，这些股份还需要更多、更好的分散，需要引来更多的股东。这个过程是相对困难和漫长的，既需要原始股东愿意卖和散，也需要外来股东达成对公司的认同。资本市场的解决之道是给一个IPO的程序，一次性将公司扩展成千万个股东，而且这些新增股东对公司股份没那么惜售，是流动性极高的沙子，稍有波动，就流转起来。这部分流动好了，大股东的大坨股份也可以随着时间推移加入流动。

新三板没有IPO制度，那么两方面的变革对公司获得流动性很重要。一是公司要有意识地管理股东人数（在此我们不讨论IPO制度下如何控制股东人数的问题）。比如小步快跑融资增加股东人数，比如引入做市机制便于外部股东增加等。二是大家应该呼吁，如果

151

真的推出精选层，要配套推出小型 IPO 制度，这个 IPO 制度要超越 A 股，它应该是真询价、真路演、没有发行价格的政策指导，承销团要负起真正承销责任而非只写材料，这样的精选层才有意义。

股份的颗粒仅仅是一方面，影响新三板流动性的因素还有资金的颗粒度。

资金怎么会有颗粒度？一块钱就是一块钱，本来都在法律上拆细了的。没错，但是，在新三板是机构投资者市场的这个定位被明确后，这些钱也被黏合成了坨块了，跟 A 股的散户交易就形成了巨大的不同。受益于信息技术发展，目前 A 股是全世界散户参与人数最多、流动性最好的市场，没有之一。三板机构化的定位使大家梦想的三板可以像 A 股一样有流动性是永远不可能了。因为这个市场资金的颗粒度更大。这是所有参与者必须理解的，未来我们的变革出发点、研究着眼点都不能脱离这个现实。

大家也不需要就此悲观，流动性不是一个资本市场的全部，像 A 股一样的高流动性也不是所有资金必需的，中国也不需要再造一个 A 股。资金的颗粒度决定了买方会更加理智一些，交易换手会低一些，看企业会更认真一些。未来三板的流动性将呈现超级结构化的特点，优秀的公司被更多的机构认同和持有、交易，吸收走大部分的流动性，"二八法则"将高度呈现，好的公司并不缺失流动性。剩余的企业想要获得好的流动性，首先要把自己变成公共认同的好公司才行。

沾流动性的边简单提另外一个话题：既然是海量企业规模，既然是机构投资者定位，三板应该先 A 股一步导入做空机制。这么多的企业，这么差的信息披露质量，靠一个部门监管是无论如何都不可能够的。做空其实是引入社会监督，虽然这个话题应该另案讲，但是相信势能大了，石头也会滚起来，这也是流动性的一部分。

供给和需求

流动性问题的根源是证券的供给和需求状况，纯粹的交易制度改进只对供给和需求不存在问题的股票有帮助，无法解决全部问题。

供给方面有两个角度：一是流通股数量，流通股数量越多，供给越充分，卖出需求才可以很好地满足到买入需求；二是企业股东人数，持有某个企业股东人数越多，这个股票才在每个时点上都容易出现卖出需求。

流通股数量又受到两个方面的限制：一是企业总股本大小，总股本大的公司满足了规则上的锁定要求后流通股数量必然多；二是企业股份的锁定期约定。

目前有两个规则上的要求：一是按公司法的规定，股份公司的发起人股份自股份制改造一年内不得流通转让，目前很多三板新挂牌的公司股份制改造不满一年，所以这些公司挂牌后的一段时间里流通股供给是零，谈流动性没有意义；二是即便股份制改造满一年，按照股转系统的规则，很多大股东和高管还有特别锁定要求，在这个期限之后这部分股份才能够满足转让需求，但是大股东出于对控制权的考虑，绝大多数情况下也不会把自己持有的所有可流通股份变成真实供给。

根据股转系统官方披露的资料：截至 2017 年 1 月 4 日，新三板挂牌公司总股本是 5873 亿元，但是无限售股本仅为 2396.98 亿元，占总股本的比例仅为40%，扣除大股东实际不抛售的部分，流通股份总额非常低。这个数据有点抽象，给大家几个对比数字可能更好理解。截至2016年11月，上海证券交易所可流通人民币普通股总数为28976万亿股，其中工商银行的流通股总额是2696亿股，中国银行可流通股份2107亿股，农业银行可流通股份2940亿股。

企业股东人数问题在新三板更突出一些，目前三板挂牌企业中超过200个股东的公司占比很低。事实上，在全球资本市场中，IPO都是上市公司很重要的一个规定动作，这个环节不单单是满足企业融资需求，还有一个很重要的功能，就是达到企业股东人数多元化的目的，我们一般也叫"千人千股"。新三板这个问题需要时间慢慢化解。

需求方面，主要是看参与市场的投资者人数。

静态地看，目前新三板除去企业挂牌前的股东，真实的投资者人数非常有限。但是市面上流行的"降门槛"是个最糟糕的主意。强化监管、提高挂牌企业质量，使挂牌企业有更好的投资价值或者更好的性价比，才是吸引场外潜在投资者进入场内的本质办法。要相信我们在资产荒的背景下，无论是上市公司的并购需求，还是私募机构的投资需求，都是非常旺盛的，或者说新三板的潜在投资者数量是无穷的（每个私募管理机构都可以发行多个产品），关键在于三板企业自身的整体质量能不能有效吸引这些潜在投资者。客观地说，新三板优秀企业数量占比有限，识别困难。这是问题的关键。

从另外的视角看，新三板也上不乏极端的流动性案例：当企业流通股份足够多，市值足够大，做市商家数比较多，企业股东人数也足够多的情况下，日均换手率是跟A股基本相当的，超越了世界上很多资本市场蓝筹公司的换手率。

第六章

新三板的未来

第一节 新三板是资本市场的新生态

传统生态圈之怪象

事实上，沪、深两个交易所的出现，也不仅仅局限于物理空间上的概念。20多年来，两个交易所伴随发行的核准制，造就了资本市场的传统生态圈。客观地说，两个交易所的生态圈对于中国资本市场的演进功不可没，但不可否认的落后事实也很明显，比如大量享受不退市待遇的垃圾上市公司（严重影响资源配置效率），习惯于做申报材料以及找各种合规背书的中介机构（异化的功能），热衷于短线投资的投资者群体等怪现象。

就拿IPO中大家最熟悉的保荐机构来举例。由于核准制的存在，上市公司变成了稀缺资源，股票根本不愁卖，想要买的话需要摇号，中了签才能买。所以 IPO 发行的新股，保荐机构不用担心定价问题，即使走个询价的形式，证监会仍然有窗口指导价；保荐机构也不用担心销售的问题，肯定会一抢而空。因此，保荐机构只需要把全部精力放在怎么做文件上就行了，只需要做好八股文，解决合规性问题。但是这样下去，它的有些功能就会退化，比如，如何挖掘企业的内在价值和核心竞争力；如何进行估值定价，将企业的股票以一个合适的价格卖出去。

可是，到了新三板，A 股的那一套不灵了。别看新三板年轻，但是国际范儿十足，券商在这个市场，要真正发挥出投行的本领了。因为这是一个资金挑企业的市场，只要企业想融资，就要铆足了劲儿展示自己的投资价值，而投行呢，想办法以一个合理的价格帮企业把股票卖出去，赚真正意义上的承销费。价格定高了，股票就卖不出去了；价格定低了，企业会不满意。新三板才是真正考验投行能力的市场。

证券服务机构需要跟新三板市场匹配

金融业是个服务行业，中介机构的完善、服务能力和水平决定了金融市场的发达程度。

新三板是个新市场，新生态：挂牌使用的注册制，使中小企业构成挂牌主体；投资者准入使用高门槛，界定了合格投资者队伍，这两个举措都是跟原有的 A 股截然不同的。但遗憾的是，服务新三板的券商，启用了跟 A 股完全重叠的系统，这个设计必然会产生一系列的问题和扭曲，新三板想健康发展，不发展跟三板市场匹配的券商机构，困难重重。

由于风险、收益、成本等原因，全世界范围内，总的来说中小企业的金融服务都是主要由门当户对的中介机构提供的。即便如此，中小企业融资难问题也在全球并未得到很好解决，仅是程度问题。

国内的信贷市场，虽然大家也怨声载道，但是在机构设置上，监管部门还是力推了形成多层次的信贷机构，以对应不同层级的企业，并且取得了很多成绩。

截至 2017 年底，银行业金融机构法人共 4549 家，即银监会批准持牌经营的总行级机构有 4549 家。其中，开发性金融机构 1 家、政策性银行 2 家、国有大型商业银行 5 家、邮储银行 1 家、股份制商业银行 12 家、金融资产管理公司 4 家、城市商业银行 134 家、住房储蓄银行 1 家、民营银行 17 家、农村商业银行 1262 家、农村合作银行 33 家、农村信用社 965 家、村镇银行 1562 家、贷款公司 13 家、农村资金互助社 48 家、外资法人银行 39 家、信托公司 68 家、金融租赁公司 69 家、企业集团财务公司 247 家、汽车金融公司 25 家、消费金融公司 22 家、货币经纪公司 5 家、其他金融机构 14 家。[1]

尽管从资产规模的角度讲，大银行占据了主导地位，但是从家数上来讲，小型机构占了绝对多数，而且由于区域和服务网络、竞争实力等原因，这些小型金融机构对于小型企业贷款服务的资产配置比例会显著高于大型金融机构。

---

[1] 资料来源：银行业金融机构法人名单（截至 2017 年 12 月底），中国银行业监督管理委员会官网。

在政策导向上，人民银行对金融机构向小型企业的存贷款服务设置了不同的存款准备金比率、拨备率，引导金融机构的资金投向；国家层面对于金融机构向中小微企业发放贷款也有较明确的财税支持，既有政策方面的硬性规定，也有经济手段的引导。

反观服务资本市场的券商，目前，国内证券公司总数合计131家，但是这100多家券商并不都从事新三板业务。[①] 从区域分布上，这些券商集中分布于发达区域；从业务开展和组织架构上，这些券商全部围绕A股特点打造；从券商内部绩效考核的角度看，这些三板新部门需要跟成熟的服务A股的体系竞争，这对一个新事物是不公平的。

五年的实践已经可以得出结论：除了券商原有的经纪业务体系可以比较好地跟三板对接外，券商的投行、研究、投资体系完全不能匹配三板的新特点，是失败的。随着三板状况持续恶化，三板业务部门在券商内部地位加速边缘化，问题将越来越严重、矛盾会越来越突出。打造服务新三板的券商机构刻不容缓。

中国金融机构的建设是严格管制的，所以笔者向主管部门呼吁：

（1）指令性要求券商成立和保留三板服务部门，给予服务指标。

（2）对券商服务新三板企业占用的资产，设置不同的净资本考核指标；对于新三板券商服务新三板取得的收入，给予相应的税收优惠。

（3）研究发放服务三板的单独牌照，除了经纪业务外，可由新设机构或券商新设子公司申领。

---

① 资料来源：证监会公开目录——机构部，中国证券业监督管理委员会官网。

第六章
新三板的未来

新三板需要真投行

所谓投资银行业务，说白了就是在直接融资过程中（区别于商业银行），在资本的需求方与供给方之间搭建桥梁，促成双方完成交易，自身不承担资金风险，只收取佣金的一种中介业务。大家比较熟悉的是券商投行部门以 IPO 为代表的股票发行承销业务。新三板上没有 IPO，但股票定向增发也属于投行业务范畴，为新三板企业定增发行提供服务的除了督导券商之外，还有形形色色的 FA 机构。FA 听起来有点 low，但在新三板这个新兴的资本市场上有可能诞生出真真正正的专业投行服务，为什么这么说呢？

因为，投行业务的核心能力是估值定价和销售能力。

纵观全球成熟的资本市场，投行最需要的两大核心能力是估值定价能力和证券承销能力。证券是要卖出去的，投行也要面临市场风险，存在发行失败的可能。任何要卖的东西都需要有个合理的定价，既要能赚钱，又要考虑市场的接受度，这就需要对东西本身的价值以及市场愿意给出的价格都有个合理的判断。绝大多数时候需要卖东西的也要有营销，要有对销售渠道的掌控。所以我们看到成熟资本市场的投行做得好的往往是在给企业合理估值定价以及与机构投资者的询价、路演等沟通方面能力突出的。然而，由于我国股票发行制度的特殊性以及证券市场发育不成熟等原因，国内券商投行这两方面的能力反而是严重缺失的。我们的 A 股发行价是被限定的，我们的 A 股是不愁卖的，大家要摇号中签才能买到，还没有出现过发不出去的情况，券商投行实际上成了"过会咨询公司"。

159

新三板市场则不同。相比A股，这是一个市场化程度更高的、事实上的注册制市场，它的挂牌数量有万余家之众，远超A股；参与者却是以机构投资者为主的合格投资人，数量远远低于A股投资人，并且更加理性；它的交易活跃度低，大量的挂牌公司甚至常年没有交易从而缺少可供参考的市场定价。这些使得挂牌企业在三板上融资困难得多，也就是说三板公司的股票相比A股变得不再不愁卖了！三板公司的融资需求是旺盛的，被满足程度却不高，发了定增预案而没能完成的情况屡见不鲜，发行成功的过程也往往漫长而艰辛。它们真的需要吆喝叫卖，要四处奔走去与专业的机构投资人沟通，它们其实更需要专业的机构来服务，通过合理的估值定价、专业而有效的机构推介来提高发行的成功率和效率。而我们前面也说到了，本应承担起这些职能的督导券商恰恰在这些方面能力缺失，事实上在新三板定增的实践过程中，增发股票"卖"的过程大多由大股东自己、现有的机构股东以及市场上聘请的一些FA机构协助完成，券商做得更多的是合规辅导和材料制作。

然而，目前新三板上的FA鱼龙混杂，既有机构，也有个人；既做定增融资，也做二级市场转让的撮合（这可以看作是经纪业务），大多数的服务都还只是停留在消除买卖双方的信息不对称这个层面。即便如此，新三板一年实现的定增融资金额已经与沪、深两市一年的IPO金额相当！这是个海量的市场，面对融资需求的刚性，专业服务的供给不足，谁在估值定价、承销服务上率先打造出核心竞争力，谁就将占得先机，有望成长成为真正意义上的投行！

第六章
新三板的未来

核心在定价

那么，新三板投行应当如何给企业进行合理估值定价呢？笔者的理解，首先可以把动作分解开来：先是估值，再来定价。估值又可分解为两部分：一是我们基于市场估值体系的分析，对市场普遍接受的同类企业的估值水平有所认知；二是我们基于对企业的研究分析对企业自身的价值有合理的判断和把握，通常使用 PE 这样的相对估值法，就是在市场参照值的基础上，比较企业成长性、确定性等方面与参照系的异同来给予向上或向下的调整。至于定价，由于估值很难有准确值，通常是个区间，加之市场认可与企业真实价值以及企业主自身认可之间往往存在偏差，最终价格定在什么位置就是个技术加艺术的活。投行的另外一个重要工作和专业能力也体现在这里，就是要能够在充分了解了这三方面的状况后定出既保障发行方利益又能为市场所接受的价格，有时需要去说服和影响企业方，有时需要去说服和影响投资机构，此时你对市场的充分研究和理解、对企业估值本质的专业理解就是重要依据。

所以，我们要对所处的这个新三板市场的估值体系进行深入研究，目的在于了解市场普遍接受的估值水平在哪里，不同行业、不同规模、不同发展阶段……有无规律可循。但是，我们绝对不能简单粗暴地套用所谓的市场普遍认可的 PE 倍数来给我们的目标企业定价，从投行业务的角度看，我们是要用这个标准来评估特定价格下我们项目销售的难易程度。

我们必须加深对 PE 估值本质的理解，如果看到某个行业的估值水平显著高于另一行业,并不是因为它叫这个名字所以高,而是因为这个行业有更大的成长空间、更快的成长速度,市场对其中的企业的未来有更高的预期所致。如果一个企业属于该行业,但并不能够达到行业平均的增长速度的话,它就并不应该享受行业的高 PE。

我们用简单的永续增长模型推导出 PE = 1/(r − g),g 是永续增长率,r 是贴现率,这里通常用股东期望的回报率,可以进一步分解为 $r_0 + r_f$,即无风险回报率 + 风险溢价,风险溢价高低代表不确定性的大小,那么在假设无风险回报率不变的条件下,决定 PE 高低的根本因素就是成长性和不确定性的高低。

1. 成长性:包括成长速度和持续性

成长速度这条简明易懂,似乎不需要解释。但由于公式是永续增长假设条件下的结果,而实际工作中遇到的企业大多无法直接套用,我们通常也只能预测未来两三年的经营业绩,需要注意的一点就是持续性问题,我们并不能单凭过去几年或未来有限几年的预测就认为 g 可以赋予这个均值,而是还要考虑企业是否可以长期保持一定的增长率。假如两家企业预测未来三年的业绩增速一样,一家市场天花板还很高而且具备长期增长动力,另一家过了这三年成长期后基本只能维持稳定甚至有可能下滑的话,那么后者应当在估值上给予很大的折扣。

2. 不确定性

这个世界本质是不确定的,这是现代量子力学的发展对宇宙观的颠覆。20 世纪最伟大的物理学家爱因斯坦说"上帝不掷骰子",他认为宇宙的科学定律是客观存在的,理论上当我们了解了这些规则,并知道了初始条件后,便可以推演出宇宙发生和将要发生的所

第六章
新三板的未来

有事。然而，随着对微观粒子行为研究的深入，科学家发现了"测不准原理"，你不可能同时知道一个粒子的速度和位置；发现了波粒二象性，建立了几率波的概念，一个粒子可以同时既在这里也在那里，你无法描述它此刻在哪里，但可以用波函数描述出它出现在每个位置的概率；粒子可以"无中生有"，看似空空如也的真空中存在能量的微小起伏，会同时生成一对正粒子和负粒子，正负粒子可以随时碰撞而湮灭，再度变成什么也没有，也可以偶尔离散分别存在下来，这个过程是随机的，黑洞的蒸发就与这个现象有关……然后，霍金说"上帝不仅掷骰子，还把骰子掷到看不见的地方"。组成这个世界的微观粒子的行为充满着不确定性，即便给定了初始条件，它并不以唯一的路径指向一个确定的结果，而是同时有无数的结果。但不确定不意味着没有规则，而是规则就是"不确定"本身。每种结果以一定的概率存在，宏观物体的运动由组成它的所有粒子所有可能位置的概率叠加决定。

说了这么多，扯了这么远，其实是因为这样的认知对我们如何看待投资、看待估值这个问题有很大的启发。

我们都知道，投资投的是未来，估值的基础是对未来的判断。我们常用的 PE 估值法，要对企业做盈利预测，以某年的预测盈利为基数，乘上一个"合适"的 PE 倍数，这个"合适"的 PE 倍数也与预测的企业未来成长的速度和持续性有关。然而，我们现在知道了这个世界的本质其实是"不确定"，未来本身即是不确定的，并不存在一个准确的未来可供我们推测，更遑论我们预测能力本身的缺陷。理论上来讲，每年预测的盈利数应当等于所有可能的结果与各自出现概率的乘积之和，显然这是不可能完成的任务，我们能做的其实是追求一个"模糊的正确",也就是最有可能的结果以及定性估计这个结果的概率大小。

那么,问题来了!当两个公司基期的盈利预测以及未来成长性都相同的情况下,是否应当给予相同的 PE 呢?答案是未必。之所以如此,就是因为二者的确定程度可能不同。不确定性越大意味着风险越高,需要在贴现率上给予更高的风险补偿,从而导致 PE 值要有所降低。

我们实际工作中常常提到的一些溢价或折价因素其实都是这几条的映射,比如高新技术行业、早期企业的高估值隐含的是高成长性溢价,龙头企业溢价隐含是高确定性(低风险)溢价及可能的更高成长性溢价等。当我们深刻理解了这些表象与背后驱动因素之间的联系之后,我们就能对企业价值有更好的把握,也就同时拥有了定价的最重要依据和营销推介的武器。

新三板的大生态

一直以来,笔者都是把新三板放到中国资产证券化大背景下来观察,并与资本市场的市场化改革趋势相印证。我们坚定地认为,新三板的出现是中国整个资产证券化大潮中的必然现象,会对中国资本市场产生深远的影响,并带来越来越多的变革。围绕新三板,会逐渐形成一个资本市场新生态圈,涌现太多的创业和二次创业机会,不亚于美国淘金热的机会。

新三板开启了中国注册制的大门,应该说,这恐怕是全球最低门槛的注册制了,相信以后规则会越来越多,门槛可能会渐次提高。

第六章
新三板的未来

但是不论如何，新三板对两个交易所的生态圈提出了巨大的挑战，推动整个资本市场链条回归到优化资源配置的本源，这对两个交易所也是好事，举个非常不恰当的比喻：宝能可能会激活万科，新三板可能会激活两个交易所。

仔细倾听，目前对于新三板的批评声音主要来自对以往两个交易所系统生态圈的简单对比，依据的是中国过往资本市场高度管制规则下积累的历史经验。新三板业态的出现，将加快资本市场规则变革的速度，而很多历史经验和做法将随着资本市场规则的改变成为古董，甚至消失。从这个角度看，新三板是年轻人的市场，他们没有背负历史经验的包袱，敢想敢拼，不出五年，他们就将成为这个市场的专家和主宰力量。其实想想今天活跃在资本市场的大鳄，你们年轻时不也如此这般吗？

不要简单地把新三板理解成一个挂牌和交易场所，新三板代表了资本市场一个新的生态系统，在这个新的系统里，挂牌企业、投资者、中介机构之间均以不同于以往两个交易所的规则共生共荣。所以，所有资本市场参与各方都必须扔掉些什么，主动预见和迎合新三板现象带来的变革。

挂牌企业需要意识到，挂牌只是起点，在这个新的生态系统中，所有挂牌企业都像淘宝的商家一样，需要通过各种方式导流，以获得资本的关注。你的东西好不好，你的信用好不好，首先不是淘宝说了算，买卖者会互评。好信用就慢慢积累起来，就出了淘品牌，再后来，大牌商品也不得不顺应市场进驻天猫。早进流量便宜，晚进流量贵。新三板正在重演这一故事。

企业不论尊卑贵贱，都可以来展示。企业好不好，由中介机构和投资者自行评价。企业真好，市场就给你资金，支持你快速发展；企业没有亮点，交易不活跃，就没有融资能力，原地踏步，甚至自行淘汰。而分层制度，就像 App 商城里的官方推荐。单纯等待投资者上门的手段完全不可取，需要主动营销，主动进行财经公关。

而参与的中介机构要迎合这种需求，创新服务意识和服务流程，要从做材料的机构转变为帮企业卖，帮投资者买的服务机构。你不这样转型，就一定会被逆袭。远的不说，中小创板块的出现，都让几个券商逆袭了之前著名的投行领袖，使他们在这个市场近乎失声。

而投资机构更要慧眼识珠，套利的故事已经不成立了，要发现价值，再造价值，实现盈利。一方面，如果你有能力，真的能挖出金矿；另一方面，也要意识到，新三板目前还没有支付宝，买到次品和假冒伪劣没人退换货，需要练就火眼金睛！投资机构间还应该主动形成联盟，通力合作，挖掘商机。

最后还要提醒已经参与的个人投资者，目前已挂牌的万家企业中，大多数财务特征更像美国的 OTC 市场，很多已经处于质次价高的范畴。所以建议投资还是找专家更靠谱些。小投资者尽量不要买那些在挂板前已经拆细了按几块钱一股卖的股票，那些其实更贵。

第二节 新三板研究如何化解尴尬

新三板的研究目前还是个颇为尴尬的存在。新三板从 2014 年进入公众视野，但 500 万元的投资者门槛，"天生丽质"的排斥一般散户，所以国内散户也不太关注新三板。同样，由于没有 A 股成熟的制度保障，券商等研究部门出于成本考虑，热情不高。现在新三板的研究是完全市场化状态，除了券商研究所这支正规部队外，存在着很多游击队，比如私募、媒体、民间机构等。

在未来也必然从现在的状态走向体系化，会产生一个适合新三板生态系统的研究体系。众所周知，新三板是多层次资本市场的重要一环，在2016年顺利完成了创新层与基础层的分层工作，在注册制大背景下，投资研究领域也需要一定程度的改革创新。用供给侧改革的思路来思考的话，研究领域的落脚点很可能在有质量、多品类的研究型服务。

新三板是一次改革和创新，从券商来看改变至少有两点：催促投行端的注册制与推动研究端的投研一体化。投研一体化的发展则必然加速行业咨询研究这个市场的大发展，催生大量外部机构参与到这项工作当中。下一步趋势则呈现出券商与外部机构合纵连横，并逐步走向做大做强的阶段。

问题与转型

首先我们需要先从海外市场来看国内市场一些概念，"投资研究"究其根本是主动寻求一些"根本性"原因，比如宏观层面的信号、长中短期的策略。"投资分析"也是围绕研究中的可靠性和稳定性成分展开，国内研究员为公募基金服务，一般来说仅涉及少许行业，形成的专业报告供机构购买股票使用。而分析师为投资者服务，更强调个股推荐、策略，一般涉及的行业较多。在国内，券商的研究员和分析师统一被称作"分析师"，而在投资中，二者的功能明显是有差异的。

纵观新三板,其是一个市场体积非常小的市场,但是品类繁多,可以覆盖各个行业,有庞大的研究需求。任何投研行业的人才都不能绕过新三板市场,我们知道,新三板目前已经包含上万家公司,是A股的三倍,涉及行业更广泛,是分析师们的沃土。

从供需来看,新三板拥有大量公司,但是研究员的数量却极其有限,主要原因在于新三板体量小,研究机构盈利模式不清晰。即便从A股的经验来看,国内券商研究机构也分化严重,一些大券商研究员的分析更受关注。有些基金经理不太在乎本公司研究员的研究,更看重来自机构外部大券商分析员的报告,导致研究员与投资经理摩擦严重,投资经理不采纳其建议,研究员的报告没人用。新三板则是另外一个问题,企业的主要需求是融资,目前研究机构的研究报告还无法像A股一样"立竿见影"地为企业带来资金。总而言之,传统的券商研究报告是面对公募基金的。和新三板一样,A股二级市场投资者和新三板的投资者都不会太关注研究报告。

转向私募机构,一些有实力的私募机构完全可以通过投资加实战的模式培养属于自己的研究人才,通过极大的人力投入与实战经验培养一流的研究人员,走投研一体化之路。其实在国外以及国内很多私募中,研究员和投资经理都在投资部门。这样做的好处是为了加强研究方面的能力从而巩固投资的稳定性。不可否认的是,极少数大牌私募机构拥有自己的投研部门,水准很高,而且一般不会对外公布自己的研究成果。

和公募的打法不同,私募研究报告更强调提升本机构信息的不对称性,保证自己在瞬息万变的市场打赢信息战,所以很少公开。

而券商的报告则更加公开，消除信息不对称性，将价值发现摆在前头。如果简单做一个划分，那么券商的研究报告的出口直指分仓收入，而私募机构的对外公开的研究报告对应的则是融资顾问收入，体现在帮助一些企业在股权市场找到下一轮的融资方。

分析师的未来

在过去，除了各类针对分析师的奖项，分析师就职平台的威望为分析师加分不少，比如很多投资机构的投资经理会抽出时间关注几大知名券商研究所的报告。从某种意义上说，奖项和分析师所在平台有很强的相关性，大券商的分析师人气更旺，也更容易获得奖项以及客户的认可。

分析师行业步入了微信时代、网红时代，未来分析师行业的竞争会更加激烈。强调专业性的同时，机构投资者以及个人投资者也会基于分析师的人品正直与否与股票推荐业绩进行考量，当然一个分析师在粉丝面前的神秘感可能会下降，因为粉丝的黏性比个人的神秘感更为重要。和以往不同的显著趋势是，分析师这个行业的平台已经不再重要，分析师的个人品牌价值越来越凸显。同时，科技的变化对分析师的学习能力要求更高，由于AI以及大数据产业的加速发展，别说是分析师，即便是投资经理，在未来均可能像围棋冠军惨败给电脑一样。

在中国经济转型的大背景下，传统产业的地位急剧下降，新兴产业迅速崛起，而这一点在证券市场表现得极为明显。在传统商业模式无法延续的现状下，研究人员的研究佣金最终会落实到市场，研究人员未来需要不断适应新的格局，只有如此才能推动注册制市场的发展。

伴随着新三板的出现，知名卖方分析师们原先形成的巨大品牌可能被迅速分化填平，一部分明星分析师变现能力可能被其他分析师分流。从供求来看，A股的分析师要明显多于A股上市公司家数，其报告数量覆盖A股绰绰有余，体现出研究报告的供大于求；而新三板恰好相反，挂牌企业家数多，对应的分析师人数较少，体现出研究报告的供小于求。新三板对于分析师的需求是庞大的，有先见之明的人士早已指出，新三板若要大力发展，研究队伍是不可或缺的。

总体来说，传统A股研究思路是从宏观落实到策略，关注市场短期动向和趋势，形成中短期看法，最后按照专长深挖到各个行业，落实到标的。而新三板的研究思路也是从宏观落实到策略（比如目前就是流动性糟糕，流动性断层对于任何投资都是不利的，也会使得估值降低），通过研究形成中长期看法，最后落实到判断投资的赛道和风口。

具体来说，还有以下两点需要注意：

（1）新三板投资分析的基础不同，新三板终究是风险投资，也是有门槛的投资。

（2）股权投资研究和证券市场研究的区别很大，主要体现在估值上，比如财务数字在证券市场基本面分析中非常重要；而早期投资则更看重成长性，天使投资人则会用创业者的心态去投资，估值评判的标准依据和中后期市场投资者的投资风格有着极大的区别。

所以新三板的研究更类似于企业咨询服务中的行业研究，不是企业个股研究。对行业的理解肯定重要于对企业 ROE 的计算，以及依靠财务模型计算的增长率。另外，研究机构对行业足够了解才会拿到相对准确的一手信息和数据，对于企业来说这些信息具有一定的情报价值。

伴随核准制走向注册制，投资银行行业必然会发生极大的变化，研究也是如此，目前新三板研究其实已经形成了一定的生态体系。经济学家管清友博士就曾在最近提出了"传统+企业咨询"的新三板研究模式，这种模式是极具变革意义的，也是针对目前新三板研究领域所给出的一剂"良方"。

研究新生态

基于新三板的研究，应遵循新三板目前阶段是股权市场这一特点，认清证券研究和股权研究的区别，经济学家管清友博士之所以提出"传统+企业咨询"模式，是因为新三板需要券商队伍以及一整套研究体系作为支撑，为新三板服务。两者盈利模式的不同点在于 A 股研究员的收入主要在于分仓收入，而新三板是股权市场，服务对应 FA 收入以及咨询服务收入。当然，两者的相同点在于应始终围绕寻找较好的标的展开工作，避免道德风险与扰乱估值，起到净化市场作用。在现有的安排下，有研究能力的机构紧密合作不失为一剂良方。

1. 券商研究机构：基于宏观研究与企业研究的专长，为新三板带来专业的服务

新三板目前还处于不成熟的生长阶段与制度初建时期，券商在整个生态链条中的作用再怎么强调都不为过,券商的研究机构是拥有牌照的正规机构,正规专业机构服务的缺位体现在缺乏服务意识和多元化运作。伴随着注册制大潮的推进,券商理应在新三板中扮演重要角色而非简单通道。新三板中的企业目前还是定向增发为主,二级市场目前还不具备 A 股的规模,所以需要更多专业研究。目前的市场现状是噪声多,深度研究少。券商应依靠自身多年积累的专业性和及时性,深耕细作,回归投行本源,为中小微企业提供强大的增值服务,以合适的价格,合适的方式,为中小微企业对接合适的资本。

2. 私募研究机构:发展投研一体化研究,逐步提高研究实力,增效新三板市场

前面提到,有些私募机构已经朝着投研一体化的方向前行,通过增强研究实力,打造私募机构的品牌,获得客户的信赖。在这里,还需要强调的是,伴随私募加入做市商行列,这一创新之举对于私募的研究实力格外看重。在海外,做市商又是"专家"的代名词,无论从自身投资的角度还是为自己投资企业服务的角度,私募机构强大的研究能力都必不可少,一旦私募做市商开始试点并扩容,私募机构必然更需要强调自身的研究能力。

3. 外部研究机构:利用行业经验,补充新三板研究空白,形成一定程度的协助力量

新三板体现着注册制的市场化精神,在新三板市场中,一些学术机构与科研机构也参与进来,学术机构拥有较多的理论成果和研究成果需要转化,资源、人力、物力充足,在行业研究中的优势和重要性也越来越多地体现了出来。同时,一些财经媒体也筹建了新三板的研究机构，投研媒体的产生代表市场需求广阔但是供给不足，这些机构形成了生态系统的一环，类似独立性研究机构的角色，是研究能力的有效补充。当然，由于这部分机构缺乏券商专业机构的投研力量、资本市场的经验以及明确的监管，在道德层面上真正达到独立研究机构的要求还有待时日。

4. 互联网以及人工智能的力量：整合社会资源，不断从专业机构获取专业化投研力量

除了媒体中的研究机构，还有一部分自己生产内容的互联网公司也投入到研究领域中，在A股和美股领域就很明显，出现了"雪球"等社交媒体，大量行业专家集结于"雪球"，发布个性化的报告。将来新三板有没有可能出现类似"雪球"的社交媒体？将来有没有可能自动生成报告？这些绝对是有可能的，除了人类独有的洞察力，计算机以及人工智能通过大数据等技术手段可以自动形成简化版本的报告。除了缺乏洞察力和主导性，在基础性研究方面，机器更有优势，也可以在新三板领域首先展开试验田。互联网对中国的影响是巨大的，其颠覆性已经表现在方方面面，将来可能会出现互联网化的研究所。

目前非券商研究机构与券商研究机构竞争还不具备现实基础，国内投资分析研究至少目前还是需要牌照的，但新三板与A股市截然不同的是，行业研究更加迫切，非研究机构应开拓崭新领域，从行业研究入手，主动与券商研究所开展合作，走出一条新路。新三板是一个机构市场，为新三板投资者提供的报告更强调含金量，未来任何形式化的报告都会被市场淘汰，同时任何简单工作互联网也都可以完成得更好。

第三节　新三板未来畅想

监管导向

新三板快速发展之余，各类问题也开始暴露。比如越来越多的违规行为开始浮现。据统计，2016年，股转系统、证监会及地方监管部门一共发出监管公告761份，违规事项类型五花八门，比如信息披露违规、关联交易、资金占用、未履行相关决策程序、违规使用募集资金、股东大会程序违规等。涉及性质也是轻重不一，严重的已经涉嫌犯罪。另外，也有部分公司因为种种原因退市。

新三板是个包容的市场，容忍各类主体大开脑洞、创新思维，在这个市场舞动资本翅膀获得快速发展。这个定位非常好，必须维护和支持。这本来是一个非常自由的市场，但是大家习惯于一直期待各种各样的红利。其实制度是有两面性的，笔者担心新三板变回一个行政化的市场，出台越来越多的所谓规则，变成同A股一样的规则。希望保持新三板的自由度不是说不让管，管的方向是管造假，这方面要严管、净化市场。我们已经能看到新三板有很多明显的假报表、假话、假交易，这个是要好好管，这方面需要出台严厉规则让造假成本大大提高。只要是资本市场就应该有"底线"，用于保护新三板投资者的合法权益，否则，一个任由"老千"出没的市场，长期看是没有前途的。

第六章
新三板的未来

当然，笔者也极其反对一有问题，比如说退市，部分投资者和媒体就打悲情牌，要求保护"小散"权益的举动。"小散"这个词是A股的流行词，新三板没有"小散"，作为机构投资者定位的市场参与者，哪怕是自然人，大家都没必要用"这张牌"，用也不值得同情。但小股东是有的，小股东在与大股东的博弈中确实常有不对称的地位，有些大股东利用这个不对称的地位恶意鱼肉小股东，这个事得有人管，得有人付出代价。否则，就一定劣币驱逐良币，"老千"横行，新三板大发展就面临长期挑战。

管也是全方位的，这么大体量的市场，单纯依靠监管机构，效果不佳，各个维度的监管监督群策群力，才能及时查漏补缺，让监管效果更好。

股转系统以及主管部门至少有两件事要做好：一是所谓的底线规则到底有哪些，这个要明确；二是违反了底线规则，要加大处罚力度，不能让恶意行为的利益和处罚之间有明显套利空间，否则，怎么管效果都不佳。

中介机构责任重大，但是让中介机构马上就能做好所谓的持续督导，让挂牌企业不出事这个标准过高。笔者觉得暂时有两个建议要提：一是不能只管挂牌，忽视挂牌前的辅导和培训。在这方面，以我们的经验看，中介机构做得很差，基本不作为，这个是可以马上改的。辅导和培训是把无恶意的中间分子往好人堆里拉的有效举措，相信绝大多数企业家是没有主观故意的，但是他们真不懂，导致屡屡违规。"老太太支个气球摊被判刑"这个事件大家议论很多，把企业扶上新三板却不告诉他们什么是对的，这个状况也应该掀起投资者大讨论。二是中介机构也要注意自我保护，与甲方的协议上要有底线约定，可以设置一些保护措施，索赔机制，保持必要的威慑力，使自己督导的权利义务、风险收益相对对等，防范企业的主观恶意。

此外，建议投资者们主动站出来集思广益推动规则和市场的进步：比如对恶意企业该怎么运用法律武器维权？对中介机构明显的过失应该怎么办？对企业善意的私有化动作该提什么样的合理要求？如何在三板推动做空制度让社会监督可以变成盈利模式？新三板投资者、参与者少，媒体和学术关注度低，在这个环境中，新三板人更要抱团，都要以主人翁的态度高度参与讨论研究，贡献智慧，唯此，新三板生态才能越来越好。

当然，光有梧桐树，也吸引不来凤凰。监管的职责不仅仅是管，宣传也很重要。新三板发展到今天，在很多不熟悉三板的企业中、投资者中传播的负面的东西是不少的。其实股转系统在搞好日常监管的同时，可以效仿两个交易所在全国各地设点派人进行推广。有益的传播、积极的推动、定点的引进，这些动作也是必要的，不然怎么能彰显股转系统的导向和思路？怎么进一步吸引越来越多的有益于新三板发展的企业资源和社会资源进入呢？

改革品评

新三板扩容全国这些年来，市场上对于新三板的改革建议很多。股转在"摸石头过河"的过程中，也陆续推出了很多改革措施。最为万众瞩目的就是2017年12月22日冬至这天，股转系统发布了交易制度、分层制度、信批制度三个方面的改革措施。关于此次改革的评论也很多，兴奋者有之，失望者也很多。但笔者认为，新三板的改革基本走在了正确的道路上。未来的新三板，改革的空间还很大，仍然机遇与挑战并存！

1. 再分层

简单地再分层不进行配套改革不会有太大作用，创新层的表现已经证明了这个事实，而且再分层仅用静态财务指标非常不科学，有违服务中小微和创新企业定位的初衷。

2. 降门槛

关于降低投资者门槛，笔者觉得短期内也许有一定帮助，但一定不是终极手段，做不好还会添乱。关于降门槛就能搞好市场的观点，我觉得说两个事例大概可以证伪：

（1）信托业重新登记时举步维艰，很多信托公司发行集合信托起点是在5万元，依然没有太大的效果，信托业真正的大发展时点是业内称为"二次登记"的2007年，伴随着提高合格投资者门槛，将认购起点普遍提高为100万元以后。即便如此，刚兑和聚众施压依然困扰着今天的信托业。

（2）80年代讨论个税起征点时，大家没人关注，因为800块钱的起征点是普通百姓望尘莫及的。到如今，个税起征点提高了几倍，大家觉得当初的起点是高了还是低了？所以发展的眼光也是需要的。

3. 竞价交易

"冬至新政"已经将集合竞价（也可理解为非连续竞价）引入创新层和基础层的盘中交易。未来随着新三板头部公司的稳定，竞价交易也不是不可能。这方面我们有着丰富的历史经验打基础，我国交易所的电子化交易起点高，时间优先、价格优先的交易规则下的竞价交易机制非常先进。

4. 优化分层

新三板挂牌主体形形色色，市场需求林林总总，单一的市场满足不了多样化的需求。同时，三板目前的问题，并不是靠开单一药方可以解决的，所有单一药方治百病的消息都可以被鄙视。设定标准，区隔类别，针对不同层次给出不同解决方案，是正解。"冬至新政"调整了分层标准和维持标准，并增加了创新层企业的信息披露频度，审计要求更加具体，定期更换注册会计师，给简单操纵会计信息增加了难度，一个人造假一次容易，难的是一辈子造假。

未来进一步的优化分层恰恰可以被认为是组合拳、政策包。优化分层的政策包里，可以预见和推演的是：不同类别的企业被划分到不同的班级不同的年级，给出不同的准入条件，差异的发行融资方式，区别的披露和监管政策，以及适当的交易制度，能够支付起高昂监管和披露成本，适用高级的融资和交易制度，这些都太有期待和吸引力了。暂时不能承受这个成本的，往往选择耐心地等待可能到来的孤独的淘金客。这些改革，会在新三板这个资本试验场上开辟出更丰富多彩的资本市场实验田、实验室，并因此收获每个层次的艳丽花朵。这时候，新三板的包容才会显得更加淋漓尽致。

5. 做空制度

万家企业，靠监管部门事后看材料，拍脑袋也能知道管不好、管不住。研究做空机制，让发现作假、揭露作假的机构能通过研究打假获利，这是最典型动员社会力量净化市场的举措，笔者倒是很建议研究一下。

6. 大数据监管

依然说监管，股转系统应该已经采用了这个监管的手段，笔者的建议是作为方向，更要加强研究。海量企业、海量数据、海量交易，基于大数据和人工智能的手段进行监管，及时识别异常、严格处罚一定是方向。增加造假成本，让作假的付出代价，公平的市场环境下资金自会进来。

7. 公募机构发行封闭式基金

随着"冬至新政"对分层标准的调整和对创新层企业的"严要求"，未来是否可以考虑公募机构发行的封闭式基金进入创新层？新三板的流动性目前显然无法支持开放式基金入市，但是封闭式基金应该没有问题。

8. 打造服务新三板的特色中介机构

资本市场的发展，一个新市场的建设，没有中介机构的广泛服务是做不到的。今天新三板的很多现象，都与有效的中介机构服务缺失有关。新三板是新的，但是目前服务新三板企业和投资者的中介机构却是旧的，服务理念、服务手段、服务流程基本效仿了A股的老做法，旧瓶装新酒，齿轮无法咬合，导致现在服务质量每况愈下，并形成恶性循环。所以，单独发放新三板服务牌照，市场化、差异化考核，是应该提到议事日程上的。否则，单纯以在传统中介机构相对边缘化部门的资源来服务新三板，拍脑袋都知道新三板很难进步。

我们都期待新三板的制度越来越好，但是必须承认新三板是新市场、新现象，越来越好未见得是天天"革命"，天天大动作也不见得就能解决所有问题。在实践中摸索，发现问题及时调整，小步快跑，持续优化，我们的规则就会越来越合理，越来越适应市场的发展需要。持续向公开、公正、公平的方向进步，是新三板会越来越好的基础，只要坚持这个方向，大家就应该有信心！

最后异想天开一下：为了保证新三板实际意义上的更普惠，不妨建议新三板设定传统行业挂牌企业的规模上限，或设定传统企业在新三板挂牌后筹资的时间间隔、发行股份比例等限制，以体现监管部门对新经济、中小微企业的支持。

服务新经济

新三板从长远来讲，到底应该是个什么样的存在？应该有什么独特的价值？如何进行差异化竞争？

还是从四象限讲起：笔者在对新三板的分析框架中，一直有一个企业的四象限分类：大传统、小传统、大新兴、小新兴，小传统对任何资本市场意义不大，小新兴是传统的私募创投市场，场外市场对这类企业有很大帮助。一个交易所市场的成功，主要在于能否培育并留住大传统和大新兴类的企业。

A股是全球最成功的容纳"大传统"型企业的交易所，让新三板重现A股辉煌，既没有必要性，也没有可行性。"小传统"型企业永远不是资本市场的菜，服务中小微企业的提法叠加资本市场几个字，事实上需要过滤掉这部分小传统的企业和商业模式，除非小传统下决心转型。所以，新三板的成功别无他径，只有服务大小新兴：孵化小新兴，成就大新兴！

服务新兴不是喊口号，应该在制度设计上有明显体现。

第六章
新三板的未来

笔者一直认为目前在服务新兴的路径上，港交所是新三板最直接的对手。2017年以来，港交所新闻不断，先是提出要开出创新板，容纳同股不同权新经济公司的挂牌，争夺小新兴；紧接着，又爆出港股全流通的新闻，争夺大新兴。真如是，港交所将在自己内部开出创新初板、创新主板、创业板、主板四个不同板块。什么叫多层次市场？什么叫多层次资本市场体系？大家可以参照一下。一个交易所有不同板块，自然会有转板机制，今天新三板到A股虽然媒体称为"转板"，但实质上实在不是转板行为，就是正常的申请上市行为，充其量只能叫"转报"。

所以，如何针对新经济的特点，在挂牌和融资制度上有突破、有创新，这才是重中之重！比如能兼容新经济领域的"A、B"股吗？对新经济的监管、披露、融资服务、交易、其他培训应当有什么样的突破？能在简单的规模分层基础上分出特定的"新经济层"吗？

定位新经济、服务新经济、营销新经济、收获新经济，这是新三板的唯一通途。

怎样吸引阿里和美图？

到底什么样子才是我们要建设的新三板？笔者觉得这个话题应该展开很好的讨论，这是个试金石，决定着大家对未来政策预期的走向。

一直维持万家是成功的新三板吗？获得像A股一样的流动性是成功的新三板吗？像纳斯达克一样分为三层是成功的新三板吗？还是拥有类似腾讯、阿里巴巴一样的代表新经济的定海神针才是成功的新三板？

现在面对大家对港交所的创新板与新三板的争论，笔者再试提几个问题供大家思考：如果阿里巴巴回归，会选择港交所还是新三板？假设阿里巴巴回归，港交所和新三板各会给出什么样的估值？假设阿里巴巴回归新三板，新三板做市商能否撑得起提供流动性的职责？假设阿里巴巴回归，什么时间新三板可以允许同股不同权？

同样，我们还可以问一下，如果美图在新三板挂牌，能否获得在香港一样的估值和流动性？

如果做个问卷调查，假设只能选择新三板和港交所，国内几个大家比较耳熟能详的成功的新经济创业者愿意在哪里挂牌？如果他们不选择新三板，那么新三板成功之路还要等多少年？

纳斯达克今天的成功不仅体现在它吸引了美国的新经济，还在于它能够吸引全球的新经济，虽然这些企业并不是它自己培养的。不讲全球，新三板如何能够塑造自己在国内对新经济的吸引力？

每个"三板粉"一定有一个心目中理想和成功的新三板，希望上述问题能够唤起大家的思考热情，本书及笔者都没有标准答案。

附：股转系统领导讲话

李明：新三板改革将持续深化
下一步将推进精细化分层与条例制定

2018年1月24日，全国股转公司总经理李明在某会议上不仅透露了关于新三板自身未来发展改革方向，还表示将在自主渐进、互利共赢、风险可控的前提下，推进新三板的对外开放（以下内容根据2018年1月25日《上海证券报》报道整理而成）。

1. 新时代的中国需要完备的新三板

资本市场要落实党中央、国务院的决策部署，要加强服务供给侧结构性改革、建设创新型国家、实施区域协调发展、打赢脱贫攻坚战等国家战略的能力，必须提高服务实体经济，尤其是中小微企业的能力。深化新三板改革，提高创新、创业、成长型中小微企业直接融资比重，是资本市场抓重点、补短板、强弱项的最佳选择和重要载体。国家设立新三板就是为了缓解中小微企业融资难、融资贵问题，新三板是我国三个全国性证券交易场所中，唯一定位于主要为创新型、创业型、成长型中小微企业发展服务的市场，具有专属性。

经过5年的探索实践，新三板形成了服务中小微企业的制度优势和规模优势。新三板高度包容的准入机制、市场化的融资并购管理、多元化的交易方式安排、以机构投资者和高净值客户为主体的投资者结构等，较好地契合了中小微企业的需求和风险特征。新三板市场设立5年来运行平稳，守住了不发生系统性、区域性风险的底线，积累了针对中小微企业服务市场的监管和风险控制经验。

新三板作为新兴市场，没有历史包袱，又实施严格的投资者适当性管理制度，增量改革更容易推进。同时，新三板与沪、深市场、区域市场关联度高，改革能起到盘活整盘棋的积极效果。新时代的中国需要一个更加完备的新三板，大力发展新三板，持续深化新三板改革已成为市场各方的共识。

新三板作为全国性证券交易场所，市场主体在交易、融资、投资、资本运作等方面的需求必然与其他交易所主体具有一致性，新三板改革发展必然需要遵循证券市场的一般规律，但同时也要更加突出自己特有的市场定位和制度安排。

2. 完善"苗圃"和"土壤"功能

新三板发展应尊重证券市场的一般规律，同时更加突出市场定位和特性。深化新三板改革，要坚持完善市场的"苗圃"和"土壤"功能；要坚持市场化原则，发挥市场在资源配置中的决定性作用；要坚持法制化原则，加大执法和投资者保护力度；要坚持国际化原则，以开放促改革；要促进多层次资本市场实现有机联系。

作为多层次资本市场的"苗圃"，新三板要扎好制度的篱笆，牢牢坚守风险底线，切实履行一线监管职责，督促公司规范发展。公司挂牌进入"苗圃"，就进入了规范发展的轨道，不再像田野或森林中的天然植物恣意、野蛮生长。新三板除了浇水施肥，也需修枝剪叶、捉虫除草，使挂牌公司能从"幼苗"时期就一路健康成长。

同时，新三板要为培育新经济企业、中介机构和成熟的投资者群体提供"土壤"。首先，众多创新创业企业在这里实现融资和公开转让，既为 PE/VC 提供标的池，又提供早期投资的退出渠道，有效引导民间资本支持和培育经济新动能。其次，证券公司、会计师事务所、律师事务所等资本市场中介服务机构参与企业挂牌、融资、交易等各个环节，完善服务链条，提高了对中小微企业的服务能力，促进证券公司从通道式服务向真正的投资银行服务转变。最后，符合条件的投资者发现企业、投资企业、与企业一起成长，可逐步形成稳定的价值投资者群体。

新三板的改革发展，不仅要自身具备支持"小苗"成长为"参天大树"的能力，也要有利于构筑中国资本市场厚积薄发的基础。

2017年底证监会明确了 IPO 审核时对"三类股东"问题的政策，顺畅了挂牌公司的 IPO 道路。新三板尊重和支持符合条件的企业 IPO 也是市场"苗圃"功能的重要体现。同时，新三板市场还将积极研究建立与区域股权市场的合作对接机制，真正发挥承上启下的作用，使多层次资本市场真正成为有机整体。而作为我国多层次资本市场的重要组成部分和最具规模的增量改革，新三板的功能完善、效应发挥有利于提升资本市场服务实体经济和国家战略的整体能力。

3. 推进精细化分层，完善发行制度

深化新三板改革，提高创新型、创业型、成长型中小微企业直接融资比重，是资本市场抓重点、补短板、强弱项的最佳选择、最主要载体。2018年是贯彻党的十九大精神的开局之年，全国股转公司拟重点推动以下四项工作：

一是推进市场精细化分层，研究发行制度改革，丰富市场产品和服务，积极提升各类市场主体的获得感。二是研究制定新三板发展战略，找准新三板在多层次资本市场中的坐标和方位，明确发展方向与路径，推动健全完善市场上位法。三是推进对外开放与合作，提高新三板市场的国际能见度，探索与境外交易所的互联互通。四是持续推进依法全面从严监管，深化分类监管，加强科技监管，切实保护投资者合法权益，全力维护市场稳定运行。

新三板市场拟深化市场分层，建立合理的内部分层体系，各层次在挂牌与发行、交易制度、信息披露、投资者适当性管理及监管方面充分体现差异性，以适应中小微企业多样化特点，满足其多元化需求。同时，将继续推进实施差异化的信息披露要求，构建纵向分层次、横向分行业的信息披露制度体系，引导挂牌公司披露行业可比信息、投资信息。

市场融资方面，应部分优质企业对更高效率发行制度的需求，新三板市场拟研究引入竞争性发行机制，进一步完善发行制度。同时坚持市场化定价，不管控发行节奏、发行价格，实行简便、快捷、高效的融资方式。还将根据企业和投资人的需要，积极丰富融资工具，发展适合中小微企业的产品，做到基础产品市场和衍生品市场协调发展。

下一步新三板将加大对暂未盈利创新企业的覆盖和支持，更加积极主动地对接战略新兴产业、先进制造业等新经济业态；高度重视创新创业型企业维持控制权稳定、促进企业长期发展的客观需求，发挥新三板"试验田"功能，力求差异化表决权架构企业的挂牌、融资等在新三板市场率先实现。新三板市场还将尽快出台股权激励等相关制度，明确监管要求，增强挂牌公司在"人才争夺战"中的竞争力，进一步助力创新驱动式发展。

4. 稳步提高新三板国际化的广度和深度

新三板以机构投资者和高净值自然人为主体的投资者结构，具有较强的风险承受能力和风险识别能力，又具备作为资本市场新一轮扩大对外开放的新平台的条件。充分的开放和竞争，有利于提升市场化和法制化水平，有利于促进新三板发展。

应在坚持自主渐进、互利共赢、风险可控的前提下，推进新三板市场对外开放，从我国资本市场的实际需要出发，稳步提高新三板市场国际化的广度和深度。

下一步，全国股转公司将针对部分挂牌公司赴境外上市的需求，研究推进企业两地挂牌问题；同时将支持挂牌公司积极参与"一带一路"建设，并深入研究"一带一路"沿线国家企业在新三板挂牌的可行性和实现方式；将积极研究VIE结构公司挂牌问题，为优质境外上市公司回归境内资本市场提供更加多元的选择。

同时，全国股转公司还将尽快加入国际上影响力较强、规模较大的国际组织，扩大国际交流合作范围；深化与港交所、纳斯达克的交流合作，建立长效合作机制。

5. 推动制定新三板条例，完善投资者适当性管理制度

资本市场是法制诚信市场，没有法制化，市场化也将无从谈起。资本市场的法制化，意味着稳定的预期、科学的规则和透明的监管，为市场各方提供明确的行为指南和行为预期，也是市场运行的"稳定器"和"压舱石"。只有做到立法先行、有法必依、执法必严、违法必究，才能保障市场运行的规范性和行为结果的可预期性，激发各类市场主体的活力和创造热情。

新三板市场将持续深化依法、全面、从严监管，一方面通过法律规则的完善，让市场参与主体知标准、明底线、守规则，另一方面强化市场监管，进一步优化自律管理和行政监管的对接机制，保护投资者权益、维护市场的公平正义。

下一步全国股转公司将积极参与证券法修改，推动制定新三板条例，进一步明确市场的属性和监管安排。还将完善新三板业务规则体系，推动修订完善行政规章和规范性文件，推动解决制约市场发展的各类制度障碍。同时将继续以"零容忍"的态度严厉打击违法违规行为，净化市场生态，切实保护投资者合法权益。

虽然新三板迫切需要丰富投资者数量和类型，但绝不会建"韭菜市场"，改革思路是结合深化分层，坚持和完善投资者适当性管理制度。

固本强基方能行稳致远。在新时代的新征程上，全国股转公司将坚持问题导向，优化改革路径，争取各方支持，凝聚市场信心；也将汇聚支持创新、创业、成长型中小微企业的资源，不忘初心，共同实现新三板市场的责任和使命。

隋强：新三板相当"年轻" 下一步将着力推进精细化分层

2018年1月19日，全国中小企业股份转让系统副总经理隋强在出席某论坛做重要讲话（以下内容根据2018年1月20日《华夏时报》报道整理而成）。

三天前，新三板刚刚迎来了运行5周年的纪念日。我们5年来在中国证监会领导下，落实中央部署有关问题的决定，牢记服务创

第六章
新三板的未来

新型、创业型、成长型中小微企业的目标，取得了积极的成效，特别是我们的基础制度、基础设施的构建等。应该说，新三板走到今天已经初步形成了自己的特色。

在工作中经常有人问我，谁是新三板，新三板到底是干什么的？它到底有哪些制度特色，它如何区分于我们已有的沪、深交易所，如何和境外发展了很多年的一些交易所去做比较、区分？我个人有一些体会，我觉得要理解新三板的制度，或者是抓住制度的本质，可以有一些角度。

第一，新三板是以包容性理念设置挂牌的条件，新三板的审查是以信息披露为中心，重在公司治理规范和会计的真实透明，看得见、摸得着，也可以识别。新三板这个条件，包容初创期企业的波动，可以包容亏损，但绝不包容落后的产能、落后的产业，更不容违法违规，这是新三板的一个制度特点。

第二，存量股份挂牌，进行公开转让，开展持续融资，形成了包括有限股、双创债、可转债等融资品种；实施做市转让、盘中盘后转让的多元机制。新三板的企业可以自主按需融资，实现了小额、快速、多元的融资机制。

第三，新三板创设了主办券商制度，依托主办券商的推荐和终身的督导形成了市场化的机制，又把对企业的投资价值判断权、交由市场决定。我们倡导通过督导来提升价值，在规范公司制度、完善市场定价和能力方面，不断地完善业务整合，完善服务链条。

第四，探索差异化的服务体系。众所周知，新三板的差异化程度特别高，具有海量市场的特征。我们积极探索与企业差异化相匹配的市场层级体系、标准体系、服务体系和监管体系，目前新三板的内部暂时分为两层：基础层和创新层，而且率先在交易和信息披露方面，探索实施差异化的制度安排。这一方面有很多朋友已经有所了解。那么经过5年的发展，新三板已经形成了以创新、创业公司为企业主体，以主办券商为从业中介结构主体，以机构投资者为长期主体的市场结构，应该说尽管不是十分完美，但是整体的市场运行质量，处于不断地提升的发展阶段。

我这里也有些数据，供在座的各位参考。

一是市场已经进入了挂牌时代，挂牌公司的行业区域实现了深度的覆盖。到2017年末，新三板的挂牌公司已经达到了11600多家，总共市值是49000亿元，覆盖了大多行业，覆盖了90%以上的地级市。

二是新三板挂牌公司鲜明地体现了创新驱动、高成长的特征。我们目前的万家挂牌企业中，中小微企业的占比达到了65%，战略新兴企业达到了25%。2017年我们共计有24家挂牌公司，获得了2017年度国家创新大奖。

三是新三板的流动性稳步发展。经过这几年发展，市场交易整体体现向做市股票，创新型股票集中的趋势，这符合我们的预期。

四是主办券商质量在提升。我们倡导以销售为目的，进行企业遴选，对实行挖掘企业的价值进行持续的督导。经过5年的发展，相当数量的主办券商，已经逐步适应这种要求，整体的从业质量呈现上升的趋势。特别是有些券商形成了具有自己优势的特色化经营业务。

经过5年的发展，新三板市场已经成为我国多层次资本市场的重要组成部分。我们在支持创新型国家建设，服务供给侧结构性改革,促进经济转型升级方面重点发力。应该说新三板的效应也在逐步地释放。

一是积极的带动民间投资,经过5年的发展,新三板市场合计发行融资达到了4087亿元,惠及了4600多家公司,发行的次数达到了8620多次。这些融资主要用于中小微企业,单次融资额度在4500万元,这个意义是不容小视的。

二是新三板普遍重视研发,市场的整体研发强度,要比全社会的研发平均水平,高出了1.5个百分点。相当数量的挂牌公司,重视并实施股权激励,累计激励的人数达到8100多人次,对产业整合与转型升级发挥了重要的助推作用。5年来的重组收购达到了1020次,70%以上的并购重组属于是新型产业、新经济业态的转型升级。

三是引导挂牌公司逐步地规范公司治理,发挥金融体系的协调作用。一万家挂牌公司不断地规范治理,进行财务规范,这个意义是十分巨大的,特别是企业会计信息和公司治理问题的规范,也为企业获取其他的融资产品、融资渠道提供了条件,创造了基础。我们做了一个初步的统计,通过5年的实践,挂牌公司共计有5000多亿元的投资,来源于各类机构和银行的专项金融产品。当然经过5年的发展,新三板完成了初始的规模积累,同时也进入了一个提质增效的新阶段。

我们观察到市场的需求结构已经发生了深层的变化。一方面有相当数量的公司,进入了高速成长期,需要更高效率的融资量;另一方面,发展早期的部分企业,需要更有针对性的制度安排,促进投融资对接,疏通股份转让渠道。对这个问题,中国证监会高度认识、研究论证、统筹推进交易信息披露的思路，全国的监管公司主动开启二次创业。

事实上，通过前几次的评估实践，新的制度的运行符合制度设计的预期，达到了制度设计的初步效果，市场反应也是十分积极和良好的。这些改革措施，是深化新三板改革的第一步，但是绝不是最后一步。

大家可能很关心，下一步新三板应该怎么干？怎么样有效地完善市场的功能？事实上，新三板相当"年轻"，因此新三板的改革，不可能一蹴而就。但是，适应新时代建设资本市场强国的目标，新三板的改革还需要时间，特别是针对市场高度关切流动性的问题，需要我们有更大的勇气，下力气解决。未来在座的各位，可能十分关心，你到底有什么实招？怎么干？我简要报告如下。

第一，积极抓好新的教育制度改革的落实实施工作，持续评估市场运行的效率，发挥好集合竞价具有高度灵活性的特点，坚决和持续巩固做市制度，深度挖掘做市的潜力。

第二，积极完善分层作为改革工作的主要抓手，着力推进精细化分层。我们将继续沿着以市场分层为抓手，统筹推进发行、教育、信息披露、监管等方面的总体思路，践行推行股票发行、市场监管等各项制度改革。不断地扩展市场投融资的队伍和结构，在破解市场上流动性的因素上下功夫，把工作做精、做细。

第三，持续推进依法从业监管，科技监管、分类监管，持续倡导和培育价格投资、理性投资，确保新三板的改革方向正确，行稳志远，目标是要让所有能在新三板挂牌的企业，在各城市中，均等获得相应的资本市场服务，使优质的企业愿意来，留得住；使投资者愿意进，敢来投，增强获得感。我们将继续秉承开门办市场的理念，充分地听取市场方面的意见，我们也真诚地希望各位在座的专业机构投资人，能够不断地提意见，我们能够共同地把新三板市场做优、做强，为我们国家的转型升级提供帮助。

第三部分

见天地、见众生、见自己

　　作为企业，要想在资本市场上长袖善舞，就需要内外兼修。对内，需多学习、善总结、勤实践，在自身升级的同时也要掌握许多必杀技。比如，如何有效估值？如何卖股票？对外，一路打怪升级的道路并不平坦。遇到问题不要怕，要学会见招拆招，比如"三类股东"；遇到新事物不迷茫，要善于结合国情因地制宜，比如新三板可转债；遇到战略抉择不武断，比如是否IPO。

第七章

打铁不忘自身硬

第一节 理解核心竞争力

竞争论

波特在李嘉图的比较优势理论后,提出了国家竞争优势的理论。事实上他是在简单的资源禀赋基础上,强化了人和组织的主观因素。现代社会条件下,我们觉得一国或一个企业的竞争优势或者竞争力可以统一抽象为资源配置效率,资源配置效率高的,会在竞争中脱颖而出;反之,则将被淘汰。

影响资源效率的要素,可以简单总结为三个部分,对于任何一个国家或者一个企业,都可以从这三个维度进行透视和比较,提出改进的方向,预测未来。同样,所有的创新也都可以围绕这三个维度展开。

这三个部分分别是：技术、金融、组织。

技术最容易理解，革命性的技术都是颠覆了原有资源配置的模式，极大地提升了资源配置效率。比如，火车、汽车的发展，极大地促进了资源的流动；电力技术的突破，极大地促进了能源的流动；而互联网，颠覆了信息等各方面资源的配置模式。

金融，笔者前面自己有过定义，就是资源跨时空的配置。金融是把所有的资源都虚拟成货币，遵照收益性、安全性、流动性的原则，流动到最有效率的单位。说得直白一点就是，你需要什么，我给你钱自己去买。所以，一国金融的发达，一定是超级重要的，实体和虚拟的重要性，其实有时候分不那么清楚。

金融和实体经济的融合，可以近似类比今天互联网领域的O2O。在一个企业内部，也有金融资源配置的问题，资金怎么来？是股权还是债权？分配到哪个部类去？如何集中有限金融资源参与竞争？怎么样投入产出比更高？这是企业家平常并不太认真思考的问题，管理咨询里也几乎没有这类课程，是大多数企业家的短板。

组织，纯粹地讲，是人跟人的关系，用什么方式把人组织到一起，用什么机制让大家群策群力、资源共享，风险和收益如何承担和分配，大到一国，小到一企，这个也超级重要。

这三个部分，不是孤立的，是相互促进和影响的。比如，技术进步完全会带来组织制度的彻头彻尾变化。

可以简单地用几何图形证明，这三个方面构成的竞争力三角形（平面），同样周长（成本），等边时（均衡）面积（竞争力）最大。将平面三角形加一个创新维度，变成棱柱体，也是三个方面创新均衡时，棱柱体体积最大。

当然这是理想状态，任何企业竞争时，大多数只能先考虑一个方向的创新，但是后续配套调整应该相继跟上效果才会更理想。

用这个模型纵向对比中国历史，横向对比世界各国，容易让我们看到差距，也容易让我们增强信心。用这个模型观测企业，我们也能够给出企业一些改进的建议，方便比较不同的企业，甚至预测企业的未来。

新四化

"四化"是啥？笔者那时候可是跟《小学生守则》一起背过的。四个现代化即为"工业现代化、农业现代化、国防现代化、科学技术现代化"，是我国在20世纪50～60年代提出的国家战略目标。1964年12月第三届全国人民代表大会第一次会议上，周恩来根据毛泽东建议，在政府工作报告中首次提出，在20世纪内，把中国建设成为一个具有现代农业、现代工业、现代国防和现代科学技术的社会主义强国，实现四个现代化目标的"两步走"设想。2012年11月18日，中共十八大报告提出，"坚持走中国特色新型工业化、信息化、城镇化、农业现代化道路，推动信息化和工业化深度融合、工业化和城镇化良性互动、城镇化和农业现代化相互协调，促进工业化、信息化、城镇化、农业现代化同步发展。"这个被称为"新四化"。

笔者接下来要谈的这个"四化"，是针对企业定义的。多年来笔者一直坚持投资中小民营企业，有部分企业从上亿营收、千把万利润慢慢成长为数十亿元营收、数亿利润，有些还进入了资本市场，变成百亿元规模市值以上的上市公司。

跟踪他们的轨迹，对标更大规模的公司，企业要持续成长，龙头化、平台化、互联网化、金融化比较关键，简单概括为"新四化"，新四化可以成为企业战略思考的重要方向。

龙头化，是指追随产业发展规律，在自我滚动发展的基础上，适时启动并购战略，通过并购手段，跳跃式提升自己的市场占有率，提高行业集中度。虽然并购是凶险的，但是在市场已经印证了国际性大企业都是并购出来的这个课题之后，在并购风已起的市场环境中，不并购也是有风险的。你不知道同行哪个会突然用这个手段扰动市场，你也不知道哪个可以成功。这是个囚徒困境，总会有人做，只要有人做，其他人只好跟进。所以早尝试，早获得经验教训，即便首次失利也比被动应战风险要小。

平台化，是指随着企业规模增加，一方面，企业要逐步使自己更容易积聚研发、管理、人才、金融等各种资源，使自己具备平台化的基础；另一方面，又要改善自己内部集中、封闭、什么活都要自己干的习惯，打造新的生态系统，既可以使外部资源便捷地为我所用，又能激励员工和合作伙伴的激情，让他们共享资源，创造价值。

互联网化，是指随着互联网技术的发展，企业要主动融入互联网，不但应用互联网，还要学习摸索互联网思维模式，改善、优化、再造自己的业务流程、盈利模式。要重视互联网技术带来的在大数据、人工智能等多领域的变革，不要以为自己的行业不受影响。笔者到企业调研，经常会遇到企业家对互联网漠不关心，或者以为互联网就是企业的信息化或者电子商务,这个思维方式很危险。

金融化,是指随着公司资源积累,越来越多的大企业把自己的盈利或者部分盈利转换为金融、类金融利润。其实金融资源是所有资源的抽象,虽然说大家都喊要"脱虚向实",但是资源积聚的结果就是信用提高,融资利率降低,信用输出就会带来利润,这也是不争的事实。互联网技术发展颠覆了传统金融行业的成本结构,使很多后来者有了机会。

"新四化"不但可以作为中型企业继续做大的思考路径,也是小企业发展应该思考的问题。企业是稳扎稳打形成自己某方面的优势和壁垒,还是融入某个平台共生共荣?考虑到新三板的包容性、灵活性以及A股的特许优势,抓紧拥抱多层次资本市场是中国企业迈入发展平台的捷径,值得所有疑虑中的老板深思!此处笔者必须敲下黑板!!!

民企的三大法宝

20世纪八九十年代,国家正在进行"复关谈判"(当年的关贸总协定,后来我们叫加入世贸组织),那时候大家普遍忧虑的是:复关了中国的家电怎么办?想得远一点也会问中国的汽车怎么办?我们跟世界的差距那么大,会不会就此再没有民族工业?

2001年,我们终于加入了WTO,16年过去了,我们发现当时有点"杞人忧天",中国的家电不光没有崩塌,还卖到了全世界。除此之外,我们在各个产业上都看到赶超的影子。

抛开我国政府可以集中力量干大事的优势,笔者观察到了民营企业和企业家赶超外资的几个一致性法宝：

1. 低价、不给钱，那都不是事儿，让我干就行

在笔者的脑海里，制造业可以分为两类：一类是看到了，做出来就能用。比如服装、家电，顶多质量差点；另一类是看到了，也能做出来，但是没有用过，连事故都不知道是怎么出的。这类型的制造业需要场景，需要数据，需要长周期使用后的反馈和改进。比如汽车和高铁的核心零配件，比如航母、大飞机。大家常说"匠心"，这类制造业光有匠心是不够的。

在很多领域里，中国的民营企业初期根本没有机会试用，没有试就没有场景、数据、反馈。所以，不给钱也愿意跟着客户混，一混就是苦兮兮好几年，就为一个试的机会，这样的故事很多。

2. 全天候跪着服务，有问题随时解决

跪着服务，满足任何匪夷所思的需求，及时根据客户要求改图纸，加班加点供产品，产品用起来后，派一个加强班的工程师左右伺候，随时解决新产品在应用中的问题。

这种中式服务，会让用户觉得外资的研发、生产、服务都太"傲慢"，傲慢的代价是即便你的产品再好，也会耽误客户的事，等你的产品好了，我这边桥都好了，路都通了。国产的质量虽然不够好，小毛病常发生，但好歹不会耽误事啊。我们的工程机械设备就这样立起了牌子，走出了国门。

3. 开了口子，拼命撕，直到变成一道大门

靠着前两条，我们的企业慢慢进入了高端产品的配套体系，然后我们就有更多的场景，更多的经验和数据，然后我们的企业家就会在横向和纵深两个角度不断开拓自己的市场，从做一个小玩意到做周边很多小玩意,再做大一点的集成,从一个企业再做进另外一个企业、做进很多企业。撕撕撕,直到把一个小口子开成一道大门,然后就有更多的内资企业进入,蚕食外资控制的市场。

这些法宝我们今天还在用,而且现在看来,我们在好多领域都形成自己的工业体系,成长出了上下游的领军企业,从而会带动更多的内资企业共同成长。

所以,未来的一段时间,笔者对中国的制造业不悲观,能在中国的市场拼杀出来的企业,没有理由不能走遍全世界。

笔者还有一种预感:中国家电走向全球的例子会在中国汽车工业上重演,希望我们的资本能够帮助中国的企业早日实现这个梦想。

第二节 因势利导,顺势而为

初始化与抓手

引用两个名词:

"初始化"是个计算机的用语,大概的意思是程序和数据已经乱套了,通过一个手段使机器回到原来有序的状态,之后就可以正常运行了。

"抓手"的原意是指人手可以把持的部位,只要把手"抓"在上面,人便有了依托,有了凭借。如果没有"抓手",某些活动和工作就无法开展。现在政府文件用这个词比较多,笔者理解大概是一个重要的具体工作，虽然只是一项工作，但是抓住它就可以串联起很多工作，推动事业的发展。

一个企业新三板挂牌，很像是个初始化的过程，对企业未来大发展很有必要。而挂牌后的每次融资，都可以作为企业持续发展的抓手，抓住一点，带动全面工作，纲举目张。

人有惰性，企业也是这样。企业自初创开始，会有很多运作不规范的地方，也会遇到很多问题。有什么问题，大多数企业家和创业者自己是知道的。但是如果没有外力推动，在暂时不影响业务开展的前提下，企业家和员工是不太愿意主动去解决或者从根本上解决的。这些问题日积月累，就成为历史遗留问题，清理越来越麻烦，后来的员工就更不愿意触碰，虽然当期暂时可能还不影响企业，但在企业长久发展的过程中，也许就成为不可逾越的障碍，有些问题成本还无法估量。我们在日常投资中就不止一次遇见过，有些企业因为历史上遗留的问题慢慢发酵，到现在即使付出亿元代价，也无法得到有效处理从而影响上市。

新三板挂牌就是一个很好的系统化外力推动的契机。虽然新三板挂牌的要求低、标准低，但是也有很多红线，企业必须集中解决后，才能获得挂牌的许可。这个过程中，公司股权的问题、运作中长期存在的同业竞争、关联交易问题、资产的权属瑕疵问题、财务核算的不规范问题，以及工商、税收、员工劳动关系、社保等一系列问题，都必须得到较好的解决，迫使公司各部门全面动员，在中介机构的帮助下，逐条梳理，这些问题的解决是有时间表的，也是有效果要求的，企业可以按这个时间表集中精力打歼灭战，效率和质量都大大提高。更为有利的是，由于各地政府对于挂牌的重视，

第七章
打铁不忘自身硬

很多遗留问题还可以取得政府的支持，作为专项问题协助解决，这个机会在其他时点是不会有的。解决完这些问题的企业，处理了历史的包袱，基本上就能轻装上阵，可以为未来的竞争创造很好的条件。

而挂牌之后的融资，一般的企业会认为只是"找钱"，殊不知融资活动完全可以作为公司推动变革，增加核心竞争力的有力抓手。

融资的过程，首先是触动企业内部思考的过程，认真的企业家应该在寻找资金之初思考一下自身所处的内外部环境，在产业选择、竞争战略上做出取舍，围绕战略还需要看看商业模式要不要创新，组织结构是否调整，人力资源是否优化，并在思考后付诸行动。

融资的过程也是把上述结果或者设想向机构投资者展示，接受机构投资者检验的过程。企业自身的思考往往有局限性，投资者的关注点，提出的具体问题，很多都能触发企业再次深度的思考。笔者无意表达投资机构的思考百分之百是正确的，事实上很多伟大的企业在融资过程中都可能会遭到投资者抛弃，很多企业伟大的革新在起点都为投资者所不齿。但是不可否认颠覆人们认知的创新毕竟是少数，以概率来看，投资机构有很多观点是正确的，只有那些容易获得大家认可的战略以及拥有强大的执行力团队，才更容易获得融资。

我们的企业家和董秘朋友可以思考一下，是把融资简单地定位为找钱过程还是有时候也可以把融资过程定义为公司变革的抓手。如果是前者，那么就是董秘或者财务总监小范围人群的工作；如果是后者，就可以一把手挂帅，启动全系统、全体系进行变革。这时融资到位就只是阶段性冲刺的自然结果，而不是唯一目的。

如果企业能用好融资这个抓手，就可以反复对企业进行阶段性体检，以融资为阶段性目标，"倒逼"自己很多内部的部门、内部的员工、内部的流程做出改善。你也可以理解为是小范围的阶段性"初始化"，反复以融资为抓手推动工作的结果，就使我们可以不断地对血管"清淤"，使企业的体质更健康，更充满活力，更能跟环境紧密融合，持续进步。

创业感悟

笔者自己算是个创业者，由于职业关系，也深度接触了非常多的创业者，大家都在辛辛苦苦兢兢业业地支撑着自己的事业，时间久了，有些感悟，不吐不快。

1. 顺势而为

创业者都有梦想，但是看清形势非常重要。顺势而为，事半功倍；逆流而上，不仅是事倍功半，很可能由于自身资源不足，直接导致死亡。可惜很多创业者看不到这一点，不了解国情，不清楚用户，不认知本身的资源能力，只能撞得鼻青脸肿。

2. 因地制宜

知势算是找到了方向，但是如何抵达目的地，也有讲究。如果实力雄厚，自然可以高举高打，直冲终点。现实是大多数创业者没有资源或者资源不足以支撑高举高打，如何找寻一个突破口，既不太伤资源，又能迂回前进，就非常重要。只有这样，才能保存实力，活得长久，靠时间积累资源。更重要的是，突破口选得好，不断积小胜为大胜，对年轻的团队树立信心保持冲劲非常重要。反之，团队不断受挫，领导着急上火大骂，团队士气低落，容易形成恶性循环，目标就渐行渐远。

3. 己所不欲勿施于人

很多创业者，知道哪些工作其实更重要，但是由于自己不喜欢干，常期待能招聘一个合格的人帮自己做好那件事。殊不知，你自己不喜欢的事往往别人也不喜欢，你自己不擅长的事往往你也看不清楚谁更擅长，所以，一定得有点带团队的想法，共同面对问题，找出路径。谁叫咱开不出高薪酬找能人呢？其实，很多你看到的高大上的团队，他的成功是建立在拥有一个高平台的基础上，你的企业不是高平台，他来了你只会失望更多。

4. 不安现状，快速迭代，不断进步

设好初级目标并实现后，不能沾沾自喜，不要忘了自己的梦想，要学会复盘解密，优化进步，进而达成新的目标，沾沾自喜以为自己无所不能，就快离死不远了。

5. 以成长化解风险

前进中总要遇到问题，很多情况下基于问题自身是无解的，并且纯粹为了解决这个问题投入的成本远大于问题本身。所以遇事一定要直面，尽量避免问题持续恶化无法收场，也要衡量解决问题的代价，测算风险敞口，及时止损。最后，只有不断地成长才是化解问题的最佳钥匙。

机会不等人

新三板目前的状况其实挺简单：挂牌不冷不热，交易冷，融资

金融不虚：
新三板的逻辑

估值冰火两重天。对于新三板的讨论也挺尖锐，支持的恨不得认为好上天，看淡的说新三板就是个垃圾。最常遇到的情况是小伙伴们拿着能读到的观点来问我们怎么看？怎么办？要回答这个问题，不妨先要想清楚自己是谁。

除去新三板的监管机构，参与者主要有企业、投资机构、券商和其他各类服务机构。不同的参与者，看法应该不同，选择也应该不同。如果你读到的观点持有者跟你不是同类，不妨以兼听则明的心态作为参考。

按照本书开始提到的理论，我们可以把企业简单按照体量大小和行业（商业模式）是传统还是新兴简单分为四类：大新兴、大传统、小新兴、小传统。前两者又可以按照是否短期内（比如一年）符合 IPO 条件再做细分，相同类别的公司在新三板的影响和作用才有可比性。

对于前两类能够较快满足 IPO 条件的，在可以预见的几年内，尽快排队 IPO 是理性选择，新三板的各方面的建设还需要时间，流动性和估值问题都难在短期内跟沪、深两个交易所抗衡。当然，如果短期内有一轮融资需求，先在三板洗个澡融轮资，马上停牌申请排队也是挺好的方式。

对于前两类中短期内暂时不能满足 IPO 条件以及明显小新兴的公司，三板无疑是正确选择，别犹豫，快报快上，三板也是红利，不把握就 OUT 了。

对于小传统来说，三板的影响没有那么大。看看老板自身的选择，有雄心壮志的，应该鼓足勇气上，并认真思考如何通过三板市场的工具尽快把自己发展成大传统、大新兴；天性小富即安的，凑

第七章
打铁不忘自身硬

这个热闹其实意思不大，凭空多了很多麻烦。

对于投资机构来说，也可以分成两类：已经投资了未上市企业，手里有标的的，除去马上可以申报IPO的以外，别犹豫，快速推进三板挂牌是首选，即便手里的标的有被并购的可能。但是对于持币待购的投资机构，就必须有策略：小传统总体上是不能投的，小新兴适用风投策略，大传统坚持把握PRE-IPO策略，大新兴笔者认为三板合适标的不多，先搞中概股回归，后面慢慢谈策略吧。

对于中介机构来说，以券商服务为例，主要有挂牌服务和做市服务两种。挂牌服务，以控制风险为底线，然后匹配团队的资历和成本，选择不同企业。做市服务更偏投资一些，思维方式与投资机构趋同。由于三板的特点，注定了围绕挂牌企业的再融资是个巨大的市场，各类机构必须重视这个市场，开拓性地筹划服务内容和服务方式。

目前有一种误区：简单视三板挂牌为投资退出行为（私募机构排名统计里也有这个倾向），并以沪、深两个交易所的情形来类推新三板。其实无论对于企业还是投资机构而言，三板挂牌本身作用没那么大，在三板市场里想有作为，以市值管理为抓手的动作都是必需的。

市值管理的手段很多，市值＝净利润×市盈率，核心手段当然是围绕企业的利润提升，在战略、管理、经营、组织、股权激励等方面持续改进，这个过程是个"马拉松"，伴随着企业终生，短促突击和投机性改进意义不大。

提升市盈率也是有效手段，比如：不同市场天然有市盈率差别，可以考虑适时转换交易场所；不同行业市场会赋予不同估值水平，那么重新规划商业模式，以新设或者并购等手段进入高成长领域，应该得到重视；通过有效手段，增加股东人数，以提升交易需求和流动性，进而提升估值是必须做的；多刷脸，多路演，广泛获得投资者认同，也是需要持续付出精力的。

综合而言，新三板是个更民主的市场，更市场化主导资源配置的市场，也是需要参与者持续努力才能获得资源的市场。坐等红利思维不可取，漫无边际指责和批评无意义，对于中国绝大多数企业和参与者来说，新三板给了大家更多的选择机会。新三板就像一列车，在你门口开了个站点，你来不来，上不上，三板的车都会隆隆前行，而且，乘客中坐着下一个马云、下一个马化腾。

慧眼识专家

笔者在全国认识很多民营企业家，很多企业家身边都有某个当地的高参，无所不能，深得企业家的信任。企业定战略要向高参商量，做管理要向高参请教，准备融资、上市、挂牌三板、是否做市、要不要打官司、财务报表调整甚至纳税避税，都要虚心向他咨询，而且这些专家对企业家的影响力很大。

笔者很支持企业家有事跟专家请教，说明我们的企业家很谦虚，知道自己的不足。但是术业有专攻，方方面面都能给出专业化建议的专家恐怕就不只在您那个小圈子有名了，恐怕是享誉中国的大家了，而全国的这样的大家至少大家公认的也没有几个吧。

笔者遇到的跟资本市场有关的情形尤其多。客观地说，中国资本市场专业人士主要集中在北京、上海、深圳三个城市，其他地区

第七章
打铁不忘自身硬

不仅人数不在一个数量级，经验也不在一个数量级。即便当地有专业人士，遇到的案例也比这三个地区常年从业的人士少得多。绝大多数所谓的专业人士都是自己没有做过上市公司，没有做过并购重组，甚至挂牌三板都没有亲身经历，其多数知识来源于书报、杂志、网络媒体，自然也少不了道听途说。

所以就会有很好玩的现象出现。企业家辛辛苦苦跑到北京、上海、深圳咨询一圈，付出很多时间和金钱成本，再拿着得到的建议和意见回来咨询自己的御用军师，最后大抵采用的方案当然还是自己军师的方案而非其他方案。而我的经验里，很多时候那个方案几乎是最差方案，甚至是完全没有可行性的方案。

类似的专家一般有当地财经媒体圈名人、学者，有当地执业的律师、会计师，也有当地某些金融机构的领导，不能说他们在专业领域就没有建树，但是如果他们在不太了解的范畴内给建议，企业家还是需要三思的。比如公司法律师努力地给信托合同、基金合同提意见，非诉律师怂恿企业在明显没有胜诉可能性的前提下打官司，从未做过上市申报审计的会计师给出IPO的财务调整建议，一辈子的老银行信贷人士支招如何发行股票，当然，还会有连三板交易规则都不清楚的专家为企业分析要不要做市……

其实这些还不算糟糕的，因为企业家信任他们一般是过往这些朋友真的帮助过企业，企业家对他们建立了非常好的信任基础和友谊，他们在咨询过程中总体还能比较尽心，心态上还是站在有利于企业的角度思考问题，只是专业度可能差些。

更有社会危害性的是国内流窜了一些专家，帮助企业出招造假，主要是财务造假，并以此为收入来源。一个套路，做了上家做下家。

也有很多企业最初能凭这份报表获得投资机构的资金，但是投资机构进来后，假报表就得持续做，为了维护报表的收入利润，本来就不怎么盈利的企业还得借高利贷、虚增收入、多缴税金，三年五载过后，总会东窗事发，轰然倒地，身败名裂，害人害己。其实常规状况下，这些企业不造假、不融资还能健康地存活；造了假融到资反而害了这些企业，也对员工和地方经济造成巨大伤害。

相信专家没有错，但民营企业需要辨识一下谁是真专家，以及学习一下什么问题应该找哪方面的专家，一个专家包打天下有大风险。

第三节　融资技巧

什么是有效估值？

由于新三板交易和 A 股交易共用软件，所以一个机构的持仓可以被交易软件显示最新的市值，一笔 1000 股的交易就可以让你的账户出现比较大的浮盈或者浮亏。不要过分焦灼，因为那未见得是有效估值。

什么是有效估值？笔者的理解，使大量股东都可以达成交易，或者是少数非特殊关系股东执行的、能达成一定数量级金额的交易所对应的估值才可能是有效估值。

请注意：有效估值并非一定是合理估值。不同的市场环境企业估值差距很大，但只要符合上述条件，都应该是有效估值。

举几个例子来说明非有效估值：

案例一：一个小企业，有人给予1亿元估值，并且愿意以这个估值投资100元钱，这就叫无效估值。100元钱有点极端，但是我们确实看到很多仅以百万资金投入，却支撑对外宣称的以数亿估值的案例。

案例二：一个企业本来正常估值10亿元，但是流通股很少，零星地以1亿元估值价格成交了1000股，那么这1亿元也属于无效估值，因为你在这个价格上无法大量买进；同理，即便有1000股是在20亿元价格水平上成交的，也说明不了股票价格真涨了。

案例三：企业以低价对内部高管或者关联股东发行股份，比如股权激励，这个不属于有效估值，因为并非所有股东都可以享受这个价格。

案例四：企业自己的内部人士或者前轮股东以超高价格向企业增资，这也未见得属于有效估值。一是这个资金也许本来就是肥水不流外人田，二是也许前轮股东买入的价格很低，靠这样一个手段给后来的投资者抬价，这在现实中非常常见，比如原股东等比例高溢价增资，并以此为基础向外部扩募。

这几种情况在三板都有频繁发生，如果以A股的成交价和收盘价推演三板，就会容易让人悲喜交加，其实大可不必，因为那些估值本来就是逗你玩的。只有大量股东、大量金额、连续交易所形成的估值才算是市场给出的有效估值。

三板企业如何估值？

新三板的交易看似杂乱无章，但是通过认真分析做市企业的成交价格区间和大额定增募资的案例,还是可以分析出三板目前暂时形成的估值体系。

分类来看,三板的企业至少已经有 VC 估值、Pre‑IPO 估值、Pre‑Pre‑IPO 估值、非 IPO 估值四个序列(见图 7‑1)。

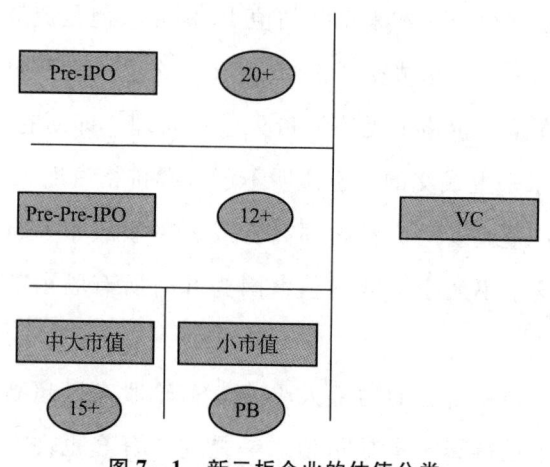

图 7‑1 新三板企业的估值分类

资料来源:笔者自制

1. VC 估值

所谓 VC 估值,是指公司具备更多的创业期或新经济的色彩,估值不以市盈率为衡量标准,而是以风险投资特有的模式估值定价。典型的公司比如神州优车(838006),公司虽然连年巨亏,但是估值能长期稳定在 450 亿元左右;再比如仁会生物(830931),基本没有业务收入,曾经用很高的估值融资成功,在经历漫长下跌后,目前估值还可以维持在 20 亿元以上,说明大家看好公司新药前景;最典型的还有长城华冠(833581)。笔者列举的都是市值较大的公司,其实市值较小的也有，大家可以认真对标寻找。①

2. Pre – IPO 估值

Pre – IPO 估值，是指市场预期该公司可能会在未来一年到一年半内申报 IPO 材料，从而给出一个较高的市盈率估值，这类企业融资或交易的市盈率水平基本超过 20 倍，高的甚至可以达到 30 倍，在市场上享有稳定的高估值，是市场的明星，走势在停牌申报前常有不俗表现。这类企业案例最容易寻找，不一一列举。

3. Pre – Pre – IPO 估值

Pre – Pre – IPO 估值，是指在 Pre – IPO 估值较高的背景下，部分投资机构主动寻找相对早期一点的企业，希望被投资标的在未来一年能达到 Pre – IPO 的条件。这类公司估值较 Pre – IPO 确实折让不少，尤其在市场突然意识到公司可能符合 Pre – IPO 条件后，市场价格在短期内有非常好的提升。

典型的案例如泰德股份（831278），2015 年、2016 年净利润水平分别为 1213 万元、2061 万元，虽然公司成长性很好，但是市值长期停留在 2.4 亿元以下，市盈率在 2016 年是 12 倍，但是在 2017 年中报披露后，公司中期业绩达到 2161 万元，市场马上把公司列入 Pre – IPO 序列，估值短期内上升到 4.5 亿元的水平。②

再比如南京试剂（833179），2015 年、2016 年净利润水平分别为 1923 万元、2987 万元，虽然走势一直不错，但是市值也长期在 4.5 亿元以下，市盈率 2016 年在 15 倍以下，2017 年中报达到 2309

---

① 资料来源：全国中小企业股份转让系统行情数据，由力鼎资本整理。
② 根据全国中小企业股份转让系统官网公开披露信息整理。

万元后,估值迅速冲到 7 亿~8 亿元的量级,进入 Pre - IPO 估值序列。[①]

4. 非 IPO 估值

非 IPO 估值可以分为两类:一类是体量很大的公司,业绩优良,但是明显不符合 IPO 条件;另一类就是体量很小,距离 IPO 太远。

体量大的公司,普遍也能维持 10~15 倍的市盈率水平,甚至更高。典型的公司如成大生物(831550),公司是上市公司子公司,在目前发审规则下没有上市可能性,但是市场地位好,业绩优秀,利润常年在 5 亿元左右,所以长时间里公司市值一直能维持在 60 亿元以上,很少低于 12 倍市盈率。

再比如苏轴股份(430418),公司同为上市公司的子公司,也没有上市预期,但是每当股价跌至 10 倍市盈率附近,就会获得支撑。还有一些优秀挂牌公司虽然不是上市公司子公司,但是可能有某方面的原因让市场认为短期也没有 IPO 可能,股价也会稳定在这个估值区间,比如昊方机电(831710)、泰祥股份(833874)。

体量太小的公司,连续有效估值更多的是以净资产为基础,可能 PB 法更有效。也举两个例子:骏驰科技(833270),公司 2016 年利润在千万元级别,净资产值在 1 亿元附近,公司的估值在 1.2 亿元附近获得有效支撑;雷迪特(831309),公司历年的利润也在近千万元级别,净资产值 9500 万元,估值在 8000 万元获得有效支撑。

虽然新三板未来整体的估值水平会随着交易规则、投资者人数、市场热度的波动而产生波动,但是笔者认为在长周期内这个估值体

[①] 根据全国中小企业股份转让系统官网公开披露信息整理。

系和结构还会保持，投资新三板需要认真研究这个结构，跟踪估值变化趋势，以便获得更好的投资效果。

最后，总结一下，估值水平主要与企业自身质地相关，同时会受到市场流动性的影响，三板估值类似海外市场，目前三板公司估值水平与市值水平总体上呈现正相关关系。

卖股票，是个技术活儿

我们的企业普遍感觉三板没有交易量，没有流动性，没有融到钱，挂牌白挂了。产生这种感觉，应该是你的融资方法不对。现在有几个同事给笔者的投资企业、给笔者的朋友做一些少量的融资服务，可以把在这个过程中获得的一些感想和大家分享。

1. 融资就是要卖股票

股票，是要卖出去的。什么意思？其实我们企业所要的融资，硬币的另外一面即企业在发行证券或者销售证券，你把你的证券卖掉，不管是债券还是股票，卖掉了就获得融资。所以融资就是卖股票，股票卖好了就完成了融资。

投资银行的核心功能应该是帮助企业做融资。但是中国的投资银行和海外投资银行差异是比较大的，海外的投资银行核心能力确实是全球路演承销证券，核心工作不是给大家写申报材料，而是把你的股票卖掉，卖掉了钱就进来了，其他所有工作都是围绕这个服务的，不管是剥离、重组、并购，核心的目标其实是"钱"。

中国A股是全球唯一一个特别的市场，你申报材料，证监会允许你挂牌，就能拿钱，所以中国股票不需要卖，大家都去摇号，所以这是我们与国外投行最大的差异，这么多年导致我们券商不太会卖股票。

但是新三板完全是市场化的，国际范儿的，为什么呢？新三板挂牌后不会有人主动给你钱，如果大家还老拿着新三板对标 A 股，认为挂牌后就会获得资金，告诉你，希望渺茫。

2. 股票要怎么卖

其实一个公司销售股票、销售证券的行为，跟我们企业家销售公司的产品或者服务是一样一样的。

（1）产品。

你要打磨你的产品，你对客户销售，你的产品首先要好。什么是好产品？我们的股票背后是什么？是你的公司，要把公司搞好。

股票产品背后其实就是自己的公司。有好的战略吗？有好的商业模式吗？能给客户讲你成长的故事吗？你的内部资源配置跟你的战略和模式是吻合的吗？

你有很大的心胸、很大的梦想，有梦想的人多了，但是外部环境能容忍你吗？所有企业的经营行为，最终总要表现到这三张表上去：资产负债表、利润表、现金流量表，你是否有强大的报表？这是结果。

当然如果没有好的报表，就更要讲好符合逻辑的资本市场故事，一张纸也是有可能拿到天使投资的。所以要好好打磨产品，这是融资最重要的基础。

补充一下，好产品还要有个好的产品说明书，就是你的商业计划书，笔者建议老板最好亲自参与商业计划书撰写的讨论，很多企业这方面做得很差，不知所云，没有体现出企业真正的优势。

第七章
打铁不忘自身硬

（2）客户。

你总得了解你的客户吧，你有客户画像了没有？你准备卖给谁？他什么诉求？他有什么偏好？大家研发、生产、设计、销售自己的产品时，总会想这个事情，但是卖股票时我们想过没有？

客户应该是什么性质？国有的？外资的？民营的？私募机构？产业资本？大家想过没有，我们的投资机构其实都有不同偏好，比如有行业偏好，有企业投资阶段的偏好，投资地域的偏好。

企业比较小找什么？找创投、找VC。处于中晚期，Pre–IPO投资，就要找匹配的机构。每个投资机构因为性质不一样，偏好不一样，单笔投资金额也不太一样。

要匹配你的融资计划，你就融500万元，非要找手持资金几百亿元的，他没有时间管你。同理，你准备融几亿元，也就不要在单笔投资额只有几百万元的机构上消耗太多精力。三板挂牌的1万多家企业绝大多数没有做这个工作，所以了解客户非常重要。

（3）价格与竞品。

还有价格，这么多年我们感受企业对自己的价格认知是有点问题的。

我们最头疼的是纯粹的知识分子，比如大学老教授、老专家，动辄说我的技术可以颠覆世界，你不给我100个亿，我不跟你玩儿。大家有没有想过100个亿是什么概念？即便公司在A股完成了上市，100亿市值也一直是个魔咒，挺有挑战的。

新三板近几年遵循这么一个价格体系。企业明年要挂牌报上市材料，价格最高，所以有一个Pre–IPO投资均衡价格，再往下还有Pre–Pre–IPO投资价格，再往下是比较传统、比较差一点，没有

IPO 预期的企业估值。

我们其实在三板里还有另外一类，既没有业绩，又没有 IPO 可能性，但是我遵从 VC 的价格体系。你属于哪一条？应该怎么定价呢？个人认为要看一看市场，做个研究。

定价过程中，还要看看别的维度，比如说市场的热度。价格一直在波动，行情一直在波动，银根有松有紧，热钱有多有少，看一下市场热度，热的时候价格高一些，冷的时候就便宜一些。反映到平常的销售产品过程中，市场需求不好，我们怎么办？我们可以调价格。

还有竞品，什么是竞品？1万多家挂牌公司的融资需求都是你的竞争对手，你老觉得我很好，其实每个人都这么认为，最后投资机构其实是在1万多家里面大排行。所以你要了解竞品，看一看和你同类规模差不多的企业，他们近期的融资可能是什么样的，价格在什么范围，给自己一个好的估值区间。

报价方面还有一点跟大家交流：有些企业上来就报一个高价，希望投资机构慢慢往下谈，这是我们做生意很常规的反应，但是告诉你，很多投资经理和合伙人见到这个报价，基本上就过不了立项，就不谈了，不会给你还价的机会。

所以适当定一个好的区间，让大家更愿意来看你，更多人愿意和你谈，最后再竞争出来一个高一些的价格，这个结果比开高价让别人不愿意和你谈好很多。但是现实中绝大多数公司都是开了一个高价，寄希望别人来磨磨磨，磨下去，这样其实会失去大量的潜在投资客户，所以定价非常重要。

（4）渠道。

渠道也很重要，是直销？代理？还是网上？卖股票的渠道需要找媒人。

挂牌企业1万多家，私募股权投资机构也是上万家，类似相亲会，但这个对象很难找。一个会场几百人，彼此都看不清楚，大家散会之后，也未必认识对方，这就需要找一个"媒人"。

这个"媒人"本来是投资银行的事，本来是券商的事，但是券商这么多年服务意识还不太强。即使有些券商在做，但是他更多是服务自己挂牌或做市的企业，不见得服务你。

市场这两年积累了很多财务顾问机构，其实他们做的就是投资银行的事，帮你卖股票，大家可以多接触他们，让他们来帮你作分析。

当然"媒人"也不要乱找，拿过来将你的股票高价骗卖给散户的"媒人"千万别找。找到能帮你估值，把你的需求能定向传递到偏好你的行当的，和你更契合的投资机构是非常重要的。

我们私募基金管理人主要集中在哪里？长三角、珠三角和北京、上海、深圳、浙江、广东，这是你融资最主要的阵地，要找熟悉这些渠道的顾问或经常在这里出没的顾问。

另外很多企业不在这几个区域，你们要注意跟你所在地的政府引导基金搞好关系，政府引导基金是目前很重要的投资力量，有非常明确的投资本地企业的金额和比例要求，因此经常会略放松投资条件，是你非常好的选择。

（5）激励。

销售是需要激励的，激励谁？是高管？老板自己？董秘？还是给你服务的人？还是券商？怎么激励？

大家吭哧吭哧总算融到资了，但都是老板自己找的朋友，董秘自己找的朋友，融完了，承销费给了券商，这也不太合理。该怎么约定呢？

大家要注意激励到位。比如券商包销全卖掉激励多少，券商只帮我备案写文件激励多少，剩下的激励给谁？激励要给那些真的帮你卖了股票的人。

激励要到位，大家在销售产品的时候一般会有内部激励，卖股票你愿意给你的团队内部激励吗？当然这个过程你也要谨慎定政策。

我们发现有些公司内部把控融资的高管，在利益和自己挂钩之后也有副作用，他不是找对公司好的，不是找给公司报价高的，也不是找对公司有扶植能力的，而是给他激励多的。

（6）售后。

只要是卖东西，总有售后，总有客户关系。

卖股票有时是需要有售后的，机构一般会跟你谈一些所谓的保障条款，回购、对赌、业绩承诺等一系列的事情，这个事情大家要先了解这个市场的诉求可能是怎么回事，然后慎重地承诺。有些可以承受的承诺该做就做了，有些承诺不要随便答应。

3. 融资是一场马拉松

公司作为一个产品，要经常跟大家混个脸熟，在你不需要钱的时候露个脸，要经常参加路演，其实一对一上门路演或反路演在融资的时候最有效。但是平常混个脸熟也很重要，在一万多家里面，你不经常混个脸熟投资机构就很难找到你。

总之，笔者用一个非常直白的、你们最能理解的方式，把你们甚至做得比我还要好的场景回放给大家。融资其实是卖股票，三板的股票是靠努力卖出去的，把上面的事情做好，最后做到锲而不舍。

第七章
打铁不忘自身硬

很多老板谈三场融资不顺利就觉得这个事算了,不搞了,你想想你卖一个亿的产品得下多大力度,要写多少标书,找多少关系,一定要锲而不舍。

融资是马拉松,有融资需求,就今年融,明年融,后年还融。但是所有的回过头来,又回到第一条,一定产品要好,把企业做好,加上你的锲而不舍,我们相信企业家就有很大概率能够拿到融资。

用好董秘

提起董秘,对于从未接触过资本市场的企业家来说,还是有一定神秘感的。有些企业家甚至都不太明白"董事长秘书"和"董事会秘书"的区别是什么,这也可以理解。董秘这个职务,只有接触了资本市场,才能领会其重要性。内行人都知道,一个好董秘往往可以给企业加分不少,董秘的重要性再怎么强调都不为过。董秘是上市公司以及新三板挂牌公司除了董事长、总经理、财务总监之外的最重要职位,这几位高管也通常被称为企业的"四大金刚"。

2016年9月初,股转系统为规范市场、提高挂牌公司治理水平,下发了相关文件对董秘资质提出明确要求,创新层公司的董秘必须通过股转系统组织的资格考试,这必将使得新三板董秘从原来的业余化转向更为专业化,也必然导致董秘们需要不断强化自身知识,不断在业务上精益求精。为什么股转系统如此重视董秘?因为,董秘是企业公司管理与资本市场事务的重要枢纽,股转监管要求从严也是必然趋势,实际上也是规范新三板市场的重要一环。

1. 董秘的职责

上市公司也好，新三板挂牌公司也罢，都是公众公司。要维持一个公众公司的身份，就要保证不违规，不处罚；此外，作为公众公司，关键是要享受公众公司的红利。而董秘这个职位就是从这两方面来帮助公众公司的。这两方面的工作事务，其实频谱非常宽，战略、运营、法律、财务等方方面面都会接触到，属于交叉学科。

股转发布的新三板董秘管理办法，对董秘职责进行了界定，第一部分就是信息披露，第二部分就是公司治理，合规运作。但比较一下上交所和深交所的董秘管理办法会发现，上交所和深交所对于董秘的职责规定除了信息披露和公司治理、合规运作外，还有非常重要的方面，就是帮助公司筹划资本市场再融资和并购重组。

因此，董秘的工作职责分为两部分：一部分是信息披露、合规运作、公司治理为主的事务型工作，这类工作的工作特征是标准化、流程化；另一部分是再融资、并购重组这些与资本运作相关的工作，属于战略性工作。

信息披露、合规运作是董秘的基础性工作，董秘需要熟练掌握法律法规、业务规则，随时保持跟监管层的沟通。这部分工作要求严谨、细致，董秘要具备扎实的文字功底，因为投资人会通过"公告"这个窗口从侧面判断这家公司董秘是否靠谱，从而判断这家公司是否靠谱。

在事务型工作做好的基础上，董秘就需要协助董事长、总经理做好商业模式的梳理、优化与迭代，以及战略规划目标的制定，确定实现战略规划目标的方案和路径，从而想办法整合各种资源帮助企业顺利定增，顺利融资，顺利开展并购重组，确保公司能够享受到公众公司红利。一个优秀的董秘一定要具备战略思维，不能仅仅从董秘角色思考问题，还要从董事长角度思考问题，从全公司、全行业、全球的角度思考公司业务发展的问题，提出战略性、有价值的方案和建议。

在融资方面，董秘也有许多具体的工作可以做：

价值挖掘和传播：董秘要有意识训练自己在非常短的时间内将公司的行业、成长空间、"护城河"、公司战略、资本规划提炼出来并且都讲清楚。通过一份BP，一次路演就让投资人迅速地对公司产生深刻印象。

分析投资者数据：作为董秘，要清楚掌握自己公司股东的情况，经常对比不同时期的股东名册，分析是否有新增股东，是否有大量减持股东等，一旦股价产生异常波动，可以迅速找到原因；对于潜在投资者，要善于分类管理，对投资者的地域、投资偏好、案例、资金管理规模进行整理，以便未来融资的时候精准地进行沟通。

投资者关系日常维护：日常及时向投资者推送公司的最新发展动向，保持投资者对公司的关注度，让投资者看到公司正在有条不紊地按照战略布局的方向在发展；在与投资者沟通的过程中，要注意信息披露的尺度，未经公告的重要信息、财务数据等不能随意透露给投资者，也不能轻易对投资者做出任何承诺；酒香也怕巷子深，董秘需要经常在社交平台刷脸，保持一定的市场关注度，才能让更多投资者认识公司，记住公司；注重与分析师的沟通，不仅仅是单向的企业价值传播，分析师也会给董秘回馈他们对行业的研究、对市场的看法，这些建议对公司的发展非常有价值。

媒体关系管理：董秘既要确保公司正面消息的传递，又要防止企业负面新闻的爆发。日常注重维护与传统媒体、自媒体、网络意见领袖的关系,既要突出重点,又要兼顾一般。对待记者的日常采访需积极回应。

董秘还要积累并整合与资本市场相关的各种资源,并想办法链接,实现资源的变现,为企业创造价值。同时培养对企业发展坚定的支持者、坚定看好公司的价值投资者,尤其是在企业有困难的时候能够一起前行,这是非常重要的。

2. 董秘的重要性

董秘用得好,企业价值可以最大限度地得到发现。在资本市场上,衡量企业价值主要看总市值。先引入一个公式,市值=净利润×市盈率,简言之,影响公司市值的因素有两个:净利润和市盈率。

第一是看净利润,影响净利润大小的第一个方面是企业的商业模式,从这个方面来说,企业是否赚钱,是由老板决定的,这个道理放之四海皆准。但是企业上市或挂牌新三板后,这个情况就发生了变化。登陆资本市场后,商业模式可以改进,也可以改变,在这个变化中,董秘可以发挥很大的作用。

对净利润影响的第二个方面体现在对资源的调动能力,这个能力的体现主要包含三个方面:(1)董秘对于企业知名度的扩大能起到多大作用,每个董秘是不一样的;(2)对资金调动能力的大小直接影响了利润大小,比如定向增发、发行企业债、优先股等,这方面的能力也体现了董秘对净利润的影响。当然还有并购,在并购方面能给企业带来多大的影响,这个是非常关键的;(3)企业净利润大小和管理优劣也有很大关系,管理最核心的问题就是调动员工积极性,用行业术语来说就是员工绩效激励是否有效,员工绩效激励的重要一条就是股权激励，董秘对于员工股权激励设置是否有效，也会对企业的净利润产生重要影响。

第二是看市盈率。市盈率受三方面影响：（1）行业不同，市盈率不同；（2）市盈率受市场整体行情影响，比如，2015年初新三板爆发，那个时候的市盈率普遍高估；（3）调整系数，这个调整系数因企业而异。如何理解呢？比如再好的行业也有差企业，再差的行业也有好企业。再比如，如果董秘对公司所在行业能够清晰描述和把握，也会给市盈率增加一些调整系数。

因此，登陆资本市场后，董秘对于企业的重要性不言而喻。如何培养董秘，用好董秘，让其最大限度地挖掘、推广企业价值，是每个企业家融资的必经历程。

附：新三板企业融资路演的8个锦囊妙计

作者系洞见资本创始合伙人　杜明堂

2013年全国股转系统扩容之后，中小企业迎来了对接资本的窗口期，一时间上万家企业规范挂牌，但是很多企业并没有如预期实现自己的融资发展梦。我们洞见资本研究院统计发现，过去五年来，新三板企业一共实现股权融资近5000亿元，最近两年平均每年实现融资1300亿~1400亿元，还是一个不小的规模。由于工作的关系，我们在过去几年中帮助大量的优质企业融资路演和投资人交流的过程中，也发现了很多问题，我们总结了8个方面。

融资（Financing）指为支付超过现金的购货款而采取的货币交易手段，或为取得资产而集资所采取的货币手段。广义的融资是指资金在持有者之间通过流动以"余"补缺的一种经济行为，这是资金双向互动的过程，包括资金的融入（资金的来源）和融出（资金的运用）。狭义的融资只指资金的融入。

路演（Roadshow）最初是国际上广泛采用的证券发行推广方式，指证券发行商通过投资银行家或者支付承诺商的帮助，在初级市场上发行证券前针对机构投资者进行的推介活动。发展到现在，路演已经不仅仅是为了发行新股而进行的推介活动。现在资本市场盛行企业和项目路演，在中小企业融资过程中，路演已经成为一种必要的宣传、推介手段。企业可以通过这种方式很好地展现自己，跟投资人直接交流。

（1）准备一份适当的商业计划书。

路演一般都是有时间限制的，针对大中小企业不同的路演类型，给每个企业展示的时间可能在5~20分钟。那么企业一定要注意，需要根据不同类型的路演来设计呈现自己的商业计划书，10分钟的路演一般BP建议不要超过20页；人数过多，比如100人以上的场合建议文字不要太多，字号不要太小。

（2）商业计划书BP一定简而精。

路演的PPT一般以简单明了的图表、数据表达，辅助配以一些简短的总结性、强调性的量化文字。切忌按照密密麻麻的大段大段文字，照本宣科。路演的时候更多东西需要演讲人去自己讲出来，而不是写在PPT上让投资人费劲地去看，更不要一字一句地去念PPT。例如，现在市场上经常会有各种互联网企业产品的发布会，这些发布会用的PPT往往以图片或简短文字的形式展现，给人的感觉都是比较直观、有冲击力的，可以吸引投资人的注意力和关注点。

第七章
打铁不忘自身硬

（3）讲一个有逻辑、有感情的故事。

一个成功的路演更多的是情感的表达、传递，像讲故事一样，把企业过去的、现在的、未来的成长故事讲给投资人听。故事能不能听懂，好不好听需要演讲人把握好这十几分钟的逻辑和感情。往往路演时，需要企业家本人亲自上阵，因为他对自己的企业最了解。但是大多数中小企业的企业家属于业务实干型，做起事来是专家，在融资演讲方面没有太多的经历和经验，突然在一个正式的场合面对众多投资人一般都会紧张，逻辑很容易混乱。举一个例子：比如一些创新的项目，可以按照 Why—What—How—Who 来讲。

（4）选择一个合适的演讲人。

企业家自己上台是最好的选择，不管是哪个阶段的企业，建议由企业家本人来进行路演展示。作为企业的核心人物，创始人是企业的灵魂，能把握企业的发展方向。中小企业的大多数企业家都是创始人，一手将企业操办起来。像孩子一样培育起来的企业，他是最懂的，最有体会的，最有感情的。企业创立的渊源、使命、发展的历程、未来的战略等跟企业家紧密相连。

（5）说出痛点，讲出亮点。

讲故事要有亮点，观众才喜欢听。如果企业的产品是切实解决用户的某些痛点、需求，最好强调出来。投资人对路演已经司空见惯，看过的项目不计其数，如果企业家能在路演最开始时3~5分钟之内把自己企业的亮点提炼出来，吸引投资人眼球，那投资人对你整个项目的兴趣会大大提升。企业可以结合所在行业的特点来突出企业优势，可以从产品技术、核心团队、行业前景、商业模式、财务成长等方面来讲。比如在高科技行业，你的技术领先，比竞争对手强大，这就是最大的亮点，这部分一定要放在路演的最开始时讲，一下子吸引投资人。

(6) 对所在行业的了解要比投资人更多。

作为企业家你需要对行业有更多了解，才足以打动投资人，投资人通常对各自关注的行业有比较全面的了解，但对于细分行业未必了解得那么透彻。一般在路演时，你讲到行业的时间是有限的（建议1分钟左右），所以不要上来就大谈产业概念、追风口，这些投资人比你更清楚。切实地讲出所处行业的现状痛点是怎么样的？你处在什么阶段？链接的上下游是哪些？进入壁垒是什么？市场上有哪些竞争对手？你和他们的区别？行业的利润率以及未来成长空间如何？

(7) 突出团队优势，尤其核心人物。

在路演时，演讲人要尽可能突出你团队的优势，可能没有太多时间让你去细讲每一个团队成员的背景、从业经历，那么就把最核心的，与企业竞争力紧密相连的讲出来，比如最核心人物的经历，团队里有什么样的资源？能解决哪些问题？不要简单罗列公司人员构成或者把简历直接粘上去，然后对着PPT去念，用简单的图、词句呈现到商业计划书中，更多是靠演讲把团队的故事讲给投资人。

(8) 不要说假话空话，要务实。

路演不只是展示你的企业，也是展示企业家本身，大家切记路演不是炫耀和吹牛来了。所以在路演的时候，我们强烈建议两句话最好出现一个数据，数据化、逻辑化地去呈现。关于技术，有些企业家喜欢说第一、全球领先，也许你真是全球第一，也别这么说，哪怕谦虚点说能达到目前全球领先水平。千万别小看投资人的能力，

第七章
打铁不忘自身硬

他会关注你，一定是了解你的行业的；关于竞争对手，千万别说没有对手，我们接触的企业，有些人上来就说我们没有竞争对手，如果真这么厉害，你还需要出来兜售吗。千万别说你要成为下一个谁谁谁，你要成为行业第一，这些不切实际的幻想，对于投资人来讲毫无意义，你是什么样，路演下来投资人对你基本就有判断了。关于情怀，千万别讲这两字，投资人听过太多了，什么情怀、什么初心，这一部分可以放在以后尽职调查中去聊。毕竟投资人要从口袋掏钱给你，不是来听你讲情怀的。

中小企业融资路演是一个很好的敲门砖，通过专业细腻的路演交流能够吸引投资人去公司尽职调查。但是我们发现，现在很多新三板企业由于没有专业的准备，随意去路演，本来在投资人面前还有一定的神秘感，结果由于路演效果平平，反而失去了最佳的机会，最终未能获得投资人的芳心。

第八章

车到山前必有路

第一节 "三类股东"不是洪水猛兽

怎么就成了问题?

所谓"三类股东"是指契约型私募基金、资产管理计划（主要指基金子公司和券商资管计划）和信托计划；"三类股东"企业是指直接或间接投资人中含有"三类股东"的企业。"三类股东"投资新三板是没有政策障碍的。2015年10月16日，新三板发布《机构业务问答（一）——关于资产管理计划、契约型私募基金投资拟挂牌公司股权有关问题》，明确基金子公司资产管理计划、证券公司资产管理计划、契约型私募基金可以投资拟在全国股转系统挂牌的公司的股权。

"三类股东"之所以成为问题是跟 IPO 联系在一起的。在没有 IPO 的情况下，"三类股东"的合法合规性不用怀疑，可一旦纳入

IPO 的生态，"三类股东"就变成了一个棘手的问题。棘手主要体现在什么方面呢？

大家先回顾一下 2017 年 3 月 16 日，上交所麾下公众号对于这个问题的一个官方回复："对于信托计划、契约型基金和资产管理计划等持股平台为拟上市公司股东的，在 IPO 审核过程中，可能会因存续期到期而造成股权变动，影响股权稳定性。因此拟上市公司引入该类平台股东时应在考虑股权清晰和稳定性的基础上审慎决策。"结合这个官方说法，咱们来看看"三类股东"和一般股东有啥区别，为何形成了与 IPO 的矛盾。

1. "三类股东"是典型代持

根据《中华人民共和国信托法》的表述，信托是指委托人基于对受托人的信任，将其财产权委托给受托人，由受托人按委托人的意愿以自己的名义，为受益人的利益或者特定目的，进行管理或者处分的行为。"三类股东"现实中对外开展业务确实需要以管理人身份，比如进行工商登记时都以管理人或者受托人名义进行。根据过往 IPO 案例，这类代持关系除了披露外，还需要还原，但是资管计划显然难以还原。

也就是说，即使有披露，也需要还原，而资管计划的还原很难，里面有可能包含了成千上万的投资人，而这些投资人可能只有一部分投资了新三板企业的股权。这种情况，即使穿透核查，仍然查不到资金池背景。"三类股东"可能导致关联关系、股份代持、资金池、多个产品层层嵌套、PE 腐败等问题。

2. 核查缺乏第三方证据

无论是公司制还是合伙制，由于有工商登记，也有组织机构代码证、税务登记证，所以，股东或者合伙人信息可以采集第三方证据，比如打印一个工商信息比律师写一万字都有效，用这个信息去核查关联交易、同业竞争显然容易得多。但是"三类股东"不具备法人资格，没有工商主体，存在确权困难。仅靠双边协议约定，缺乏第三方证据。

打个比方，受托人可能有多个产品，上万名客户，是否有潜在关联方根本无法查证。根据这一轮财务核查的动作来看，如果无法取得有效的第三方证据，说清楚这件事太难了，跟真实与否无关，堪比一场推理破案。谁叫上会企业都先被认为是"坏蛋"，然后需要找无穷多好人证明自己是好人呢。

3. 税收

没有工商主体，税收也是个敏感话题。这算一个潜在问题，目前各类资管计划税收约定不明，但是公司制、合伙制是需要按期报税缴税的。

4. 股权结构不稳定

"三类股东"有期限的限制，会导致拟 IPO 企业股权结构不稳定。比方说，这边企业 IPO 还在排着队呢，结果企业自己某个"三类股东"产品要到期了。当然，这种情况最好是延期，但万一由于种种原因就是延期不了呢？这明显不利于企业股权结构的稳定。

IPO 的尴尬

1. A 股与新三板的监管思路是有冲突的

新三板八成是机构投资者，所以从股转系统的角度来看，"三类股东"的引入对于市场资金的扩充和交易的活跃都是有帮助的。而A股八成是散户，"三类股东"如此复杂的历史出身引起证监会的警惕也不无道理。"三类股东"体现了开放和保守两种监管思路的冲突。

2. 传言满天飞

根据统计，含有"三类股东"的申报排队企业，排位次序进展缓慢，业内传言不一。很多企业"三类股东"清理完成不了，中介机构不同意给申报材料。即便企业愿意清理"三类股东"，"三类股东"自身不愿意退出或者开出远高于市场的价格，更有甚者，专门有机构以"三类股东"身份小额买入，然后敲诈企业老板高价回购。为了避免"三类股东"的出现，很多企业纷纷在新三板上退出做市转让方式，使本来就流动性堪忧的新三板市场雪上加霜。

3. "三类股东"问题涉及层面广

"三类股东"问题的复杂程度涉及政策层面、法律层面和合规层面。就政策面而言，股权投资基金能不能参与证券投资基金的投资范围，这个上面没有定论；就法律层面而言，《中华人民共和国证券法》和《中华人民共和国公司法》需要结合最新的形势进行修订，这些法律当时设立的时候还没有出现"三类股东"和股东超200人的问题；就合规层面而言，有些"三类股东"能否完成备案都是存疑的。存在这么多层面的一个复杂问题，指望证监会一个部门就给解决了，也是不现实的。

4. 证监会的最新回复

一是基于《中华人民共和国证券法》《中华人民共和国公司法》和IPO办法的基本要求，公司的稳定性与控股股东和实际控制人的明确性是基本条件，为保证拟上市公司的稳定性、确保控股股东履行诚信义务，要求公司控股股东、实际控制人、第一大股东不得为"三类股东"；二是鉴于目前管理部门对资管业务正在规范过程中，为确保"三类股东"依法设立并规范运作，要求其已经纳入金融监管部门有效监管；三是为从源头上防范利益输送行为，防控潜在风险，从严监管高杠杆结构化产品和层层嵌套的投资主体，要求存在上述情形的发行人提出符合监管要求的整改计划，并对"三类股东"做穿透式披露，同时要求中介机构对发行人及其利益相关人是否直接或间接在"三类股东"中持有权益进行核查；四是为确保能够符合现行锁定期和减持规则，要求"三类股东"对其存续期作出合理安排。

5."三类股东"的核查界限

2017年9月21~22日保荐代表人培训（发行专题）资料中，有一节为"三类股东"清理重点关注事项，对一直广受争议的"三类股东"问题明确了核查边界，其中关于"三类股东"的核查界限归纳如下：

设立的合法性：是否依法成立，是否按照有关规定办理了登记备案。

法律关系建立合同的有效性："三类股东"是依据合同建立，相关合同的有效性是赋予资产管理人代表资产委托人处分委托资产并行使股东权利的前提。

规范运作：是否存在越权交易、日常运作及信息披露是否规范。

资金来源的合法性：是否设计通过委托、信托或其他安排代他人持有相关权益，资金来源是否合法合规，是否存在权属纠纷。

核查关联关系：确认委托人真实、适格，防止不适格主体通过"三类股东"进行规避。

第八章
车到山前必有路

核查资产管理人管理的其他产品：关于"三类股东"与其管理人和管理人名下的其他产品的关系，核查是否存在利益输送或利益冲突。

核查影响股权结构的权属纠纷和潜在纠纷：是否存在纠纷或潜在纠纷，是否可能对拟上市公司的股权结构或股东权属状态产生不利影响。

历史上的成功案例

1. 由资管计划作为间接股东的案例

在 2016 年 12 月 2 日的发审会上，南京海辰药业股份有限公司（首发）获通过。其中"三类股东"的情形如图 8-1 所示。

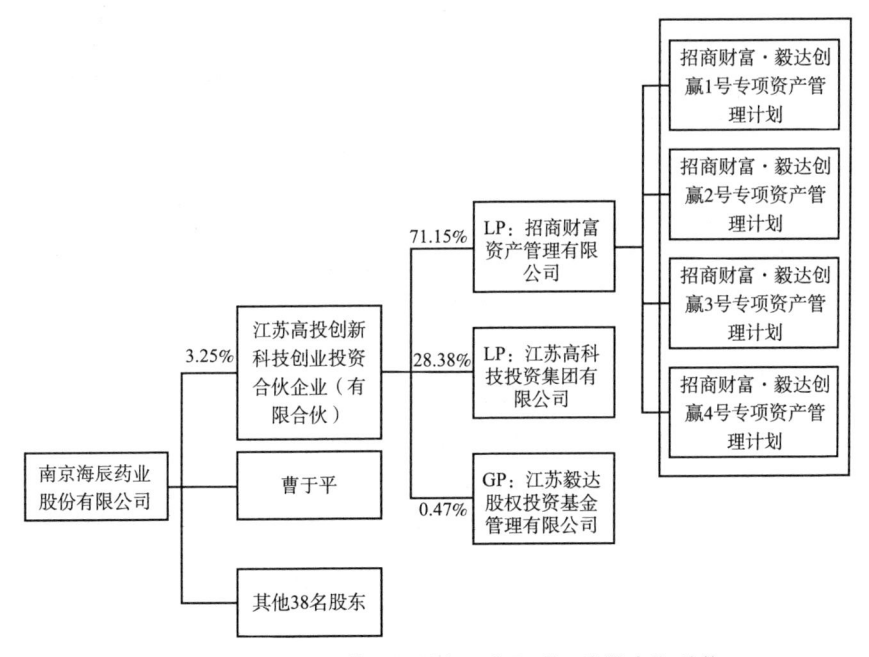

图 8-1 南京海辰药业股份有限公司"三类股东"结构

注：本案中，招商财富以四个资管计划成为江苏高投创新科技合伙企业的 LP，由合伙企业投资南京海辰药业，资管计划是间接股东，合伙企业是直接股东

资料来源：南京海辰药业股份有限公司招股说明书，中国证监会官网，由力鼎资本整理

237

2. 由契约型基金作为间接股东的案例

2017年3月13日，创业板发行审核委员会第19次发审委会议召开，长川科技首发获得通过。其中"三类股东"的情形如图8-2所示。

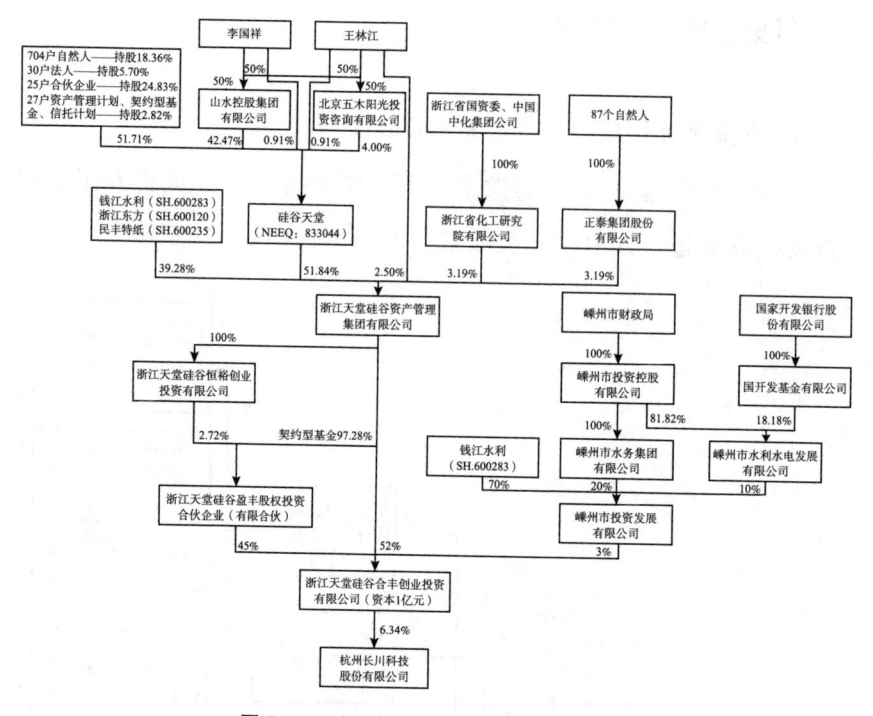

图 8-2　长川科技"三类股东"结构

注：本案中，由天堂硅谷管理的契约型基金作为天堂硅谷盈丰股权投资合伙企业的LP，有限合伙企业再投资天堂硅谷创业投资公司（公司制），最后由该创投公司投资长川科技。在这里，契约型基金已经是股份公司上穿第三层的股东。

资料来源：杭州长川科技股份有限公司招股说明书，中国证监会官网，由力鼎资本整理

3. 由信托计划作为间接股东的案例

时间追溯到2010年，郑煤机主板上市，披露了由信托计划作为

第八章
车到山前必有路

间接股东的情形（见表 8-1）。

表 8-1　　　　　　　　　　间接股东情况

股东名称	股权比例（%）
百瑞信托有限责任公司	60
深圳市创新投资集团有限公司	40

资料来源：郑州煤矿机械集团股份有限公司招股说明书，中国证监会官网

百瑞信托有限责任公司投资郑州百瑞创新资本创业投资有限公司的资金来源于"郑州创业投资集团资金信托计划"，该计划由郑州市人民政府与百瑞信托有限责任公司共同设立，各自分别出资 3000 万元；上述信托计划的实际出资人为郑州市财政局和河南中信中原置业有限公司，各自分别出资 3000 万元。

本案中，由百瑞信托设立郑州创业投资集团资金信托计划，由信托计划投资百瑞创新资本创业投资公司（公司制），再由百瑞创新资本直接投资郑煤机。

由上面三个案例可见，我们可以查阅的包含"三类股东"过会的案例主要局限在"三类股东"作为间接股东层面，从直接持股主体来看，监管部门还是偏向股权更稳定的公司制和合伙制。

但是真的就没有"三类股东"作为直接股东过会的案例吗？非也，在更久远一些，笔者读到过这样一个案例：

4. 集合信托计划作为直接股东的案例

2007 年，北京银行在主板首发上市，披露了这样一个持股股东：外贸信托公司通过"北京市商业银行股权投资集合资金信托计

划"以信托方式持有本行236842105股股份,每股价格1.9元。该信托计划资金规模为4.5亿元,于2004年8月11日成立,期限为一年,目前已有条件延期至2008年8月11日。截至2007年7月30日,外贸信托公司作为委托人和优先受益人享有2.5亿元信托资金对应的优先受益权;北京荣丰房地产开发有限公司作为劣后受益人享有1.15亿元信托资金对应的劣后受益权;上海宫保投资管理有限公司作为委托人和劣后受益人享有0.85亿元信托资金对应的劣后受益权。①

本案中,外贸信托通过设立规模高达4.5亿元的结构化"北京市商业银行股权投资集合信托计划",由信托计划直接持有北京银行股权,这是在笔者多年记忆里不多见的由"三类股东"作为直接股东并被批准发行上市的案例。不过这个案例也不能说明什么,情况特殊,当中有更高级的主管部门的意见,不信,请看北京银行披露的另外一个特殊性:

(1)发行前股东户数情况。

截至本招股书出具日,本行股东总户数为24338户。具体情况如表8-2所示。

表8-2   股东情况

股东类别	股东户数(户)	占总户数比例(%)	持股数量(股)	占股份总数比例(%)
法人股东	721	2.96	4297795486	85.48
自然人股东	23617	97.04	729766395	14.52
总计	24338	100	5027561881	100

---

① 资料来源:北京银行股份有限公司招股说明书,中国证监会官网。

（2）发行前后公司的股本情况。

本次 A 股发行前，本行总股本为 5027561881 股，若本次发行 A 股 1200000000 股，则本次发行完成后本行总股本不超过 6227561881 股[①]。

于新三板的意义

有"三类股东"的公司到底能否顺利到 A 股 IPO？虽然看似一个小问题，但是如果这个问题不解决，影响却十分巨大。发展新三板需要大力引入机构投资者，机构投资者的主要投资工具是所谓的"三类股东"，"三类股东"参与的企业不能顺利 IPO 将构成一个新三板健康发展的"不可能三角"。

1. 发展新三板必须壮大机构投资者

新三板被公认为是中国多层次资本市场的重要组成部分，企业供应方主要是中小微企业，资金供应方则被定位为机构投资者。应该说在过往的两年中，新三板在中小微企业融资方面成绩是很显著的。

2. 机构投资者主要的投资工具是契约型基金，统称"三类股东"

目前，新三板的机构投资者构成中，除了有极少数的产业资本外，私募股权投资机构、券商（含做市商和资管）、公募基金子公司是最主要的力量，而私募机构、券商、公募子公司设立的基金多数以资管计划的组织形式存在，也即通常所称的"三类股东"中的两类：契约型私募基金和券商、基金的资产管理计划，信托计划目前

---

① 资料来源：北京银行股份有限公司招股说明书，中国证监会官网。

占比很低。在这个意义上，可以讲"三类股东"是三板最主要的机构投资者，资管计划模式是三板机构投资者最为普遍的基金组织形式，尤其是券商和公募，几乎只能采取契约模式。可见"三类股东"在新三板的地位是很重要的。

3. 私募股权基金最主要和收益最高的退出模式是 IPO

尽管专家口诛笔伐，鼓吹私募机构不要过分追逐 IPO；尽管书本上讲私募可以有 IPO、被并购、回购、企业清算等多种退出形式，但谁都不能否认，IPO 是私募股权投资退出的最主要方式，也是获利水平最高的方式，是私募基金获得较好回报的最佳形式，是社会资本追随私募机构的主要理由之一。

伴随着 IPO 加速，新三板转板策略成为目前市场上认同度最高的策略，大量场外资金都是认同这个策略才试探性进入新三板市场的。在今天这个时点，可以毫不过分地讲：Pre-IPO 的题材是新三板融资定价之锚，Pre-IPO 的火也影响到 Pre-Pre-IPO，形成了新三板特有的估值体系。

4. 使企业融资难上加难

从企业的角度看，按其资本运作的进程来看，可以分为三种：

（1）本身融资很难的，融资的时候还要拒绝"三类股东"，融资就难上加难。

（2）对于优秀企业，融资顺利，但因为"三类股东"与 IPO 的矛盾，就不能大肆宣传，大范围地接触投资人，只能低调进行，这就形成了企业发展与投资人接触的一个悖论。有人打了个很形象的比方，叫作"偷偷进村，打枪的不要。"其实任何产业，任何企业都是有生命周期的，或者叫时间轴，如果企业处在上升通道时能恰逢资本市场的助力，那么对企业的发展无疑是巨大利好。但假如身处上升通道，对来自资本市场的资金还要仔细甄别，谨慎挑选，无疑是一种遗憾。

（3）进入IPO企业，无论是否清理，都会因为"三类股东"而十分焦灼。

5. "三类股东"问题解决不好对新三板影响巨大

如果传言中的"三类股东"参与的企业不能顺利实现IPO，将在下面两个维度严重影响新三板市场的活跃和发展：首先，以券商和公募基金子公司为代表的机构投资者入市步伐大大放缓，使新三板供求状况更加失衡，影响就绝对不仅仅是这类投资者；其次，新三板具备转IPO的优秀公司中存在"三类股东"的情形非常普遍，这类Pre-IPO哑火，不光会压低新三板整体估值，成交量也会大大下降，使新三板的流动性状况更加举步维艰，一定会大大影响千万家企业的融资。

新三板是中国多层次资本市场的重要组成部分，承载着国家经济转型的众望，也肩负着扩大直接融资比重、扶植中小微企业发展的重任，"三类股东"问题解决得好与不好，会直接关系到这些职能的发挥和完善。"三类股东"在合法性上是没有问题的，只要监管部门作为，在合规的层面就能妥善解决这个问题。让新三板成为苗圃和靓丽风景，各方面的补丁需要尽快打上，好让我们的企业家把主要的精力用于企业发展，而不是面对"三类股东"望洋兴叹。

好消息是，2018年3月13日，文灿股份成功通过IPO发行审核，成为新三板企业中首家直接携带"三类股东"过会的企业，终于实现了零的突破。

第二节 如何用好新三板可转债

内涵及优势

2017年9月22日，上海证券交易所、全国中小企业股份转让系统有限责任公司、中国证券登记结算有限责任公司制定了《创新创业公司非公开发行可转换公司债券业务实施细则（试行）》。新三板挂牌企业又多了一个融资工具，众多投资机构也多了一个对小企业的投资工具，非常值得认真研究。

本实施细则并非空穴来风，事实上，7月4日，中国证监会发布了《中国证监会关于开展创新创业公司债券试点的指导意见》，提出：为落实国家创新驱动发展战略，完善债券市场服务实体经济模式，支持创新创业，现就上海证券交易所、深圳证券交易所开展创新创业公司债券试点提出本指导意见。

1. 发行主体

指导意见中明确：创新创业公司债的发行主体，是指符合条件的创新创业公司、创业投资公司。

创新创业公司，是指从事高新技术产品研发、生产和服务，或者具有创新业态、创新商业模式的中小型公司。创新创业公司发行创新创业公司债，应当就本公司创新创业特征作专项披露；债券承销机构应当依据以下规范性文件进行审慎筛查，就发行人是否具有创新创业特征发表明确意见：

（1）国家战略性新兴产业相关发展规划；

（2）《国务院关于印发〈中国制造2025〉的通知》及相关政策文件；

（3）国务院及相关部委出台的大众创业万众创新政策文件；

（4）国家及地方高新技术企业认定标准；

（5）其他创新创业相关政策文件。

指导意见同时指出，试点初期，重点支持以下公司发行创新创业公司债：

（1）注册或主要经营地在国家"双创"示范基地、全面创新改革试验区域、国家综合配套改革试验区、国家级经济技术开发区、国家高新技术产业园区和国家自主创新示范区等创新创业资源集聚区域内的公司；

（2）已纳入全国中小企业股份转让系统（新三板）创新层的挂牌公司。

所以，新三板创新层企业直接被划入重点扶植的范围。这次出台的实施细则的差异在于，根据指导意见的文字理解，发行创新债的公司不限于三板创新层企业，但是如果是新三板挂牌公司发行可转债被限定为必须是创新层公司。

《创新创业公司非公开发行可转换公司债券业务实施细则（试行）》第四条规定：发行人为全国中小企业股份转让系统挂牌公司的，可转换债券发行时，应当属于创新层公司。上交所确认其是否符合挂牌转让条件时，向全国股转公司征询意见。

2. 具体安排

在具体制度安排上，指导意见明确：非公开发行的创新创业公司债，可以附可转换成股份的条款。附可转换成股份条款的创新创业公司债，应当符合中国证监会相关监管规定。债券持有人行使转股权后，发行人股东人数不得超过200人。新三板挂牌公司发行的附可转换成股份条款的创新创业公司债，转换成挂牌公司股份时，减免股份登记费用及转换手续费。

所以，被三板人广泛诟病的发行前不超过200个股东，转股后不超过200个股东的要求，并非来自实施细则，而是更高级的指导意见的明确要求。

3. 优势

可转债工具相比辅以回购对赌的投资方式，优势还是很多的：

（1）可以给投资机构一个更长时间的观察期，考察企业的稳定性再决策进行转股与否；

（2）企业经营达到预期，可以直接执行转股，不受其他外部条件限制；

（3）企业业绩遇到波动时，估值调整（转股价格约定）和债券偿付更有法律保证；

（4）在司法实践上，投资机构即便与企业约定回购条款，法庭上通常支持的还是股东回购，不支持被投企业回购。但实际上中小企业的创业股东往往自身其他可执行财产不多，核心资产都在被投企业；所以，被投企业作为债务人资质更好，更具偿债能力，双方更易成交；

（5）股份回购很难安排信用增级，债券可以合法灵活设置保障条款，进行信用增级。

我国曾经的应用并不理想

1. 国外创投使用普遍

可转债工具在国外创投实践中使用普遍。中小企业经营稳定性差，创业者和投资者之间常有巨大的预期差，难以估值或者估值难以谈拢，所以可转债是一个非常实用的投资工具，在国外的小企业融资中也是一个比较普及的工具。

图8-3是笔者网上查到的资料：

美国创业公司中使用过可转债工具的百分比还是不低的，并且呈逐年递增的态势。

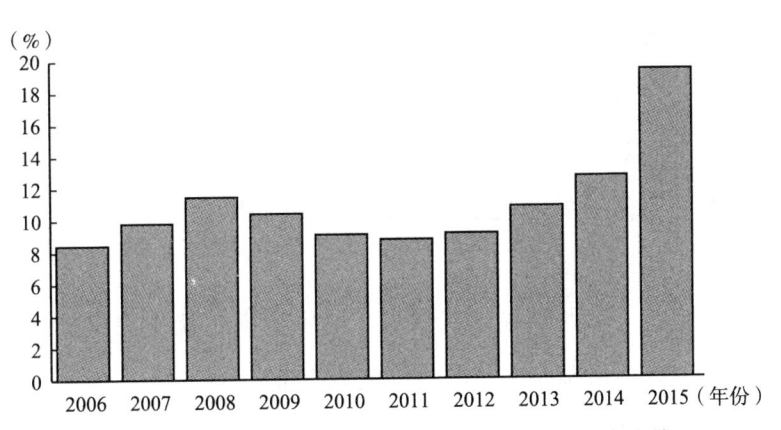

图8-3 美国创业公司中使用过可转债工具的公司占比情况

资料来源：Pitchbook Data

2. 我国投资机构很少选择可转债

在中国的投资实践中，很多机构和投资经理是有使用可转债这

一工具的冲动和需求的,但是实际落地却寥寥无几,思考下来可能有下面一些具体原因:

(1)债券在国内并不是个普通的工具。

在国内,除去政府债、金融机构债,作为企业法人可以使用的债券有两种:企业债和公司债。在监管体系上,企业债的发行审批隶属发改委,公司债的发行审批主要归证监会,无论是哪类债券,发行主体的壁垒都很高,中小企业望尘莫及。

(2)具体操作困难。

投资机构有以可转债方式投资企业的需求,但在具体执行上,却只能发放一笔借款属性的融资,附加约定锁定价格投资股份的期权协议,以达到类似可转债工具的效果。这个类转债融资行为在遇到纠纷时无论于股于债,都很难得到有效的保障。在转换成股份时,也缺乏自动执行路径,工商局只能以常规增资的方式进行审核登记,只要有任何一方不配合,这个操作都无法顺利兑现。即便各方都积极配合签字履约,地方工商局也很难完成此类"债转股"的登记,通常需要一笔过桥资金完成验资,再由企业以该笔资金偿还债务,从而增加了各方负担。

所以实践下来的结果,国内形成的主流模式就变成直接投资股份,然后辅以估值调整和回购约定完成投资。

3. 不能简单对标 A 股

对标 A 股的转债特性,新三板创新层的转债似乎很难成功。但是,笔者以为,转债就是转债,只是工具而已。A 股公司转债的特点只适合 A 股,并不是转债的全部,简单归纳 A 股转债特点进行推理的结果只能参考,不能照搬。

（1）A股转债的投资主体是债券机构为主，期待分享股价上涨的红利；新三板转债的投资主体应该是权益投资机构为主，希望借助转债安排锁定交易，降低风险。

（2）A股转债推动者是发行人（公司）和券商，面向社会发行；新三板转债的推动者应该是发行人（公司）和投资机构，大家已经达成投资意向，只是借助转债这一工具，券商更多的是在完成规定动作的基础上争取提供更好的附加值；当然并不排除高水平券商团队能够整体设计和安排融资。

（3）A股转债的期限长、票息低、转股溢价率高；新三板转债相比较而言预计期限短、票息高、转股溢价率低。

（4）A股转债持有者有交易冲动，新三板转债投资者应该降低交易冲动等。

可转债的意义

1. 对中小企业是个很好的金融工具

新三板创新层企业可以发行可转债，是一种金融工具的创新。金融工具是媒介，是有利于买卖双方的，特别有利于一方的工具不是好工具，因为偏袒一方的同时会阻碍另一方，不利于成交。公平的、容易消除双方分歧、促进达成交易的工具才是好工具。新三板可转债具备了这样一个功能。

本书前面的文章里已经说过，中小企业投资风险偏大，投资者和被投资对象对未来的成长前景、企业估值常存在巨大分歧，这些分歧不得到解决，双方就无法成交。我们常说中小企业融资难，其实不是市场没钱,是双方在风险、成本和收益预期上达不成共识。

经过美国半个多世纪的创投实践,风险资本形成了一套比较完整的控制风险、弥合投融资双方分歧的有效方法,并被中国投资者广泛借鉴和采纳,其中大家最耳熟能详的就是估值调整(俗称对赌)和回购。

但是在美国比较通用的对赌和回购在中国的投资实践中也有水土不服之处,比如:工商登记的规定、《中华人民共和国公司法》不支持被投企业回购等,这里不再赘述。

可转债恰恰可以比较好地解决这些问题:首先可转债是债,承债主体是实际收到钱的企业,债的约定比股东间的回购约定要清晰得多,债券违约的司法程序也简单得多。而转股价格约定其实就是双方基于未来业绩的一种对赌,做到了投资机构就转股,做不到要么调整转股价格,要么投资机构本息退出,这很公平,又有股转系统和交易所配合执行,省却了很多不确定性。同时交易所挂牌至少给了投资者流动性的想象,好的品种自然会有人关注甚至接盘。

综上,新三板可转债是非常好的工具,值得所有挂牌企业和投资机构研究采用。

2. 有很大的创新空间

新三板是个创新实验场,有些公司和机构属于没有条件创造条件也要做,以完成企业的战略梦想;有些公司和机构则是出了政策之后马上认真研究看可以怎么干;这是针对新规应有的态度,千万不要不关注,轻易漠视,有可能你就会跟一个好的工具失之交臂。

新三板创新层企业可以发行转债是个很大的创新,有不同的意义,给大家十八般兵器之外又多了一个受法律保护的工具,投资机构和挂牌公司都应该认真研究，积极尝试。对标 A 股特点，望洋兴叹的态度不可取。

当然，因为股东不能超 200 人的制度约定，也使该工具的使用受到一些限制，需要发行人和投资机构认真研究，在使用时可以附加一些其他特别约定，比如股东超过 200 人后的定增安排等，保证大家的权利义务对等。

同时大家也要认真研究股与债的不同，充分利用好债息可以税前列支，中小企业可以争取债券贴息等地方科技金融扶植政策等有利条件，支持企业快速发展。

前述《中国证监会关于开展创新创业公司债券试点的指导意见》也明确指出：支持和鼓励证券公司履行社会责任和行业责任，积极开展创新创业公司债中介服务，同时加强创新创业公司债理论研究和业务创新。包括但不限于：

（1）探索创新创业公司债增信机制创新。拓宽抵押、质押品范围，研究以发行人合法拥有的依法可以转让的股权，或者注册商标专用权、专利权、著作权等知识产权为创新创业公司债提供增信等措施；

（2）探索市场化手段有效防范和分散创新创业公司债信用风险。研究设置多样化的偿债保障条款，保持发行人偿债能力，包括控制权变更限制条款、核心资产划转限制条款、交叉违约条款、新增债务限制条款、支出限制条款等。

可转债实操建议

新三板转债细则出来了，肯定会有不少公司和投资机构会设计产品，完成融资。但是新三板挂牌公司的特点以及新三板自身的属性毕竟跟A股上市公司和交易所差异很大，新三板的转债不能简单复制A股，定制化色彩更浓，粗浅考虑，以下一些细节需要注意：

1. 利率和期限

新三板挂牌公司普遍体量小，抗风险能力差，所以转债票面利息肯定要高于A股。到底多高，对企业来讲，只要比自己常规债权融资成本低，都是可以接受的区间。对于投资机构来讲，通常应该比普通市场接受的回购利率略低，大家可以在这个基础上寻找平衡。

利率设计可以有弹性，也可以根据持有时间长短，给出不同利率区间，未见得一个利率到底。

为了融资顺利，公司可以考虑以自己的资产进行抵、质押，进行信用增级，这不但有助于发行顺利，还有助于降低利率。

A股转债流动性相对好，所以转债期限可以设置较长；新三板公司的私募债肯定没有这么好的流动性，所以期限也不宜太长，超过三年的转债就比较难发了。

2. 转股价格与转股价格调整

新三板很多公司不存在连续价格，简单仿照A股以交易价格平均价作为转股价格设计基准的方式显然不适合。所以以大家通常可以接受的PE法进行定价似乎更符合实际情况。

小企业短期偿债能力一般有限，所以设计转债的初衷应以积极推动转股为宜。除了设计除权除息等常规情形的转股价格调整（其实等于没调整）外，转债应该设置更灵活的对绝对转股价格进行调整的机制（这一点更像通常的对赌条款），保证投资机构有动力按市场当时的PE价格转股，而不是看着交易价格高于转股价格转股。

在以 PE 法定价的情形下，还可以考虑转股时点不同转股价格也不同，比如第一年转股是一个价格，第二年转股是另一个价格。这种情形 A 股是没有的，这样的设计可能更公允。

因为多了这种设计元素，其实对公司预测和规划未来经营数据的准确性要求更高了，想当然地拍脑袋更不可取。

3. 转股限制

由于规则规定超 200 人时无法进行转股操作，所以新三板转债的转股期权不是无条件的，是受限的，投资机构应该设置一些保护条款，保护自己以其他方式增资或者受让老股的权利。相应地，此种情形发生时，企业还应该设计一些债券提前终止还本付息的细节约定。

当然，投资机构为了防范此类风险发生，也可以在刚可以转股时就进行少量转股操作先成为 200 人以内的股东再说。

由这点想开去，如果此种情形发生，老股东身份会有套利可能吗？好玩！

4. 强制赎回

考虑到很多公司有未来申报 IPO 的打算，公司一定要设计强制赎回的条款，辅以必要的利息补偿措施。以保障自己有 IPO 想法时能够及时处理转债，保证股东和股权的稳定性、确定性。这一点很重要。

最后再次强调一遍：新三板不是深沪交易所，新三板挂牌公司不是 A 股公司，简单模仿 A 股转债条款要吃亏，销售前移、个性化、定制化才能把这个工具用好。

第三节　新三板企业要不要IPO

当下转板不现实

"转板"这个词也是来自刘士余主席的讲话，"能转板的就转板，不能转板的就在新三板绽放"。"转板"这个词只是刘士余一种形象的说法，各位新三板企业家不要当真。大家所期望的转板，应该是直接从新三板转板到A股的主板、中小板或创业板，简而言之，就是换个交易所。这种"直升机"式的转板在当下甚至是未来几年内，都不太可能。但媒体上又确实这么写过，"截至2016年春节前，有11家新三板挂牌企业转板成功，久其软件转板中小板，另外10家转板中小板。"这到底是怎么回事呢？

媒体提到的这些案例，这些企业转板的方式均为首次公开发行(IPO)，没有任何"绿色通道"，并不是真正意义上的转板。那些从新三板到IPO的企业，都是走的正常IPO流程：报上市辅导－IPO材料准备－证监会批准－新三板摘牌－主板/创业板/中小板上市。2017年大部分新三板企业申报IPO，也是走的这种正常途径。可见，并没有什么特殊的"转板通道"存在。

那么，为什么"转板"这个事实行起来难度这么大？

首先，从法律上看，目前《中华人民共和国证券法》这一基本法规定的企业上市的基本制度就是证监会审核之后交易所批准，直接转板显然违背这一基本理念。

其次，A股上市和新三板挂牌，对企业而言，实际是两套制度。A股的核准制，对于企业上市不光有门槛要求，发审委委员还要认真审核，判断企业未来是否有投资价值。而新三板挂牌并没有什么实质门槛，股转的审查也是形式审查而非实质审查，说白了，股转系统不会替投资者判断挂牌企业的投资价值。如果能直接转板，势必会严重冲击A股的核准制。

最后，新三板挂牌企业没有公开发行制度，股权没有经过充分稀释，直接转板不现实。IPO可都是要公开发行并将一部分股份出售给公众的。因此，要么，新三板内部进一步划分层次，规定最高层次的企业可以进行小型的IPO，创造转板条件；要么，转板的时候在交易所申请公开发行。但这又会涉及证监会和交易所监管权限划分的问题，与原有的制度相冲突。

因此，新三板和A股之间想真正建立"转板"通道，法律问题、监管问题、标准问题、程序问题等需要统一考虑，不能有任何纰漏。而这些都需要时间。

IPO的抉择

从市值管理和持续发展的角度，大传统的公司最应该马上转报IPO。前面已经分析过，小新兴和大新兴在三板也是有估值潜力的，随着时间推移，可能三板自由的制度更适合企业快速创新、融资和资本运作。但是大传统在新三板未必能有这个待遇，A股又是全球赋予大传统企业最高估值和最好流动性的市场，所以这类企业转IPO

有非常现实和合理的商业逻辑。适者生存，在一个市场得不到有效资源，努力去另一个适合自己的市场，是企业家的理性选择。

而且传统和创新从来不是完全对立的。传统中不断孕育创新，创新的产品和市场经过时间沉淀会归为传统，这非常符合中国的阴阳转换哲学。大传统企业中积聚了中国最为优秀的管理阶层，对这个阶层赋予适当资源，推动他们持续创新，这对中国是有莫大好处的。

就当下情况而言，新三板企业假如选择IPO，机遇有：

（1）IPO提速，"大发审委"平均每周的审核家数在11~12家，比以前的审核效率更高；目前IPO的排队大军中，大约有30%来自新三板企业，也许未来这个比例会更高。

（2）IPO集邮策略是当下新三板市场的主流投资策略之一，在该策略的影响下，大量新增资金进入了新三板市场，有Pre-IPO题材的三板企业估值是很有优势的，这个估值的定价基准自然也影响到了Pre-Pre-IPO企业，这是这个阶段三板特有的估值体系，拟IPO的新三板企业现阶段是有估值红利的。

（3）作为拟IPO企业，新三板企业天然也具备很多优势。首先，三板企业在挂牌后就经历了一个整改与规范的过程，财务数据也是透明的，挂牌新三板打下了很好的基础；其次，股转系统也发布了一个操作指引，把拟IPO三板企业在股转披露和申报IPO材料披露中不一致的地方进行了规范，进一步扫清了障碍；最后，由于三板企业辅导整改的时间成本和难度都会降低，各大券商也在争夺新三板上的市场份额，储备三板市场的拟IPO项目，为下一步的IPO市场份额打基础。

第八章
车到山前必有路

不过IPO也是有时间成本的，前面已经讲过，新三板转去IPO，需要重新排队。在历史上，IPO排队时间曾经有过从18个月到3年不等的超长时间，2017年以来IPO常态化后虽然时间大大缩短，但是考虑到摘牌、规范、辅导、申报，一年是最起码的周期。每家企业情况都不同，而且排队期间，一般不允许企业再次进行股本权益性融资，不允许改变主业，也不允许对外大比例投资。至于重大资产重组，更是在整个申报周期都很困难。

新一届大发审委上任后，过会率也在降低。最近的统计数据表明，在大发审委的严格把关下，IPO通过率不及六成。审核速度虽然不断加快，但审核的通过率却在下降。新一届"大发审委"狠抓公司细节问题，比如，持续经营能力、财务处理、合法合规、业绩真实性等。此外，关联交易问题、公司的内控制度问题和募集资金使用问题也成为被多次提及的事项。在新一届发审委深挖细节的审核风格下，任何细枝末节的问题都可能被提问。此外，"大发审委"对于企业净利润的规模依然有所要求，但关注度没有之前那么高，而是更加注重业绩的真实性和合规性，即使利润过亿的企业也照样被否。IPO不成功的风险还是非常大的。

前段时间，扶贫绿色通道能加速这个事被媒体炒得沸沸扬扬，不过笔者想提醒大家注意的是，到现在为止，除了个别案例，就平均数据来看，有扶贫概念的拟IPO企业似乎在时间上也没有快多少。这就牵涉出了监管层的一个原则，即，扶贫也不是法外开恩，在贫困地区的拟IPO企业也是要符合上市标准和监管要求的。换句话说，除非企业符合上市标准且不存在任何重大问题，那么绿色通道是能够提速的。

对于投资者而言，IPO 也是技术活，IPO 的准备和通过审核对大多数公司讲还是非常艰难的，伪 Pre-IPO 的项目很多，一定不要听风就是雨，也不要简单对照公开的发行上市准则寻找标的，公开规则很低，潜规则很高。

判断一家企业是不是真正打算 IPO，最好认真调研，判断其业绩未来能否达到 IPO 的要求，此外，企业的历史沿革，治理结构，尤其是企业家本人，需要重点考察。因为 IPO 期间会发生各种不可预见的问题，要看企业家有没有这个能力和魄力去解决。适当组合对冲是必要的，赌博则容易出闪失。除了极特殊情况，连三板都不愿意挂或者都挂不了的企业，就不要再谈 IPO 了，大概率是个骗子。

IPO 要极其重视内控问题

自 2017 年新一届发审委开始"大开杀戒"之后，不仅已报会在排队的企业噤若寒蝉，连准备报会的企业亦瑟瑟发抖，对申报望而却步，纷纷推迟申报基准日。细心的企业和中介机构从证监会不断披露的反馈问题中发现，"内控"这个字眼出现的频率越来越高，2017 年 80 多家被否企业中，有 26 家涉及了内控的问题。

1. 内控的通俗理解

内控，即内部控制，其实并非新鲜事物，大概在八九年前，证监会已经对上市公司提出了对内控核查的要求，要求中介机构主要是会计师事务所对企业内控出具内控报告。而如今，这把达摩克利斯之剑终于高悬在了拟 IPO 企业的头上，这使得不少准备申报的企业感到困惑和不适应。那么，究竟什么是内控？又如何做好内控呢？

第八章
车到山前必有路

首先，不妨先看官方的解释后，再做通俗的分析。由财政部会同证监会、审计署、银监会、保监会制定的《企业内部控制基本规范》，于2008年5月22日印发，自2009年7月1日起在上市公司范围内施行，鼓励非上市的大中型企业执行。该文第三条定义了内部控制：本规范所称内部控制，是由企业董事会、监事会、经理层和全体员工实施的、旨在实现控制目标的过程。内部控制的目标是合理保证企业经营管理合法合规、资产安全、财务报告及相关信息真实完整，提高经营效率和效果，促进企业实现发展战略。这个定义其实非常书面，句子较长，一眼望去，并不容易抓住要点，对于一些非专业人士来说，甚至很容易造成理解上的偏差。

笔者来做个通俗的"翻译"：实施者是全体，从上至下的每一个人，达到的目标是合法合规，资产安全，以及财报的真实完整。这对于那些拟申报IPO的民营中小企业管理者来说，就会很困惑，内部控制，当然是领导层来控制，为什么是全体呢？大多数民营中小企业都是家族企业或者是多年好友共同创业，在中国人的理念里，外聘管理人员的忠诚度永远没有血缘和亲情靠得住。我让媳妇管财务，让我妈管公章，大姨或者姑妈管人事行政，大学同学管销售，我二大爷管仓库，这么多年经营下来，管理得很好啊，控制住了日常经营没有违规违法，钱和货没有被偷，产品或者服务既卖出去也收回来钱，还找了审计师出了审计报告，天地良心啊，我真的没一点造假，你为啥说我没内控？

数千年来，人治的观念根深蒂固地扎根于中国人的心中，大家总是希望出现一位"明君"来实现长治久安，但天不遂人愿，明君也不能向天再借五百年，所以才会不停地朝代更替。而现代企业的治理恰恰与之相反，不能依靠"人治"，而要依靠"法治"。一家成熟的现代企业，是需要依靠制度让企业不依赖某一个人或某几个人依然可以长久持续地经营下去，而不发生任何重大的经营风险的。所以，我们回到了内部控制的参与者是所有人的问题，只有通过制度让所有人都参与进去，才使得每一个人都是可被替换掉的。只有通过所有人的参与，最终达到的控制目标才是稳定的、一致的和可持续的。

那么如何能让全员参与，又如何法治呢？《企业内部控制基本规范》里提出了五大"原则"：全面性原则、重要性原则、制衡性原则、适应性原则和成本收益原则。

（1）全面性原则。

内部控制应当贯穿决策、执行和监督全过程，覆盖企业及其所属单位的各种业务和事项。

（2）重要性原则。

内部控制应当在全面控制的基础上，关注重要业务事项和高风险领域。

（3）制衡性原则。

内部控制应当在治理结构、机构设置及权责分配、业务流程等方面形成相互制约、相互监督，同时兼顾运营效率。

（4）适应性原则。

内部控制应当与企业经营规模、业务范围、竞争状况和风险水平等相适应，并随着情况的变化及时加以调整。

（5）成本效益原则。

内部控制应当权衡实施成本与预期效益，以适当的成本实现有效控制。

说的都很"原则",也没有必要一一去详细解释,因为即使解释清楚了,企业家们可能也不清楚具体该怎么做,怎么去设计内控方案和流程,这是CFO和中介机构的工作,但是作为一个企业的当家人,需要了解这几个原则背后的大逻辑和大方向,那笔者就换个角度和方式来把内控的"原则"为大家解释一下。

2. 内控的三个层次

第一个层次,完整有效的内控制度。何谓完整?全员参与。何谓有效?有效又体现在两个方面:一是简化到每个人知道在规定时间完成规定动作,像流水线上的工人,在某个环节就一个规定的操作;二是互相制衡,互相复查,也是像流水线,上一个环节操作不到位,下一个环节的工人就无法继续安装,即使蒙混过关,也无法通过最终的质检。通过这两个方面来实现有效性,杜绝某个人员独立舞弊的可能性。这里的流水线,我们有一个更专业的术语,叫业务循环。企业的日常经营业务可以分为七大循环:采购付款循环、销售收款循环、生产与仓储循环、货币资金循环、固定资产循环、工薪与人事循环、投资与筹资循环。下面大概解释一下循环,拿销售收款循环举例,即从销售人员发现潜在客户到达成销售合同,进而发货最终收回货款的完整流程谓之销售收款循环。那么在每个循环当中,像流水线上有一个个的生产单位一样,有一个个的节点,每个节点需要执行相应的操作,还是拿销售收款循环举例,公司会有销售计划,会根据计划去维护老客户、开发新客户、签销售合同,下销售订单、发货、开发票、确认收入和应收账款,财务人员再定时要求销售人员催收货款直到最终货款收到。这么多节点,每个节点都不能由一个人想操作就操作，想完成就完成，签合同，要有销售员提交，由主管领导、销售经理审核；开发票，要有销售人员提出申请，负责开票的财务人员开具，还要有财务主管的审核。比照前文提出的"原则"来说，这个业务循环涉及的每个人都被这个制度所管理，又都在这个循环里的控制节点中发挥自身的控制作用，这才是一个完整有效的内控制度。这七个循环都应该有相应的内控制度，只有建立了这样的制度，才会让企业经营活动中所有的参与者知道，在规定的时间节点去完成规定的动作，对需要完成的动作负责，不做规定以外的动作，不能随意地自由发挥，这样，整个业务循环就不再依赖于某个人的个人能力或者忠诚度，完成了从"人治"向"法治"的转变。在很大程度上也解决了一些落后地区的企业找不到合适能力的员工的问题。

第二个层次，有效地执行。如何能有效地执行？制度是人制定的，执行也需要人来执行。制度有了，下一步，就是要让每个人都知道在什么样的时间节点完成什么样的规范动作。这个需要花大力气培训，但更需要企业当家人的高度重视。内部控制并不仅仅是财务规范，也不是依靠财务人员就可以推行到整个企业层面的。当家人重视了，企业里的每个人才能重视，重视的目的就是要每个人在具体事务流程走到你这里的时候，你知道自己该做什么，负什么样的责任，必须要了然于胸，这就相当于流水线上每个工位的工人，当产品到了自己面前，都会非常清楚地知道，我是应该焊接、清洗，还是组装。这是对第一个层次的实际应用和贯彻，仅有制度，大家不知道不执行，那么制度就是空中楼阁，无法落地。只有每个人都对制度中自己该发挥的作用和该承担的责任了然于胸，制度才能最

第八章
车到山前必有路

终落到实处，发挥应有的作用。

第三个层次，留痕。执行好了为什么要留痕？当然是为了告诉别人我不光有内控制度，而且严格地执行了。企业要去申报IPO，需要展现给中国证监会，展现给广大投资人说自己是一个运营规范、内控制度完善有效的企业。但是光说没有用，要拿证据。证据是什么？流水线上每个工人操作后会敲上自己的印鉴，这是这位工人完成了工作的证据，产品拆开了，哪里有问题，知道去找哪个工位的工人。业务循环也一样，每个节点上完成的规定动作要留痕，只有留痕，中介机构和证监会才可以根据你留下的痕迹重建你的流程和循环，去比照每项业务是否严格执行了你自己设计的内控制度。靠什么留痕？没有电子化的手段就靠纸质单据上的签字，现在大家都会上ERP系统，系统里把规定的节点和规定的工作固化了，执行的操作都会留痕在系统里，所以现在要申报的企业，基本都会在申报前把ERP系统运行起来。

今天有个流行的技术叫"区块链"，而内控的事情有些地方很像区块链的原理。

这三个层次，其实就是中介机构在企业申报阶段对企业内控的检查和出具内控报告的核心思路，把这三个层次的工作做好了，就基本解决了中小民营企业过于依赖人治的弊端，极大减少了个人舞弊的可能，为企业走向资本市场，成为公众公司，成为百年传承的企业打下坚实的基础。当然你也可以说，我们公司的内控是符合中国证监会的要求的，不再害怕证监会提出对内控核查的问题，敢于去面对新一届高举"大棒"的新发审委的。

当然IPO是个系统工程，除了内控，还涉及非常多的方方面面。

IPO更像是证监会的命题考试，很多人会说之前过会的企业有这个问题过会了，有那个问题也过会了，那我也无非是这个问题，那个问题，应该也能过会。这种思想是严重错误的，就像同学A错了第一道大题，扣了20分，考了80分，及格了，同学B错了第二道大题，扣了30分，考了70分，也及格了，难道你会说我两题都对了，你为啥不给我及格呢？因此，希望准备申报的企业家们，在IPO这条路上，对自己、对企业严格要求，尽量把会做的题目做好，多一事不如少一事，少留下问题被证监会关注。在新的证监会发审委命题的这张考卷里，如果60分及格的话，内控这道题，大概有41分，做好了内控并不能保证能百分之百过会，没有做好内控却是肯定过不了会。

希望本节能够让所有准备申报IPO的企业家们，对内控的认识有所帮助，做好内控，相信会让你们的过会之路走得更加顺畅。

第四部分

投资这件事儿

　　投资向来都是知易行难的，就好像武林高手，光有秘籍不练功不行；光练功没有秘籍也不行。那既有秘籍，又好好练功了，总行了吧？还不行，不跟各地的高手比武，怎么知道这功就练成了呢？因此，心法、理论、实战，缺一不可。此外，最残酷的一点，就是毫无捷径可走。只有经历了时间的洗礼，经历了九九八十一难，投资才敢说取到了真经。

第九章

心 法 篇

第一节 偏信则暗，兼听则明

平均数

先举个例子：两家公司，各有四个普通员工和一个高管。A公司员工月薪5000元，高管月薪2万元，平均月薪8000元/人；B公司员工月薪4000元，高管月薪2.4万元，平均月薪也是8000元/人，请问哪家公司工资高？如果求职，应该去哪家公司？

如果这样回答："平均月薪都一样，所以去哪家应该没差异"。很多人肯定会撇嘴："切，小样，白受过教育了！"虽说平均月薪一样，可是普通员工工资明显A公司高，高管工资是B公司高。想求职？看看你是应聘哪个岗位吧。

这个理其实大家都懂，所以每次有分析报告披露某些银行券商平均工资的时候，总能收获吐槽无数，觉得自己又拖了大家后腿。

道理很浅显，可是到了投资的时候，很多朋友就转不过弯来了，不管拿到什么样的公司，估值都和平均市盈率比，上下一框，就能得出结论，之后就开始高谈阔论指点江山，你这个投贵了，那个占便宜了。如果是普通股民这样还可以接受，可是每每问价格并提出质疑的都是专业人士，这就让人很为难。笔者的观点是：这个世界是结构化的，即使其他指标都一样，1000万元利润、1亿元利润、10亿元利润的公司，估值体系也一定会有巨大差异，绝不能简单乘以市盈率。

更有迷惑性的是，我们每天被著名经济学家研究的海外平均数所包围，每每欢欣鼓舞，每每垂头丧气，殊不知失之毫厘谬以千里。

不盲从，别轻信

笔者做投资说不上成功，但时间是蛮长的，常常会遇到一些让人为难的场景。比如，朋友打个电话，三言两语介绍一个项目，问能不能投？再比如，朋友最近听别人的话买了个股票，套住了，问怎么办？

可能大家会奇怪，这有什么难的？直接回答就好了啊。不过你要是仔细想想，就会发现这不是个"有一说一，有二说二"这么简单的事儿。直接说不了解吧，人家认为你不负责任；假装了解给人出出主意吧，因为信息几乎完全不对称，真出主意才是真正地不负责任。更何况大多数情况下笔者也只知道几个小行业的皮毛，难免

第九章
心 法 篇

南辕北辙。至于股票走势更是这样了，告诉你消息的人也许真有消息，但是我这边不知道啊，随便支招不是害人嘛。

当然，也有很多朋友，从笔者这里获得项目信息，再去他认为可信的朋友那里咨询。不排除有个别的咨询是有意义、有分量的，但大多数情况下，是反馈一堆驴唇不对马嘴的问题回来，让人哭笑不得。

笔者这十年主要关注一级市场，跟企业端离得更近一些，会熟悉一些情况。当然，笔者也潜伏在很多高端二级市场投资群，聆听二级大咖的高论。有时候就某一行业或公司的问题，经常有非常成功的二级市场投资者发表大段言论，条理清晰、逻辑完整、环环相扣，几乎无可辩驳。可是基于本人对企业或行业的理解，他的立论假设有问题，企业不是那样的，行业也不是那样的，那些所谓的逻辑就只有逻辑。好玩的是，这些错误并不妨碍大咖赚钱，只要市场短期同意他的观点，在被证伪之前，二级市场投资者总能跑掉。

群里关于茅台也有很多的争论。多数情况下，批判茅台的是主流，当然这些主流的人群大多不喝酒，至少不喝白酒。然后每个群里便有几个喝茅台的夹着尾巴悄悄私信，寻求对茅台酒好喝，值得收藏的共识。

投资圈有个怪现象。在投资市场，大家最愿意相信的是自己不懂的话题，超出自己理解范畴的是最好的。事实上，这些不懂的话题，不管是技术还是商业模式，绝大多数最终都将被证伪：要么就彻头彻尾地失败，要么就是远没有大家预测得那么赚钱。最终，只有一些很小比例的公司获得了成功。

只是，这些不懂的东西被证伪总是需要时间，有些会很长。所以在没有被证伪前，就成了非常美妙的炒作时光。由于二级市场流动性很好，很短时间的价值认同就能完成一轮炒作，让大家乐此不疲。

所以，二级市场的研究员与基金经理，绝大多数在这个环境里变成了时尚设计师，一波又一波地鼓吹出一个个新的概念，美其名曰"主题投资"，只是很少有高手能长期大概率把握好这些此起彼伏的概念。而大部分人，运气好点的，这次赚，下次亏；运气差的，会反复踩错时点。而那些穿越周期能让投资者盈利的标的，通常是太容易被人理解了，以至于大家觉得真无聊，真不够刺激，所以总是被淡忘和漠视。

更多的情况下，你可以看到不骑共享单车的朋友讨论摩拜，从没在三板投资的朋友热烈争辩三板，根本不可能融到资的企业家拒绝"三类股东"，连支付宝都不用的朋友慷慨指点移动互联网。

世界太大，人又太渺小。投资是个漫长的马拉松，从业者就是个孤独的慢跑者，总会被各路阶段冲刺者超越，你不能眼红，也不能气馁，得按自己的节奏持续坚持，有时甚至要做阶段性折返训练。在没有看到终点之前，妄言胜负没有意义。

祝福那些一下子就超越你的人，祝他们能持续领先；祝福那些超越后及时退出的人，他们算大彻大悟；祝福那些超越了你又跌倒落后的人，可能跌倒反而得到了更多的东西；也祝福自己以及和自己一样的孤独慢跑者，让我们默默享受这份孤独。

标签化不可取

如果给你看下面这张照片（见图9-1），让你选择投资方向，

第九章
心 法 篇

你一定能迅速给出答案。

图 9-1 婴儿与老人

同样坐在车上，一个垂垂老矣，一个充满未来。所以，在资本市场上，新兴的东西总是令人欢欣鼓舞的，所以总是获得很高的估值，所以你会看到 VC 市场很多不盈利公司的总市值会超过有很高利润的公司。

但是企业经营真的没有这么简单，有些企业出身华贵，年少多金，可是短短几年，就会变成方仲永，泯然众人；有些企业看似老迈传统，却能持续在投资者的质疑中交出靓丽的增长答卷；还有些企业真的通过断喙重生，老树发新芽，比如这几年的任天堂。

所以，拿到一个案子，除了部分比较个别的标签，最好不要简单概念化、标签化，要从不同的维度验证年少多金的高成长是来自于行业的风还是来自狗屎运；有没有先天性的疾病会导致这个企业夭折；一些传统的行业和企业，在经历过波折和洗礼后，是否又有机会重新驶上快车道等。这些维度应该覆盖行业、商业模式、企业的运营、财务表现、核心团队等方方面面，对投资经理的要求都是蛮高的。

中国的市场先生

本杰明·格雷厄姆关于"市场先生"的故事非常著名。"市场先生"寓言说的是：设想你在与一个叫"市场先生"的人进行股票交易，每天市场先生一定会提出一个他乐意购买你的股票或将他的股票卖给你的价格。市场先生的情绪很不稳定，因此，在有些日子市场先生很快活，只看到眼前美好的日子，这时市场先生就会报出很高的价格，其他日子，市场先生却相当懊丧只看到眼前的困难，报出的价格很低。另外市场先生还有一个可爱的特点，他不介意被人冷落，如果市场先生所说的话被人忽略了，他明天还会回来同时提出他的新报价。市场先生对我们有用的是他口袋中的报价，而不是他的智慧，如果市场先生看起来不太正常你就可以忽视或者利用他这个弱点。但是如果你完全被他控制后果将不堪设想。

中国市场证券化率不高，大量资产没有被打包上市，更没有公开交易。所以，中国在上市资产之外存在着更大的一个"市场先生"。具体表现是：

第九章
心法篇

中国各个产业区域发展极不均衡，差异巨大。京、沪、深聚集了大量优秀的金融和投资人才，这些优秀人才有自己的圈子，有自己的语言并相互影响，有些领袖还会对同行以及公共媒体产生巨大影响，引导着整个中国金融业的报价，这个群体是中国市场先生的主要构成者。

问题是：很多优秀人才大多缺乏行万里路的经历，缺乏对中国经济发展到底有多不均衡的深刻了解，经常是仅到某地看到个案，或者看到一篇报道，就对某类资产、某个行当、某种商业模式、某个公司给出评价，出现盲人摸象的状况。即便有些评价是客观而正确的，由于在媒体转载或口口相传中流失了某个现象发生的限定条件，被简单推演和推广，成为形态化的"标签"。凡被贴上标签，就会被市场简单解读为好或者不好，从而直接影响报价或决策。

大型金融机构从自身整体风险收益的角度出发，出台各类行业性、区域性规则，规避系统性、大概率风险是正确的。但对于某些小型机构、某些个体投资者，也盲从这些规定，就真的会错失很多机会。实际上利用自身特点在某些方面做更深刻理解，本来应该成为自己的竞争利器，而简单尾随这些大型机构或者"名人"贴出的标签，就直接把自己置于竞争劣势地位，不知不觉中，自己也就成了市场先生。

好好想想自身的特点，愿意更深刻理解中国，愿意俯下身去认真掀开和考察一些标签，你就能看见别人放弃的机会，紧紧把握住这些机会，就能快速成就自己。

第二节　无招胜有招

好生意、好企业、好投资

经常有朋友问这样的问题：到底该不该投？尤其是项目看起来还不错的时候。其实投资没有一定之规，大家偏好不同，回报索求不同，优势不同，很难有标准和确切的答案。即便是熟悉的领域，也很难短时间给出答案，充其量只能提醒别人应该注意些什么。有时候理理思路，分析清楚好生意、好企业、好投资三者之间的差异，也许能让脑子清醒些，选择的时候果断些。

1. 好生意

好的生意挺多的，赚钱、周转不错，现金流也挺好，有点壁垒。大多数能够在投资机构过五关斩六将，推动到可以决策的阶段的项目，通常是门好生意，一定也会有许多优点。这可能是项目被否后，最让一线投资经理纠结和疑惑的地方。但是好生意不等于好企业。

2. 好企业

好企业这个词标准挺高的，除了是门好生意，设计了不错的商业模式，总还要有战略、有执行、有管控、有团队、有文化、有成长空间。这些都做到了并不容易，我们投资的企业往往也只能做到其中几个方面不错。找好生意相对简单，找好企业真挺难的，经常得"众里寻他千百度，为伊消得人憔悴"。

3. 好投资

可是即便找到了好的企业依然不等于就是个好的投资。投资首先是个交易,是交易就得有合适的价格,合适的交易条件,可以多年互动合作的心态(私募股权领域),挺容易想清楚的退出路径等。你得想明白:如果不是好的投资,与好企业失之交臂也没什么大不了的。

最后多说一句:中国好的生意人很多,好的企业家或者有潜质成为好的企业家的人,稀缺!如果找到了,你还真得好好珍惜。

学会理解政策

任何一国,总会有宏观调控,总会有产业政策,所以投资与政策密不可分。投资机构必须跟踪政策、研究政策、利用政策,尤其在我国这样一个市场化程度有待进步,政府插手很深的市场。但由于政策的主观性很强,层级多,不同阶段的执行力度差距也特别大,所以如何能让政策与投资相对很好地吻合一直是个问题。

(1)政府的宏观调控其实和做菜很像,咸了加水,淡了加盐。面对宏观调控,要相机抉择。趋势定了,自己提前做对策选择就行了,是谓模糊的确定性。

(2)由于各种落后导致,被限制和禁止的、淘汰的,路会越走越窄的行业,一定要听话和服从。

(3)由于改革不彻底,政策开放程度差,但按照基本的人性预期和商业逻辑,预测改革和开放力度会越来越大的行业,需要长期跟踪,把握机会。

（4）对于出了大的政策导向的行业，要认真研究配套细则和相关主管部门执行力度，对民生的影响力度，轻重缓急很重要。现在国家出台的振兴政策太多，都振兴也就等于不振兴，资源毕竟有限。

（5）对于地方政府极力给支持、优惠的部分行业，要结合技术高度、竞争壁垒、成长驱动因素、动态供求关系各方面仔细分析。对于简单产能驱动，产能扩张壁垒很低、特别容易出政绩的产业，政府扶植力度越大，蓝海变红海的周期越短，项目出问题越快，这类投资一定要慎重，投入前要先想退出。20年来，这种行业特别多，很多行业如果没有地方政府比赛一样地扶植，可能大家活得还可以长些。

三板投资的信仰

业界对新三板非议很多，如果我们稍微横向看看全世界，纵向看看A股20年成长史，我们会发现新三板现在的状态与自身的年龄相比已经很不错，很多特征表现出了非常强的国际范，融资、投资、交易、估值都是非常国际范。

大家都在喊着分层，其实现在新三板的万家企业已经自然被分层，有些企业可以拿很多钱，有些企业一分钱都拿不到；交易有些活跃得不得了，活跃度、换手率可以等同我们香港主板的大蓝筹，有些一辈子一股都不交易。大家看90年代的A股，即便连续竞价交易，在行情低迷的时候，有些股票一天也成交不了一股。这就是历史，新三板是一个幼儿园大班的学生，A股已经20多岁博士后了。对标历史心态会好一些。

投资获利是靠信仰的，三板投资更需要信仰。信仰点啥？

信仰一：新三板是中国资本市场中最民主的板块，没有之一，也肯定是未来最有活力的板块，一定会出现伟大的公司。

信仰二：钱多的地方很难有超额收益，反之亦然。很多投资者都熟悉巴菲特的名言"别人贪婪时恐惧，别人恐惧时贪婪"，现在新三板是多数人嗤之以鼻，也就是说连恐惧的基础都不存在。言外之意孕育了很大的机会。

信仰三：好金子会发光，无论壁垒多高，市场之间都有连通器，粗细差别而已。三板优秀的公司的性价比放到任何市场都有优势，要相信在长周期里，资本是聪明的，市场也是聪明的，岁月会抹平一切。

A股曾经有过两拨靠信仰造富的大机会，一是2000年的B股，二是转配股法人股，很多资深投资者一定还有记忆。三板当是第三拨，但是能力要求确实比前两拨高出太多，追随专业机构也许是更好的方式。

股票投资的三重境界

1. 100元未必比1元贵

同样一块蛋糕，切成10份，每份卖1元钱，或者切成两份，每份卖5元钱，你觉得哪块"蛋糕"更贵一些？或者更高贵一些？似乎答案很简单。可是，把这块"蛋糕"变成一个公司，把切的块数变成股本，就有很多朋友算不过来账了。

初入市股民，往往关注股票的绝对价格，认为1股100元就是贵，1股1元钱就是便宜。其实，在20世纪90年代，这个观点还挺流行。东北有家投资机构，每每选择3元钱以下的股票，重仓买入，过个一年半载获利退出，业绩还非常不菲。

经常会有投资者问，一个公司多少钱一股投的，并以此来计算我们投资价格的贵与贱。可是由于我们投资的大多数公司并没有进行股份制改造，我们脑子里也确实记不住那么多公司的股份总数，所以我们习惯性的思维是这个公司总市值是多少。因为，股本和股价都是可变的，用总市值衡量不同公司的贵贱似乎更合理一些。比如：截至2018年4月22日收盘，工商银行每股价格5.9元左右，招商银行每股价格28.2元左右，你能说招行比工行更值钱吗？其实加上股本因素，工行的总股本有3500多亿元，折合总市值高达2.1万亿元。而招行总股本只有252亿元，总市值是7106亿元。工行的市值是招行的3倍左右。[①]

因此，绝对股价根本不是衡量公司贵贱的标尺，根据历史经验衡量市场情绪大概还有些作用。如果你再听到某些股评人士大喊"某某概念，股价不到几块钱，爆发在即！"的言论，就可以会心一笑了。

2. 看市盈率买股票

前文提到过，市场习惯于用市盈率来衡量股价，作为买卖股票的最重要依据。就连证监会在发行定价的时候最认可的也是同行业市盈率比价法。君不见，市场化走到今天，23倍发行市盈率还仍旧是"窗口指导价"。

---

① 资料来源：沪深交易所公开信息。

可这么通用的理论，大家都能讲得很清楚，却经常发现：市盈率低的股票怎么市盈率老那么低？市盈率高的股票怎么市盈率又老那么高？三年五载下来，常买高市盈率股票没准能赚钱，常买低市盈率股票也经常亏，问题到底出在哪儿？

3. 重视总市值

中国的 A 股估值是非常结构化的，小市值公司遵从壳法定价，中市值公司被市场赋予很高的成长性预期，大市值公司用市盈率更准确一些。所以，买股票除了看市盈率，总市值是非常重要的决策依据。

前些年国内全民 PE，做的事就是希望公司上市后既赚市盈率又赚总市值。新三板开了，很多公司和 A 股的平均市盈率貌似在接轨，其实很多情况下总市值才有看头。

第十章

理 论 篇

第一节 市盈率不能"一刀切"

复杂的市盈率

市盈率（PE）是在投资者中普及得最好的衡量股价高低的指标，市盈率等于每股价格/每股利润，或者总市值/年度净利润。投资人聊天的时候也有这种场景：

甲："你们几倍投的呀？"

乙："10倍。"

甲："嗯，不错。"

看，多简单。但是10倍这个提法真这么简单吗？两个10倍之间会不会有差异？答案是肯定的，市盈率有动态、静态、投前、投

第十章
理 论 篇

后、TTM 之分，不同种的市盈率之间，差异有时很大。

先说动静之分：静态市盈率一般是指用市值除以去年已经实现的净利润，动态则一般用当年预测的净利润水平做分母。如果企业利润不变，两个市盈率是一样的，但是如果今年预测利润显著高于去年，则在同样 10 倍市盈率的前提下，企业动态总估值会显著高于静态总估值。也就是说，在这个情况下，动态市盈率表达的其实会贵一些（反之亦然）。而 TTM 是指用最近连续 12 个月的净利润计算的市盈率，一般会介于动态、静态市盈率之间。

在企业增资或者增发的情况下，还要区分投前市盈率和投后市盈率。投前是指不考虑增资因素，投前市盈率＝企业之前的市值/净利润；投后则要考虑本次增资金额，投后市盈率＝（企业投前市值＋本次增资额）/净利润，可以看到，投后市盈率考虑了企业增资摊薄的因素，如果同是 10 倍报价，投后 10 倍其实是比投前 10 倍便宜的。如果增资额很大，那么这个差异也是非常大的。

所以，如果剔除 TTM 的提法，10 倍市盈率背后至少还可以再细分为投前静态、投前动态、投后静态、投后动态四种，如果企业年度间是有利润增长的，那么虽然同是 10 倍报价，投前动态 10 倍是最贵的，投后静态 10 倍是最便宜的。另外两种则居中。

试举一例：假设一个企业去年利润 1000 万元，今年预测 1200 万元，增资 5000 万元，都用 10 倍市盈率计价，不同表达的区别如下：

动态投前 10 倍意味着企业增资前报价 1.2 亿元，加上增资后 5000 万元，企业增资后一共价值 1.7 亿元。

而静态投后 10 倍则意味着企业增资前报价只有 5000 万元，增资后一共价值1亿元，对于原股东来讲，这两个价格差了1倍不止。

市盈率不能简单平均

目前，投资业内衡量公司价值用得最多的尺子是市盈率，市盈率的概念也在投资者中传播得最好。做私募股权投资的朋友肯定最常被问到的问题就是，你投的项目是几倍？实际上是在问使用几倍市盈率定的价。

很多大咖专家也经常公开谈论对标国外市场，我们的市盈率是什么水平，结论就是中国市场质次价高，投机盛行云云，响应者无数。大多数券商研报对股票的定价也特简单：拉出同行业市盈率，取一个均值，乘以目标公司的利润预测，估值区间就出来了。

可悲的是，听从这些研报的结论，买那些低于均值的股票，大概率不赚钱，那些市盈率高高在上的股票，股价也是很久很久不下来。时间长了，从专家到领导，就说市场太不理性，投资者太没有价值投资理念，得出台点政策教育一下大家才行。

真相到底是什么？市盈率错了吗？

以市盈率做尺，大多数场景是有效的，症结在于：简单对标统计学平均数来给出市盈率区间的方法，很多时候违背经济学常识，结论自然南辕北辙。现在给大家几个场景也许更容易理解一些。

场景一：中国人都关注房价，假设在同一地段，抽象掉其他条件，大户型的平方米单价经常低于小户型平方米单价，这个现象应该是大多数情形下会发生的，大家也不会以为有什么奇怪，因为小户型的总价低，可以买得起的人更多，供求不一样。同样的例子很多，大同小异，比如超市货架上单件商品和绑在一起卖的多件同样商品比，单价往往会贵一些；按个卖的水果往往比论斤称的水果单价贵一些，凡此种种，大家都不会觉得有啥好稀奇的。反映到公司定价上，其实总市值高的公司市盈率往往会低一些，总市值低的公司市盈率会高一些。从国内资本市场历史来看，股权分置改革前是流通市值代表总价起作用，之后尤其是2010年以后总市值越来越发挥作用。

场景二：袁隆平院士培育出的水稻种子远比普通农户自己留的种子产量高，抗倒伏能力强。如果同样在市场销售，院士的种子一定比普通农户的贵很多，这个大家应该也没有意见。反映到公司定价上，ROE或者ROA高的公司市盈率应该更高，因为产出高，回报高。

场景三：国内传统的家禽家畜品种，现在每天长肉增重就是不如很多引进品种，所以引进的品种更贵，为什么？因为在同样的养殖周期内，引进的品种成长性更好，带给养殖户的回报会更高。所以成长性高的公司市盈率应该更高。这一点在市场上共识还是比较多的，所以针对部分高成长性公司，研究员会采用一个PEG估值方法。

场景四：资本市场追逐新兴的特点永远不会改变，长期来讲朝阳产业的市盈率会高过传统经济，所谓大蓝筹集体上涨通常是市场整体太差的表现，当成永恒现象恐怕也会长周期吃药。这个与长期持有"护城河"很深的公司做长期投资并不矛盾。

凡此种种，不一而足。

如果仅是靠平均市盈率就给出估值，或者一个朋友仅是简单听了别人介绍的某个未上市公司的市盈率，然后用它对标 A 股平均市盈率，就得出能不能赚钱的判断，建议你对他们都要慎重了。看过《三体》的朋友应该有印象，高维生物打击低维生物太容易了，而平均市盈率估值法，就是最典型的一维估值方式。如果你能坚持使用多维估值，自然胜率会高。

创业板市盈率更高吗？

一直以来，身边的朋友都会有个普遍观点：创业板的市盈率比主板和中小板更高。也因为这个原因，老有企业家向我咨询该在哪个板块排队上市的问题。

事实真相是什么呢？

我们做了统计整理，剔除 2016 年亏损公司，按每 2000 万元净利润分段，分析了 2 亿元以下净利润公司的市盈率分布情况（本数据统计于 2017 年 5 月份），中位数情况是这样的（见图 10-1）。

情况跟大家想的好像有点误差：在 0~6000 万元利润这三档，主板市盈率最高，中小板次之，创业板反而最低。而在 8000 万元利润以上档，三个板块市盈率粘连在一起，好像差异不大啊。

为了看得更清楚些，我们再剔除 4000 万元利润以下的公司看一看（见图 10-2）。

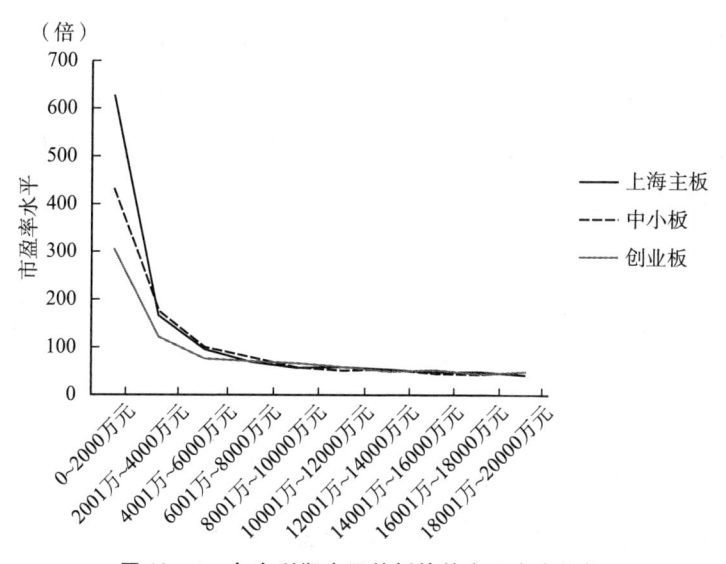

图 10-1　各净利润水平的板块的市盈率中位数

资料来源：Wind 资讯，力鼎资本整理

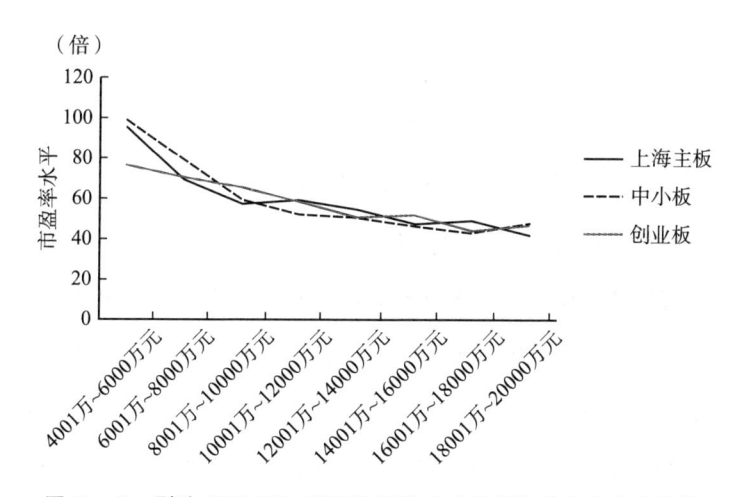

图 10-2　剔除 4000 万元以下净利润水平的板块的市盈率中位数

资料来源：Wind 资讯，力鼎资本整理

果然毫无规律可言。统计的平均数也基本支持上述结论。

看来，创业板市盈率比主板中小板更高没有事实依据，由于创业板在规则上不许借壳，反而是微利的主板、中小板公司市盈率更高一些。我觉得这说明大家是理性的，不会因为板块标签给予同类的公司不同的估值，我也没看到过研究员因为上市板块因素给出过不同的投资建议。

从市盈率出发的并购动机

一提收购动机，大家可能马上联想到战略、协同、一体化、多元化等多种词汇，今天我们不讨论这些学术问题，我们拿一个案例给大家算一笔账，看在 A 股特有估值体系下另一个维度的并购动机。

2017 年，三板有家挂牌企业被上市公司公告收购，简单信息如下：

"上市公司北特科技（603009）拟通过发行股份及支付现金的方式，购买董巍、董荣镛等 32 名交易对方合计持有的光裕股份（836748）95.7123% 股份，并募集配套资金。本次交易完成后，北特科技将合计持有光裕股份 95.7123% 股权。

收购人为获取光裕股份 95.7123% 股权，向交易对方支付的交易总金额为 452719317.09 元（对应 100% 股份的交易作价为 47300.00 万元），其中股份对价为 250824968.94 元，现金对价为 201894348.15 元，所支付的现金对价来源于收购人所募集的配套资金或者自有及自筹资金。"

简而言之，就是北特科技以 4.73 亿元的作价当了光裕股份的大股东。接近 60% 用股份支付，换股价格为 12.18 元/股，40% 用现金支付。

光裕股份 2016 年的税后利润为 1504 万元，按照 4.73 亿元的收购价格算，静态市盈率为 31.44 倍，为了支撑 4.73 亿元的估值，光裕股

第十章 理 论 篇

份的股东做了未来三年的利润承诺：2017年度、2018年度、2019年度的承诺净利润分别不低于人民币3000万元、4700万元、5800万元。[①]

如果这个利润承诺能顺利完成，不考虑并购整合，北特科技收购后会有什么收获呢？

为了简化测算过程，我们假设：(1) 本次收购的是光裕100%的股权；(2) 收购全部用股份支付，股票发行价格全部为12.18元/股。

在收购前，北特科技的各项要素指标如表10-1所示。

表10-1　　　　　　　　　北特科技各项要素指标

总股本 （股）	每股价格 （元）	总市值 （亿元）	净利润 （万元）	EPS （元）	市盈率 （动态）
328153893	13.43	44.04	7137	0.2175	61.7

注：半年报北特科技利润较上年增长28%，全年利润数按较2016年增长28%简单测算，EPS和市盈率都是按这个数据简单推算。

可以看出，北特科技在收购前动态市盈率接近62倍，静态市盈率79倍，长期来讲，这个市盈率是不好支撑的。

假设本次收购可以完成，并且今年光裕也可以完成利润预测，则收购后，北特科技上述指标变为（见表10-2）。

表10-2　　　　　　　　　北特科技收购后指标

总股本 （股）	每股价格 （元）	总市值 （亿元）	净利润 （万元）	EPS （元）	市盈率 （动态）
366988047	13.43	49.25	10137	0.2762	48.58

[①] 资料来源：光裕股份收购报告书，全国中小企业股份转让系统官网公开披露。

通过收购，公司股本只增加11%，净利润却增加27%，使市盈率降低到48倍多。换个角度，如果市场还能给予公司61.7倍市盈率，则公司市值将增加到62.5亿元。如果光裕后面两年的承诺依然能实现，则上述指标会更好。

这个模型其实是目前A股并购比较常见的模型，在A股市盈率普遍维持较高的情形下，所有低于自身市盈率的收购都有利于全体老股东。我们去除其他的因素，这个因素也是A股公司热衷展开收购的原因。如果A股市盈率未来整体走低，这个模型效应将会越来越小，更多关注战略、更多基于产业逻辑、更多重视整合协同的并购行为才会越来越多。

第二节 "壳"的全景剖析

壳有壳的现实基础，也有其自身的价值规律与运转轨迹，我们需要客观与辩证地看待壳的问题。但令人失望的是，几乎我国所有的资本市场专家都建议严刑峻法，严厉退市制度，使壳无处藏身。

如果谁有兴趣检索一下各家研究中国证券市场的论文，估计就会看到个意见相当统一的"难得奇观"，对待壳的问题缺乏公正客观的态度，不利于学术研究，更不利于实践，也不利于监管层拿出真正的解决方法，甚至还会阻挠问题的真正解决。所以，笔者产生了一个想法，不妨就由我们抛砖引玉，对A股的"壳"进行一次全景剖析。

第十章
理 论 篇

存在即合理

一直以来，大多数专家阐述一个观点：注册制下，中国 A 股的壳价格将会归零。IPO 审核加速后，就这个问题笔者也更频繁地被问道：IPO 速度这么快，是不是以后没有人会借壳了，即便没有注册制，壳价格是否也会归零了？

注册制下就没有壳？壳就没有价值或者价格？这个事情很容易证伪：离 A 股最近的香港市场是典型的注册制，但是一直存在标准的壳价格，而且这几年稳中有升，据说目前壳费已经稳定在 5 亿～6 亿港币的样子。把时间拉长一些，十年前有些国内机构在美国 OTC 市场花几十万美元买个壳，注入大陆资产，再利用规则合理升板，美其名曰 APO。

所以有壳很正常，要探究的是国内 A 股的壳为什么会这么贵？会维持多长时间？未来壳价格可能降到什么标准？这些问题对投资有实际意义。

中国 A 股目前是核准制，其实，所有核准制下审出来的资格都可以被视为一种特许经营权。仔细理解，A 股发行上市就是一种特许，不仅可以公开募股，还有非常高的流动性和估值，除了很强的发行股票再融资的能力，债权融资（发行各类债券以及申请信贷融资）也远优于非上市公司。特许经营权是有价值的，A 股这种近乎超国民待遇的特许，当然是很值钱的。

中国行政审核制度下的壳现象比比皆是，离大家生活近一些的比如上海和北京的车牌，稍远一些的比如互联网支付牌照。想明白这一点，对中国 A 股存在壳价格也许就不那么愤世嫉俗了。

中国 A 股的壳价值可能在长周期存在。为什么这样说？A 股是全球第一个完全受益于现代信息技术手段的市场，从 20 世纪 90 年代降生伊始，交易系统就被信息化、电子化所武装，并随着技术的进步快速更新迭代发展。同时市场资讯也借助信息技术迅速传播。这个特点使我们的资本市场非常亲民，以至于发展出了全球最大的散户群体，影响到亿万家庭。这既是历史，也是现实。

高散户化带来几个显著特点：首先是高换手率；其次是高流动性下的高估值；最后是股市波动带来的社会影响更大，处理不善会引发社会动荡。

在这个背景下，相信历届监管当局都不太可能允许简单效仿海外的注册制，或者即便推出注册制，也是有审核的注册制，有中国特色的注册制，有大量制度配套的注册制。假设上述说法是正确的，我预测即便 IPO 加速，未来 A 股壳的价格（壳公司总市值）也会在 10 亿～20 亿元水平区间获得很强的支撑，理由至少有三：

第一，A 股高流动高估值的现实必然造成这个特许价格贵于其他市场。

第二，在存在发行股份购买资产的手段的情形下，如果壳价格降到 10 亿元以下，借得起壳的企业就会一夜之间多如牛毛，供求关系会逆转。

第三，目前的核准制不但是核准谁上谁不上，还包括发行股数和发行价格。在价格管制情形下，其实有一种模型是借壳付出成本可能比 IPO 发行股份要低，这是绝大多数投资者和投行人士容易忽略的。

第十章
理　论　篇

市值含壳率

笔者的观点是壳现象会在长周期存在，只是随着注册制、退市等政策的预期或落地，上市公司超国民待遇红利降低，壳的价格会面临下跌。如果大家同意我们的观点，以下两个结论大家估计也不会太反对：

（1）所有的公司市值里面都是包含了壳的价值的；

（2）公司市值越大，壳占的比重越低，公司市值越小，壳占市值比重越高。

为了把壳的事情说得再清楚些，我们这里创造一个概念：市值含壳率（以下简称"市壳率"），用以表达在每个公司中壳价值占总市值的比重。

我们暂时假设20亿元及以下市值的公司为纯壳，也就是市壳率100%，假设60亿元以上市值的公司几乎不包含壳价格，市壳率为0（仅是假设，大家可以自由设定指标，不过这个假设区间还是比较符合今天的现状的），在这个区间中，市壳率线性下降，如此，我们大概可以得到这样一张示意图（见图10-3）。

请注意，在这张示意图上，每个公司的市值并非简单等于壳的价格加上自身资产或者业务价值，壳价在不同市值的公司里绝对值也是不一样的。

有了这张图，我们就可以推断一下如果壳价格损毁，对不同市值公司的影响程度。假设壳价格下跌到10亿元，则20亿元的公司将跌到10亿元，但是由于60亿元市值的公司含壳率很低，所以排除其他因素，理论上受到的影响也很小。

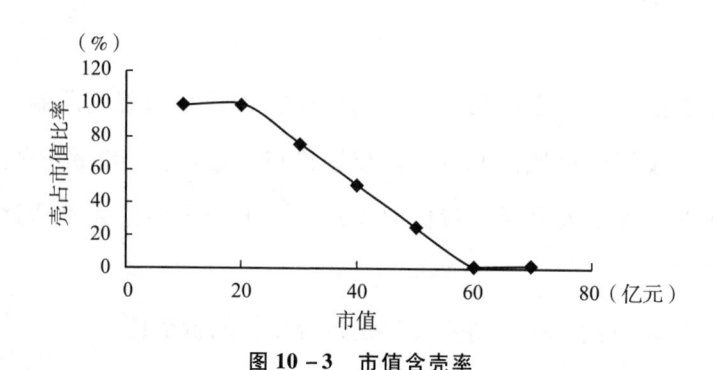

图 10-3 市值含壳率

资料来源：笔者自制

把这个假设也画一条线，我们就会得到一张左上方开口最大，向右下方开口越来越小，最后在 60 亿元处闭合的示意图，有兴趣的朋友可以自行画一下看。这个结论对于三板集邮策略是有意义的。目前三板转板概念的市盈率都不低，由于 A 股壳现象的支撑，尚存板块之间市值套利的空间。

但是如果壳价格波动，投资那些净利润指标在 3000 万元上下纯博 IPO 的公司来讲，盈利预期受政策的波动较大，但是如果投资的标的预期上市后在 60 亿元以上市值的，受相关政策波动的影响就会小很多。

壳与退市不是一对矛盾

前面重点论证了壳存在的合理性，研讨壳价值，并引入市壳率概念试图说明壳价格波动对不同公司的影响。

第十章
理 论 篇

原理上,壳的概念和"退市"是一对矛盾,退市严格,成壳即退,也就没了壳。退市困难,壳受严格保护,壳就会水涨船高,前赴后继。

几乎所有专家都建议严刑峻法,严厉退市制度,使壳无处藏身。如果谁有兴趣检索一下各家研究中国证券市场的论文,估计这是个意见非常统一的观点。但是脱离了历史和现状,快刀斩乱麻,一是本身会阻力很大,二是也并非完全公平。

什么是中国证券市场的现状?现状就是受益于信息技术手段,个人投资者是 A 股的主要参与者,证券市场波动波及亿万家庭。

什么是中国证券市场发展的历史?历史就是个人投资者曾经是 A 股的基石,直到 1997 年我们才有最早的规范意义上的基金管理公司和封闭式公募基金,早年不光禁止国有企业炒股票,更是每年都会严厉打击"银行资金流入股市",可以毫不夸张地说没有散户投资者的积极参与,就没有今天的大 A 股,必须承认个人投资者在中国资本市场建设和发展历史中的作用。

井冈山养育出人民军队,延安撑起共产党的发展,小推车推出新中国,这些都是历史,所以我们有今天的革命老区扶贫政策,这是正视历史;国企兼并重组减员增效,政府落实安置培养以及推进 4050 工程,这也是正视历史,在历史贡献、现实困惑和未来发展之间做一个缓冲平衡,这是大智慧。

同样,解决壳和退市的问题也没必要"一刀切",要创造性地化退市与壳这对矛盾成为统一,维护市场的动态均衡。

首先,哪类企业或者行为应该严刑峻法,直接死刑?笔者觉得只有一类，就是恶意造假，这个是净化市场的土壤环境之举，必须对作假保持高压，这是对所有投资者的最大保护。

其次，对于大多数因为行业变迁、经营不善沦落到可能无法维持上市条件的，我主张还是要积极鼓励外部借壳重组，这也是资源配置，也是结构优化，既可以保护社会资本持续流入优势企业，也能比较好地缓和与化解社会矛盾，等待 A 股投资者结构从量变到质变。

必须承认没有哪个企业可以在全生命周期总会一帆风顺，即便已经是百年老店，对照百年历史，你也会发现无论从股东、产品到团队，早就变得面目全非。"铁打的营盘流水的兵"，不也多少有点说壳的意思在里面吗？

在这个意义上，大家就可以再深度思考所谓退市我们到底期冀的是简单让上市公司这个代码退掉，还是让经营管理不善的大股东退掉，让不符合市场发展潮流的资产退掉。如果是大股东退掉，我们依然考虑是不是也只是让他从"GP"位置上退掉，换成更有能力的"GP"，欢迎他继续做"LP"，还是所有 GP、LP 权力一起剥夺（请原谅为了表达方便，我们用合伙制的词汇做个类比），我相信这是个有意思的话题。

每个人身体内都有癌细胞，想彻底清除成本太高，我们主要是防止癌细胞的发展、积聚，抢占更多的营养，最后危害身体健康。壳也是如此，我想大家对壳的意见是多年来 A 股壳市值过大，抢占了太多的资本市场资源。如果壳抢占的资源无关紧要，肯定大家就不那么关注了，孰标孰本，应该是清楚的。通过监管理念的变化，引导市场投资风格的变化，慢慢使壳僵尸化，大概是目前最现实的处理方式了。

鼓励借壳重组和 IPO 常态化不矛盾，IPO 常态化非常重要，一是给拟上市企业和投资机构稳定预期，大家可以在预期前提下开展自己的工作；二是给希望将壳囤积居奇者一个正确预期。

现实工作中，大量看似不错的借壳都因为卖方价格预期太高而失之交臂，阻断了资源配置，所以降低壳价格心理预期是在另外一个意义上推动资产重组，这是大家一般不会关注的 IPO 常态化的重要副产品。

如何借助新三板估测 A 股壳价格？

A 股公司的价格里面含有壳的价格，市场到底接受什么样的壳价格至少可以有两个论证方式：

其一，搜集一个阶段的借壳案例，近似计算出每次交易中所包含的壳的价格，取平均数，可以大致说明壳的价格。这个方式的缺陷在于借壳交易的方式方案太多，方案之间差异太大，容易出偏。

其二，某个 A 股公司，其主要资产或者利润构成可以在 A 股市场外取得市场化估值，则这个价值与 A 股总市值之间的差异就可以被认为是市场给出的壳的价格。

非常幸运，我们有了新三板，三板的连续交易价格或者新近的融资价格可以认为是市场化估值，并且大家都认为短期内没有 IPO 希望的三板公司的价格是不受 A 股任何壳价格影响的（三板拟 IPO 公司的估值事实上受 A 股壳价格影响是很大的）。

更为幸运的是，我们找到了 A 股公司旗下子公司三板挂牌的案例,并且该公司主要的利润构成来源于三板挂牌的子公司,使我们可以近似推测 A 股公司壳的价格。

为了避免误会,我们隐去这个 A 股公司的名称,简称 B 公司,我们来看下资料:

B 公司在深圳中小板上市(多亏不是创业板,因为创业板不准借壳),公司业务规规矩矩,按 120 天均价计算,公司目前市值在 38 亿元,市值跟同行比也在合理区间,过往两年一期净利润水平见表 10-3。

表 10-3　　　　　　　　B 公司净利润　　　　　　　单位:万元

年份	2015	2016	2017H	合计
净利润	2411	4977	4995	12383

B 公司旗下有两家控股子公司都已经在三板挂牌,我们称为 B1 和 B2,B 公司持有 B1 公司 47.5% 的股份,B1 公司目前为做市交易,平均市值稳定在 6.2 亿元左右,过往两年一期净利润水平如表 10-4 所示。

表 10-4　　　　　　　B1 公司净利润水平　　　　　　单位:万元

年份	2015	2016	2017H	合计
净利润	4140	4539	3092	11771

B 公司持有 B2 公司 86.42% 的股份,B2 公司目前为协议转让方式,没有连续市值,但是 2017 年公司做了一次小额增资,按增资价

格计算，公司目前总市值为 4.52 亿元。我们取这个估值作为市场估值。B2 公司过往两年一期净利润水平如表 10-5 所示。

表 10-5　　　　　　B2 公司净利润水平　　　　　　单位：万元

年份	2015	2016	2017H	合计
净利润	2143	2339	1351	5833

可以看出，如果按两年一期净利润合计算，两家子公司按照母公司持有股份比例算，贡献给母公司的利润占母公司净利润总额的 85.86%。

同时，两家按母公司持股比例合并计算的市值为 6.85 亿元。在这个口径下，还原 B 公司的扣壳市值为 6.85/85.86% = 7.98 亿元，则 B 公司的壳价格在 30 亿元左右。

如果只计算 2017 年中报，两家子公司贡献给母公司的净利润总额占比为 37%。在这个口径下，还原 B 公司的扣壳市值为 6.85/37% = 18.5（亿元），则 B 公司的壳价格在 19.5 亿元左右。

所以，我们可以近似地认为，市场在这个案例中给到的壳的价格大致在 19.5 亿~30 亿元，这个跟我们平常的理解是非常接近的。

第十一章

实 战 篇

第一节 投资方法论

外来者定价

股票的价格到底谁来定？这个事很简单，又很复杂。

简单是说：当买卖双方很少的时候，定价就是两家谈判协商博弈的结果。当然，书本上也写了多年资本市场凝结流传下来的定价公式模型，比如 PB 法、PE 法、PS 法、DCF 法等，大家博弈时会以这些模型为参照物。

复杂是说：资本市场变幻莫测，用统计学的方法事后验证好像这些公式特有道理，可是出一道题，问你今天该不该买，后面赚不赚钱，这事总有点含糊。同样，所有的投资经理在总结去年的成绩

第十一章
实 战 篇

时都充满哲理，娓娓道来，但是多年资本市场实践下来，常青树基本就那几棵。

2017年起A股市场还有一个异口同声的提法：中国投资风格从此变了！要投资蓝筹，蓝筹是最有价值的公司。过往五年的蓝筹很容易列举，未来五年呢？如果蓝筹是一成不变的，岂不是说我们该一直买美国强大，不该投资中国？

笔者从事资本市场多年，朦朦胧胧地觉得：长周期讲，市场会不断纠偏，一个公司的市值确实是跟业绩增长完全正相关，博弈的元素少很多。但是阶段性而言，股价（尤其是风格的转变）往往是由边际增量决定，很多情形下新的价格体系是由外来群体（新投资者）决定的。

举几个大家容易理解的例子：

全国各地的房价是怎么涨起来的？很多城市的房价暴涨都是外部投资者进入之后直接拉起来的。本区域的投资者容易形成思维定势，不敢相信自己的房子也会那样涨，本地的开发商也容易有思维定势，觉得本地的土地也不会大涨。最后只好由外来者吹响冲锋号。

港股本轮上涨的背景也有类似特点，确实之前看好港股低估值的朋友很多，但是一等就是挺长时间，行情真正轰轰烈烈起来，跟大陆资金批量南下不无重大关系。A股2017年的行情，是历史上非常少见的分化行情，大股票涨幅很好，小股票跌幅很大，市场的偏好改变按时间节点分析，跟外资的介入也比较吻合。

我们从事私募股权投资的项目，大多数时间在估值表现上是沉默的，一定是随着时间的推移，由外来者定下新一轮的价格，才可能带来别人基本认同的估值波动。你自己的认同只能是给自己坚定信念和信心。

既然是外来者定价,外部投资者第一步当然会选择更显性的、高辨识度的、自己眼熟的标的资产,比如房子,外来者喜欢投资知名房企大盘,一如外资在A股先买茅台、美的。同样,国内投资者出境投资股票,当然最熟悉的是腾讯、阿里、苹果等。价格上涨的效应又带动本地投资者跟进,形成周期内的趋势。

但是外部投资者是否一直会有优势,结论肯定值得讨论。高辨识度的资产价格总会到达甚至超过合适高度,后面更多的机会就一定来自挖掘明天谁是高辨识度的明星。此时,本地或者原内部机构会显现出某种优势。

我们用这种理念来分析一下新三板:新三板第一批的投资队伍里,从事A股二级市场投资的机构不少,所以2015年的价格波动风格有很多二级市场的影子。2016年后,有不少股权投资机构进入这个市场,用自己熟悉的Pre–IPO的投资思路在新三板寻求标的,使这个题材成为2017年最成系统的投资逻辑,类似标的估值也高出别的企业不少。

未来新三板市场除了企业持续的优胜劣汰,下一类新的资金在哪里?如何寻求明年后年辨识度高的企业标的?是新三板投资机构面对的重大课题。这个思考不仅对投资机构重要,监管部门如果想激活新三板,也必须认真思考如何破题开源以及开什么源,才能真正把新三板变成活水。

从投资人角度看现金流

现金流被认为是企业永续经营的血液,不可或缺,现金流量表反映了一个企业经营和盈利的质量。但是业务实践中,感觉很多企业家对现金流认识不足,疏于对现金流的管理,跟财务总监一起盘算自己现金流的频度很低;大多数投资者虽然口头上讲比较重视,但是常常流于简单地关注经营性现金流是否为正,利润的实现有没有相应的现金保证等;会计师也许最懂这张表,但是职业特点使其关注点主要在于编制得是否真实准确,很少能结合经营提出明确的改进意见。

众所周知,在现金流量表中,将现金流量分为三大类:经营活动现金流量、投资活动现金流量和筹资活动现金流量。下面笔者结合自己的业务实践讲一些感受。

1. 经营性现金流

国内赊销行为多,商业信用和秩序不够好,对经营性现金流影响比较大的在资产负债表上主要是应收(预付)款和应付(预收)款。分析现金流要结合这两个科目看。

如果是双高双低组合(应收应付同时高或者同时低),属于正常组合,也就是上下游拖欠均衡,没有更多地牺牲自己的运营资金,对经营性现金流冲击比较小。

如果是一高一低组合,则要具体分析了。

最不好的状态是高应收(预付)款和低应付(预收)款,说明公司在产业链中竞争地位低下,钱要先给上游,下游又要拖欠账款,公司想成长,就必须投入更多的运营成本,属于典型的资本杀手类型,在投资上要尽量回避这类情形。当然,有些公司产品毛利维持得比较高,尽管应收大应付少,但是收回部分账款就可以覆盖成本,也还能录得部分正现金流。表 11-1 摘自两个在新三板挂牌的两个公司,都属于应收大应付小的状态,但是因为毛利不同,现金流结果也不一样。

表11-1　　　　　　　　　两公司基本情况比较　　　　　　　　单位:元

财务指标	公司一	公司二
营业收入	290746029.14	146622661.96
净利润	48499786.44	25213765.22
应收账款	103006550.33	85072136.98
预付账款	39325211.73	3378412.73
应付账款	9661430.26	27176920.06
预收账款	237445.61	492717.73
毛利率		51.00%
经营性净现金流	-28592501.77	8237743.85

资料来源:公司一及公司二2016年年报

与上面相反,如果一个公司保持低应收(预付),高应付(预收),说明公司拥有非常好的竞争力,需要股东投入的运营资金极低,所谓一本万利指的应该就是这类情形,公司能持续为股东创造价值。这两年A股的茅台、格力大家可以参考(见表11-2)。

表11-2　　　贵州茅台、格力电器基本财务数据指标　　　　单位:元

财务指标	贵州茅台	格力电器
营业收入	40155084412.93	110113101850.23
净利润	16718362734.16	15524634903.87
应收账款	0	2960534651.37
预付账款	1046100696.92	1814945790.78

第十一章
实 战 篇

续表

财务指标	贵州茅台	格力电器
应付账款	1040608203.18	29541466861.10
预收账款	17541082237.01	10021885515.93
流动负债	23842601508.53	126876279738.73
经营性净现金流	37451249647.05	14859952106.92

资料来源：贵州茅台、格力电器2016年年报

一般来说，预收款多，代表公司产品供不应求，代表公司在产业链中的话语权。但是单看高预收有时候也是陷阱，比如一个健身连锁，由于其商业模式是销售会员卡，收进一笔钱，会员可以在未来的一年两年慢慢消费，所以开业之初公司的现金流反而是最充沛的。有些企业就用这笔钱去开新的连锁店，再获取更多的预收。这里面存在两个风险：一是跟这笔收入配比的成本未来会慢慢发生；二是很多会员卡结束后可能因为体验一般就不再续卡。所以一旦经营不善就变成庞氏骗局。

很多大的工程或者设备制造都有预收款，后面客户会分批付款，最终还要扣质保金，所以整个项目的现金流特点是前高后低。有很多企业家，不理解这个特点，忘乎所以，最后造成自己的财务危机。

存货也是对经营性现金流影响较大的科目。存货一般分原材料和产成品，产成品过多，说明销售可能不畅；原材料过多，对短期业绩的影响倒不见得都是负面，因为有些原材料价格波动比较厉害，低成本库存可能还会带来未来一段时间的竞争优势。要观察一下企业领导人的赌性，常在河边走，不湿鞋很难，如果尝到过甜头就觉得囤货比经营好，不妨敬而远之。

好的企业在特定的快速成长阶段经营性现金流可能是比较差的，不要一概而论，此时也许恰恰是非常好的投资时机。

做个简单的模型：一个企业平均账期是3个月，销售收入每三个月增长20%，在这个增长模型中，每个季度公司的应收账款都是在扩大的，公司经营性现金流是持续为负的。但并不代表公司经营状况不好，这时候主要应该关注应收账款周转率是否有恶化趋势，不要一棍子打死。

税金支付是被核算入经营性现金流的，而且税不能被欠很久。国内出现过很多为了完成投资方业绩对赌而人为虚增利润的案例，虚增利润就需要虚增营业收入，公司事实上没有现金收入，却又为此付出一笔真金白银的税收。不造假企业还活得好好的，造假几年，公司自己崩盘了。

2. 投资性现金流

结合经营活动现金流和投资活动现金流，可以拆分企业的固定投入和运营投入，然后考察不同高低组合下的商业模式。

商业模式A：高固定投入、低运营投入

此类模式下，企业总资产周转率和固定资产周转率低，存货周转和应收账款周转率高。一般经营活动现金流相较投资活动现金流充沛，但是产能扩张需要非常大的投资性现金流支出。以港口、机场、高速、航空、电力行业为代表。

商业模式B：低固定投入、高运营投入

此类模式下，企业不需要太多的固定资产投入，固定资产周转率高而存货周转率、应收账款周转率相对低，典型的如服装、商贸，贸易模式下的珠宝首饰流通尤其特殊，由于商品价值高，所以存货奇高，运营投入非常高，周转率更低，超越一般人对流通业的认知，属于典型的重资产行当。表 11-3 中分别列示了一个公用事业（高固定投入、低运营投入）、一个服装业和一个首饰类企业的指标对比，大家可以体会一下各种现金流和各项周转比例的差异。

表 11-3　　　　　　企业现金流和各项周转比例　　　　　　单位：元

财务指标	虹桥机场	比音勒芬	东方金珏
经营性净现金流	2574784693.56	104496913.49	-1089365284.75
投资性净现金流	-1860578959.70	-87457657.17	-66747553.57
固定资产周转率	0.68	277.63	28.64
存货周转率	119.72	1.44	0.91

资料来源：虹桥机场、比音勒芬、东方金珏 2016 年年报

商业模式 C：双高

此类模型通常出现在技术更新换代快的行业，竞争激烈，需要大量的研发投入推动产品升级换代，同时新的产品生产也需要建设新的产能，采购更先进的设备，非常考验团队的马拉松能力。典型的行业比如通信、互联网、半导体等。如果没有足够的技术进步能力，产品毛利也不支持后续研发投入和新产能扩建能力，企业就岌岌可危了。

固定投入和运营投入双低的行业比较少，比较难以构建竞争壁垒。我想了想举个容易理解的例子，一个书法大师，随手写笔字就可以卖很高的价钱，但是既不需要有特殊的设备，也没有太多的运营成本。不过拉长时间，其实大师曾经在自己身上做过时间、精力的巨大投入，甚至放弃过很多诱惑。

有些特定行业，因为会计核算规则原因，可能会让你在经营活动和投资活动现金流中产生误会，误以为公司现金还不错，其实是非常紧张的。请看牧业行业的几个三板挂牌公司的例子（见表11-4）。

表11-4　　　　　　　　　　　现金流比较　　　　　　　　　　单位：元

现金流	公司一	公司二	公司三
经营性净现金流	831268704.00	63811057.21	49161927.49
投资性净现金流	-944777921.12	-39808555.30	-63954297.72

资料来源：公司一、公司二、公司三2016年年报

养殖奶牛的牧场，如果一头牛已经在泌乳期，则这头牛的养殖支出计入经营性现金流出，如果是一头小牛，还在长身体，没有育牛产乳，则这头牛的养殖支出作为投资性支出，同是饲料，却被计入不同的现金流分类，所以尽管经营性现金流看起来很好，但是实际公司的总现金流是比较差的。

3. 筹资性现金流

现金流是企业的血液，前面说的经营活动现金流和投资活动现金流更像是企业自身造血，而筹资性现金流则像是寻求外部输血。输来的血不但有代价，还可能会被定期抽走，所以筹资管理跟公司的生存关系还是很大的。

高固定投入的资金，最好用股本权益性融资和借入长期债务解决，国内的企业短贷长用比较普遍，隐含了较大的流动性风险。换句话说，投资性的现金流缺口最好通过长期筹资现金流解决；而运营所需的资金缺口，可以通过一般性的短期融资来解决。

第十一章
实 战 篇

在一个周期内，还要认真了解一下筹集的资金形成了资产负债表上对应的什么科目，比较危险的就是筹资性现金流最终主要形成了存货、应收账款，而经营性现金流依旧很差，这说明企业自身造血能力完全不足，需要持续借钱发工资了。可是即便这样，老板依然会对你拍胸脯说我的市场不错，就是愁钱，只要再给我点钱，我的企业就蒸蒸日上了。你该不该相信呢？

这两年公司间并购也比较多，筹资性的现金流形成了高额的长期投资和商誉，这个现象也需要认真观察和评估，稍有闪失，商誉损失都会带来企业的巨额亏损。

以上笔者就现金流列举了一些感悟，当然现金流量表不是万能的，也有缺陷，应该认真结合资产负债表、利润表、商业模式、同行均值以及历史趋势进行综合研究分析判断，最终得出比较接近真实的结论。不过无论如何，现在大家对现金流的重视不是过高了，而是严重不足，应该大大提高对现金流分析的比重。

如何快速了解一个行业？

我们都知道，大多数投资者了解一家公司，会考虑通过如下三种途径：（1）公司网站主页；（2）相关财务报告；（3）更有资源的人会通过与该行业专家询问，或者去现场走访企业，通过观察和对高管提问题的方式了解企业。

但不管哪种方法，作为门外汉的你终会发现，得到的信息总是似真似假，一头雾水，与自己期望达到的理解程度永远隔着一层膜。这种模棱两可以及似是而非不仅会让你说出、写出的观点异常错误，而且以此作为投资依据会更加的危险。这其中缺少的那一环知识和逻辑又是什么呢？下面，笔者就以农业企业为例，具体讲解一下如何做考察企业前的准备工作，如何请教专家，应从哪些地方发问，还有就是你如何思考一项投资是否靠谱。

1. 准备

农业覆盖的领域非常广，虽然你的目标企业可能只是大农业产业链中的一环，但是准备工作却不能偷懒，依然要从整体出发，了解行业全貌和产业链构成。需要强调的是，任何一个初次进入行业的人至少应先读上10篇由第三方发布的大行业研究报告作为基础知识储备。

在外行眼中，农业的概念还停留在初级农耕时代，但是在内行眼中，农业产业链的划分就有好几种流派：比如可以是按生产对象分为：种植业、畜牧业、林业、渔业、副业等，但也可以按上下游链条分为：种/养殖、化肥/饲料、渠道、机械等。

这类的基础知识学习其实是让你从一个整体的制高点先明白这个大链条里的游戏玩家都有哪些，大家各自扮演什么样的角色。

2. 定位

该公司在整体行业或产业链中的地位如何？

"地位"决定了"价值"，当然每一家公司或多或少总有一些价值，而我们要寻找的必然是其中价值最大的那一类。在这个阶段，你之前做的准备就开始发挥作用了。寻找产业链中最具有价值的一环，有多种角度，有时是互通的，有时可以相互印证。

角度一：毛利率。产业链中盈利最高的点总是异常敏感。

毛利率=（主营业务收入－主营业务成本）/主营业务收入×100%

你可以将产业链中所有企业的毛利率进行一下比较，毛利率较高的那几个，结合起来看一般来说就是这条产业链中最赚钱的"点位"了，这理解起来也很简单，因为只有处在优势环节的企业才能拿到超额利润。

但是企业的毛利能体现出来是需要具备一些条件的，如局部行业的成熟，如竞争环境的规则有序等。当存在变数的时候，或是局部创新阶段，甚至财务数据掺水等情况下，毛利并不是判断企业产业链价值的充分条件，这时候需要更多信息作为参考。

角度二：企业所处细分领域的发展空间，或者叫潜在市场前景、天花板等。

不同细分领域的竞争饱和度和行业天花板，直接决定了该公司发展前景究竟有多大。回到农业来说，化肥和饲料行业就是一个竞争饱和度非常高的细分领域。在这个异常拥挤的红海市场，企业唯一的机会就是优化细节技术和扩大规模，从而降低产品的边际成本。

再举例，机械或者渠道等相对来说处在发展早期的领域，则有很多技术和模式的创新机会，市场前景仅停留在预测层面，有很多机会尚待突破。往往伴随着一个新技术的出现或者新模式的开辟，整体的市场空间就会出现巨大的飞跃，从而带动企业的商机大量出现，导致企业在整个产业链中的话语权增加。

对渠道的重视更好地完善了商业模式，已经有越来越多的农业企业寻求与稳定的销售渠道深度捆绑，或是自建完整的销售渠道；农业科技机械工具的普及和升级则可以快速提高生产效率和经济效益。这些模式创新和技术进步是整个中国农业市场从整体落后水平慢慢走向先进水平的必经之路，未来的市场容量将会非常巨大，而身处细分赛道的企业也会分享快速发展的红利，获得更多蓝海机会。

因此，注意企业所属细分行业的天花板也是很好地理解企业价值的途径，尤其对于中早期的企业。

角度一和角度二，更多的可以用来思考不同的细分领域之间的区别。对于同一细分领域内的企业，如何去判断它的地位和价值呢？

角度三：企业的安全壁垒。能构成安全壁垒的要件有很多，如技术、成本、区域垄断、品牌等等，就不逐一展开而直达重点了。在同一细分领域内，要重点关注的是公司与竞争对手的区别，是否存在明显的差异化优势，这里的难点是如何识别"明显"的差异，这个技巧需要一定的行业知识的底蕴和积累，确实有点难为初学者，但是这才是识别企业在整个链条中地位的完整一环。

当你俯瞰整个链条，找到企业所处细分领域的位置之后，再从该细分领域中把其差异化优势"显化"出来，基本就看出了这个企业的"原形"。

3. "三寸"

当你让这家企业在芸芸众生中"显化"之后，接下来我们要做的是颠颠他的斤两，剖析本质和潜力。

企业的根本价值来源于核心竞争力，能构成核心竞争力的因素也非常多，但是我建议初学者从其中两个比较通用的因素入手，随着经验的积累，再逐步增加。

第一，产品的技术含量。依旧以农业为例，产品包括实物产品或者服务，不论企业所处哪个细分领域，生产的产品都包含技术在其中，例如：种植业的种苗培育，化肥行业的配方和生产工艺，农机行业的核心零部件工艺等。企业拥有或者引进的先进发明和专利，不仅可以提高生产效率，也可以降低成本，最终使得企业拥有决定性的竞争优势，保证其取得胜出或者为将来胜出打下伏笔。

当然，这里仍然有两个困扰新人的难点需要指出，一是如何辨别真正的技术创新？了解专利数量和研发经费投入，仅是入门级的观察。如果想如武林高手般独步天下在真真假假中宠辱不惊，对不起，这里真的没有任何捷径，唯一方法就是进行一场深度全局性学习，从而了解该行业所有深奥的科技问题。这份辛苦真正形成了读者您的个人价值。另外一个是技术创新需要具备持续性，有时一个企业引进的技术或者设备确实不错，但是缺乏后续投入，这也是常常存在的隐患，这对不了解企业的人来说很容易忽视，从而影响企业的后续成长和投资人的长线投资。

第二，核心团队。就是老生常谈的"人"，只不过这个人不仅仅是老板一个人，要考虑整个团队。首先领军的创业者必须品格、毅力、嗅觉、技巧各方面均有所长，而无短板；其次他能把个人的能力影响到他挑选的核心团队。

在农业种植方面，其中一个最难点在于"精细化管理"，即便是来自世界500强，具有多强多棒管理经验的人，都不敢打包票去管理农民和土地，你从直观上就可以理解，农业其实是个实践性极强的行业，不要小看劳动密集型行业，笔者就深信，只有当过农民的人才能去做农业管理，你们看刘永好，那可是地道的农民，养殖专家。相信下面这句话，行家们都会极度认可：一个农业专家，至少要有几年的种植经验。基本上无农业基因的团队，有再好的商业模式，再多的资金投入，都鲜有成功案例。

当然因人误事的案例还有很多，对于投资人要做的是，自己要

311

对人性拥有深刻理解，学会看人，其实也是指理解人性，这也是最难的，因为人性本身就是一个大课题，同时不同性格的人遇到事情之后的反应也是不尽相同的。从某种意义上说，对人们所具有的品格、性格、格局等，你的理解越深刻，越可以快人一步地预见这家公司的未来。当你对他人的观察具有一定的敏锐度和独到之处后，你也就拥有了基于人性的判断力。同时，也正因为对于人性的判断充满着个性化的独到见解，不同投资人看人时的角度和侧重点也各有不同。此处就不展开论述了，因为如果展开的话，足足可以再写一篇文章出来，读者应通过自己经验去摸索，去不断总结。

4. 行行有差异，处处有细节

了解完这些问题，同时当你具备一些判断方向后，就可以继续向前了。经过了本书的"准备"和"定位"两个步骤之后，基本可以不被大众媒体和路人忽悠；拿住了本书的"三寸"，基本可以不被内行人暗地笑话，但是需要得到内行人的认可，必须走完下面这一步也即是"行业特性"。

接下来，我们来说说如何思考企业的特性，之前的部分基本放之各行业皆准，但特性是一个既需要经验，又需要思考才能够掌握的点。

比如，产品品质如何判定高低，不同行业产品评判质量的角度是有差别的。

农作物产品常用于出口，而不同国家的进口控制措施的严格程度是有差异的，这就可以作为判断质量的准绳，比如日本就是农产品监测最严格的国家之一，产品都进口到日本了，可以说明质量还是非常不错的。中东地区（如迪拜）可以说是一个集散地，是帮助农业企业"走量"的地区。但是如果企业出口的地区集中在诸如"新马泰"等地区的时候，就要严格注意了，这些地区的监测标准一般较低。

而且品牌的口碑比国家检测标准更能反映品质，我国农产品检测的体系不健全导致了各种标签或者检验程序混乱，"国家一级品牌""有机""绿色"等各种评定的基础是薄弱的，且标准不一，无法评判。最终，只有品牌和口碑才是能够帮助消费者或投资者识别的最佳工具。

如渠道的价值，这个因素作为核心竞争力，是存在争议的。因为最核心的关注点应该是企业能不能通过优秀的人才生产出最牛的产品，例如苹果和华为，这样的IT企业如果把精力放在铺渠道就会舍本逐末。

但是农业行业有一定的特殊性。农产品一般时效性短，因此销售渠道至关重要。经常出现自己种的好东西，因为卖不出去而最后功亏一篑！投资者在分析渠道方面的时候须留意渠道与消费者的半径问题。给肯德基、麦当劳供货，直接生产产品面向全国消费者，半径最短，企业直接配比最大价值的生产链即可。但如果借助超市，通过超市再流入消费者口中，就面临中间环节分成，半径加大。或者干脆像某枣业那样自建渠道，也是缩短渠道与消费者半径的方法。对于渠道的掌控力往往会影响一个农业企业的发展。因此渠道布局对直接生产农产品的企业至关重要。

5. 风险

讲完了我们决策和分析问题的思路还不够，我们还需要了解另外一个问题。对于一个外行人来说，我们根本不清楚一个未知的行业风险会来源于哪里。同时,对于一个"准内行人"来说,也未必知道。很多投资的失败其实也是源自于此,来自专家的意见是充分肯定的,让你觉得有了很强大的背书,但是最后还是投资失败,其实还真不是研究的不充分,是"智者千虑,必有一失"。

就拿一些国外投资者来说吧,大家知道,在欧美发达国家的资本主义中,管理者往往是投资者或者股东的代理人,是聘任来的,而这位管理者所代表的投资者们可能都不知道自己企业在远在另一个大洲的某一块土地上,到底种植着什么?会不会有法律风险。我们首先要搞明白的是,一个行业风险点究竟是什么以及会出现在哪里?而现实往往是你很难知道,除非发生风险。引用次贷危机中的一个形象描述就是:我们处于地震区,但是我们似乎无法准确测到震中的具体位置。

"现金问题"是农业种植或者养殖企业面临的难题。田间地头的工作,初级农民的雇佣,再加上我国农村的发展现状,无法避免大量的现金交易,甚至是白条。大大增加了企业财务的规范化管理的风险。同时还有很多属于农业的特殊的风险,农村耕地纠纷、种植物对天气因素的敏感度的风险,台风、干旱等。

此处仅仅讨论如何快速成为内行,但是不保证你真成为内行,当你具备一些知识之后,具有了比较高的起点之后,你还要学会"跟踪"一个行业,不断补充新知识,淘汰老知识,笔者认为,其实学习这件事,只要你不抱着故步自封的心态,都会取得很好的成果。

投后管理也是育儿

投资后是否应该对被投资企业进行管理、服务和提升业界是有

第十一章 实 战 篇

争议的。笔者个人的立场是正方：投资人应该进行一些主动型的管理，但是如何管，管到什么程度永远是艺术。不妨把企业的创业者看作企业的父母，而投资人更像是企业的叔伯姨舅甚至爷爷奶奶、姥姥姥爷，从看管孩子的角度摸索投资者、创业者、被投企业之间的关系。

1. 基本的信任一定是要的

会遇上一些投资人跟笔者讨论某些他们对被投资企业的行为的一些大胆猜疑，总体上属于道德风险层面的东西，我是觉得这些问题主要应该在投资前解决，比如对创业者道德诚信的考察、交易结构的设计等。如果这个问题在投资前考虑不周，这个交易就不应该发生。其他的，多数时候要信任创业者是企业的亲生父母，不到万不得已，他们不会主动伤害自己的孩子。

2. 要给企业提供必要的物质和能力资助

在能力范围内，给企业必要的帮助和资助，对接外围资源，就像你总会给孩子买玩具、给压岁钱、介绍入学一样，毕竟，你们已经有血缘关系。

3. 给创业者提供一些经验分享，开阔视野

你投资的多数创业者可能主客观上目前都是被计划生育了。只生育了这一个企业，如何哺乳、换尿布、后期教育等问题上，反而是投资者眼界更开阔，多跟他们讨论和分享优秀的母亲会怎么做。一定要帮助企业建立一个高效有力的董事会，让更多的专家提升团队的视野。同时也要给他们灌输些计划生育理念：少生优生，坚持主业！

315

4. 有限度地提醒和干预

在大概率上的高危领域，要多给企业提醒，必要时也需要干预，就像孩子到了川流不息的马路上，你会告诉他小心过往车辆，甚至牵起他的手。干预的方式也需要讲究：是应该与老板喝茶？参与会议发言？召集董事会讨论和表决？行使否决权？不要太过聒噪，想想自己有时会嫌老人唠叨一样，就可推测聒噪的效果。

5. 寓教于乐

笔者觉得做企业其实需要好多形式上的东西，很多创业者会觉得不屑于或者不善于搞这些活动（当然有些人搞得有点花哨过了头），各种会议、誓师、表彰、拓展、交流等。投资者可以在这方面跟企业多交流和讨论，适度提醒或帮助企业开展这些活动，鼓舞士气，宣扬理念，仪式感也挺重要。

6. 做和事佬

创业者与创业团队、其他高管之间的冲突和矛盾是不可避免的，什么时候应该代表创业者严厉地发表他们不太愿意发表的言辞（每个公司都有元老，随着企业的成长，他们的能力可能会跟不上了，可是碍于情面，创业者又很难开口），什么时候该替团队向老板反馈和解释，甚至争取必要的期权和奖励，什么时候该替他们做必要沟通和协调，投资者都是不二人选。但是协调不是简单和稀泥，你要多做调研，熟悉团队成员脾气秉性，信息要更对称，处理要更客观。如果一个家长与孩子有了矛盾，你去拉偏架，只会越搞越乱。

7. 耐心

不要做拔苗助长的事。企业成长有规律，起步就连续冲刺肯定会断送一个长跑者的前程。不要时刻抱怨你的孩子不如刘翔跑得快，不如姚明长得高。设定合理奋斗目标,只要企业弯路比竞争对手走得少,几年累加,就会发现已经领先一大段距离。

8. 向他们多学习

不要倚老卖老,年轻的企业,年轻的创业者有很多你不具有的优势和学识,也向他们多学习,修正自己的看法。有孩子的朋友一定有过这种经验:孩子在某些领域的天分经常让你吃惊,让你自愧不如。安徒生告诉我们:皇帝的新装是由一个孩子扒下来的。

投入精力,教学相长,与企业共同进步,分享他们的快速成长,这就是一个投资人的乐趣!

第二节 私募投资实操

为什么私募应该重视新三板?

新三板在很多老牌私募股权投资机构里被认为是"丑小鸭",没有得到应有的重视,资金、人员都没有相应配置,关注新三板并投入研发精力的机构更少。但是笔者觉得私募股权投资机构应该高度重视这个市场,理由至少有二:

1. 新三板是最显性的拟投资标的池

读者可以回看本书第一章的资本市场图谱,私募股权投资机构主要是在未上市的公司中寻找可投资标的,新三板是这些标的中最显性的池子(见图11-1)。

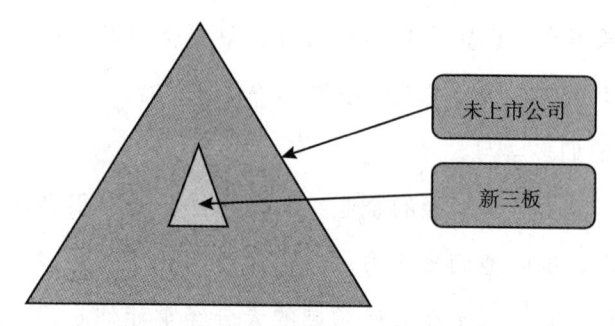

图 11-1　新三板与未上市公司的关系

资料来源：笔者自制

虽然新三板的挂牌数量相比未上市公司要小很多，但是一万多家的挂牌量已经是海量，更要强调的是，这一万多家企业是比较透明公开的，基本的经营情况、财务数据以及联系方式非常明确，又经历过基本的规范。在新三板没有出现之前，如果有家机构对同行说："我有一个企业数据库，里面有上万家企业的经营数据，而且我们随时能找出这家公司的联系方式"，那我们一定会认为这家机构真牛，太有竞争力了。今天新三板把这个免费数据库呈现给大家的时候，大家居然都没人关注了。

我们不排斥自己的投资经理还有机会通过人脉接触到非新三板的优质企业，但这终究是个案，无法系统，也无法复制。如果一个投资经理在新三板上不能挖掘到标的，我甚至认为他的人脉资源也无法在新三板外找到目标，因为他所谓的人脉大概率跟在新三板是重叠的。

2. 新三板的出现改变了私募股权机构以往的投、管、退业务模式

私募股权投资机构的业务包括募投管退，新三板的出现会改变私募股权投资机构的投、管、退模式。

第十一章
实 战 篇

投资方面，由于企业已经挂牌并连续披露了信息，所以尽职调查应该做基本的改变。我们之前通常模式是签署保密协议，提供尽调清单，清单中包含大量的基础内容。而新三板挂牌后，很多清单中的内容是公开的、非保密的。投资经理应该先对公开信息进行认真研究，再带着问题到企业核实、询问、调查。

投资中的交易方式也大大丰富。原来对企业的投资是以认购企业增发股份为主，但是好企业的定增份额往往有限甚至根本没有增发行为。新三板挂牌后，一些老股东的股份开始松动，大量的投资机会来自于受让老股东持有的股份。更为极端的情况下，定增和批量受让老股东的价格高于市场交易价格，此时直接在二级市场买入也是个好选择。

投资交割模式发生变化。我们之前的增资协议，就交割、过渡期常有具体约定，以防范交割风险。现实中也确实发生过工商过户遭遇困难的情况。新三板的交割要更为透明安全，无论是认购定增，还是通过交易方式受让老股，都是通过股转系统进行高效执行，安全保障了许多。因此，很多原来的协议条文可以省略和删除。

投后管理是投资机构的一个重要工作，在没有挂牌新三板的情形下，投资经理和投后经理需要按时向企业索取经营数据，跟踪企业经营情况，及时预警或者采取措施保全。挂牌新三板后，企业的这类行为更加透明，引入了包括主办券商、会计师、股转系统在内的社会监督，信息会持续披露，大大减轻了投后经理的简单劳动，可以把精力投入到更深层次的投后工作。当然，由于是挂牌的公众公司，企业也会抵制股东提前获得会计信息的行为，这也应该得到理解。

在退出层面，之前投资机构主要愿意推动IPO退出，在挂牌新三板之后遭遇到了一些挑战，因为中介机构掌握标准不同的原因，新三板披露的信息可能会较IPO要求的标准有挺大的差异，如何在允许的范围内把差异调整到可被发审委认可的程度，对中介机构来说是挺细的技术活。很多企业摘牌整理变成无奈之举，所以投资机构要意识到很可能遭遇到这个挑战。

如果企业离IPO还比较远，投资机构要学会主动出击，在新三板寻找投资机构接盘或交易机会变现，新三板的流动性是需要主动创造的，被动等待前景黯淡，这是投资机构需要补上的新课程。

综上，新三板必须得到大家的重视，否则，你的业务机会圈将大大缩小。

私募股权投资经理的微笑曲线

在绝大多数私募股权投资机构，投资经理是比较重要甚至令人艳羡的业务岗位，大多可以西装革履，标配手提电脑，四处出差、拜访、尽职调查、撰写投资报告，每有项目成功退出，就此在人生履历里多了一个重要的里程碑。也因此很多机构的中后台岗位有向这类岗位转岗的意向，不过很多投资经理有时会困惑：那个项目我参与尽职调查程度很深啊，为啥最后奖金给我的不如想象的多？

其实，大多数人理解的投资经理的尽职调查工作，只是整个投资环节的一个过程，而且是最容易标准化、流程化的过程，所以相关人力资源的取得也最容易。目前市场缺乏的合格投资经理不但应该有扎实的尽调基本功，还应该有良好的销售能力。

第十一章
实 战 篇

投资经理还要有销售能力？是的，而且是两端的销售能力。一端是要把公司的钱销售给看得中的企业，以取得股份；另一端是把已经取得的股份在合适的时候再销售出去，转换成现金，以实现收益，这就是投资经理的微笑曲线。而尽职调查是这个链条里相对低端的一个工作，这是大多数投资经理并没有深刻意识到的。

在中国资本稀缺的年代，市场总体上是个买方市场，很多公司坐等就会有项目上门，这个特点还不算很明显，但是今天，中国私募股权的资本已经超越万亿元，而优质项目又非常稀缺，销售已经成为最有价值的链条和技能。

第一端的销售，把基金的钱卖给企业，获得企业股权，包含了很多要素：

（1）需要很好的行业研究工作，并获得行业内企业的清单；

（2）需要海量的拜访，并筛选出值得重点跟踪的企业；

（3）说服企业可以接受本基金的尽职调查，以及得到较好的配合；

（4）整理出合格的报告，营销给内部决策机构；

（5）在投资机构的竞争中最终获得投资份额。

第五点非常重要，很多投资经理前面四步基本能做到，但是最后一步往往出问题，尤其是明星项目。

另外一端的销售，是最终使项目获得比较好的退出。这需要投资经理还要有以下的能力和相关工作：

（1）对企业有很好的理解，基本可以 hold 住企业的退出进程；

（2）熟悉资本市场退出通道和规则，尽可能把控企业和中介机构时间进度，完成公开市场退出；

（3）在项目不能实现公开市场退出的情形下，能够在基金要求的退出期限内给项目退出找到下家，同样实现项目退出。

第三点也是大多数投资经理没经历过的，未来这个工作能力也越来越重要。

综合而言，只会做尽调的投资经理顶多算三流的投资经理，可以兑现临门一脚，获得投资份额的投资经理是二流投资经理，同时又能掌控项目退出的才是一流的投资经理。目前，三流的投资经理的人才供给是比较充分的，二流和一流的投资经理才是比较稀缺的，这是每个从业的朋友应该认真思考的。

稍微引申一下：相对来讲，二级市场因为交易方面的障碍要比一级市场小很多，基本不存在看好的标的买不进的问题，对销售的倚重几乎没有，投研所占的戏份更重。新三板因为流动性差，交易不活跃，很多情形下研究并不能直接兑现价值，所以新三板的卖方研究要重新构建商业模式。

PE+上市公司模式的挑战

PE+上市公司是目前私募股权投资行业比较流行的并购基金业务模式。相比Pre-IPO投资，PE+上市公司模式技术难度远高于成长期投资，挑战很大，处理不好就成为风险。当然，二者也有相似之处，双方都需要在本书图1-7C集合中寻找合适标的，认真研究行业、商业模式、企业经营和管理。不同的是，选择IPO的还要认真研究IPO审核规则，规范度要求更高。

PE+上市公司模式并购业务的困难除了大家熟知的整合、协同风险，还需要面对以下挑战：

第十一章
实　战　篇

1. 精选上市公司合作

在图1-7B集合中的公司，没有能够成为图1-7A集合公司的原因是多种多样的，可能是行业的原因、也可能是管理团队的原因，如果是公司历史已经很长或者上市也已经很久，就要分析他们在竞争中处于下风的原因，并购可不是一并就灵。也许有人说，那我直接服务A集合不就好了吗？说得对，但是现实情况下，往往A集合的能力比你强太多，无论是产业还是并购。所以，在B集合中选择有前途、有梦想、有能力，更多是由于时间因素还暂时没有成为蓝筹公司的企业是极其重要的。在B集合中，这类公司显然也不会太多，辨识度其实比在C集合中筛选能IPO的公司要低。笔者看到很多私募机构只要找到个可以合作的公司就很高兴地设立基金，笔者认为这些基金收益率不会太好。

2. 换股稀释估值风险

在以换股方式将基金所投资的企业注入上市公司获得未来退出机会的模式下，被并购标的换股估值是有管制上限的，但是所换取的股票总体上是以市价为定价基础的。通常的情况是所换到的股票的市盈率水平远高于之前投资被并购标的的市盈率水平，自己之前的投资会被A股原股东稀释，在估值水平上安全边际降低。

3. 市值增加后，面对的估值水平下降风险

大量的数据统计表明：A股多年来公司的总市值水平与市盈率水平是成负相关关系的，也就是随着公司市值的增加，市盈率总体上是走低的。所以一个公司并购的利润带来的市值增加不是简单线性的，如果没有好的协同效应，这种估值水平降低对并购基金本身带来的压力很大。

4. 解禁退出风险

2017年减持新规，受冲击最大的是以对上市公司定增方式取得的股份。如果以二级市场公开减持方式变现（最好的方式），不仅要受每个季度1%的限制，还要受每年不超过50%的减持限制，否则，只能通过大宗交易减持，而现今形势下的大宗减持，折扣率已经大大增加，目前常见的折扣率都已经降到九折以下，使投资收益率进一步下降。表11-5测算了一下定增项目在不同收益率条件下折扣率对投资收益的影响。假设全部采用大宗交易，交易价格为市价8.8折。

表11-5 大宗交易折扣率对投资收益影响

投资成本（元）	按市价测算收益率（%）	大宗交易价格（元）	大宗交易收益率（%）	影响度（%）
100	100	176	76	24
100	50	132	32	36
100	20	105.6	5.6	72
100	-10	79.2	-20.8	108

资料来源：笔者自制

所以，并购基金的运作相较PRE-IPO投资难度是几何级数增加的，不能因为看到了一个可能的退出通道就忘乎所以，要三思而动。

后PE时代

中国本土创投批量设立是伴随着互联网热的21世纪头十年，中国本土PE机构批量设立是在股权分置改革之后的2006年、2007年，到今天都有 10~20 年历史。随着资本市场形势的发展，今天，我们可以说，行业进入了后 PE 时代。

这句话从何说起呢？我们做这样一个示意图（见图 11-2）。

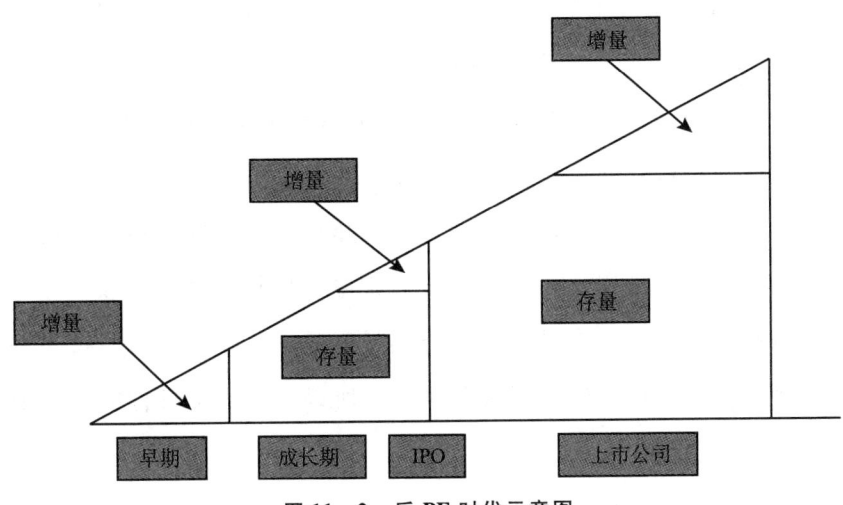

图 11-2 后 PE 时代示意图

资料来源：笔者自制

我们把私募股权市场分成增量市场（纯增资）和存量市场（股权转让）两个部分。为了模型简单，我们把早期投资全部认为是增量市场，企业从 0 到 1；成长期的企业增资行为是增量市场，老股转让市场是存量市场；公司上市后，公司的定向增发行为是增量市场，老股协议转让和大宗交易市场是存量市场。

在资本市场很小，以及股权分置改革之前，上市公司的存量和增量市场很小，而成长期投资的增量市场是大家关注度最高、市场容量最大的市场。随着时代推移，交易所这个市场已经成为最大的存量和增量市场，有多大呢？2017 年上市公司定增方式的再融资比前两年有较大滑坡，但是也达到了 1.2 万亿元这个量级，而存量市场就更加大，现在 A 股市值 60 万亿元，里面大股东的转让行为都可以是 PE 机构的标的。所以这个市场是不折不扣的万亿市场。

成长期投资的市场有多大呢？我们只能简单推测，但是具体结果并不会影响大的趋势和结论。2017 年是 A 股 IPO 大年，IPO 筹资额 2200 亿元。假设所有的公司都是发行 25% 的流通股，则存量股份的市值为 6600 亿元；假设里面有 10% 是私募股权机构的投资，则私募投资年新增持有的市值是 660 亿元；再假设私募持有的份额按发行价计算平均增值 1 倍，我们可以认为私募股权机构几年前年度最有效的投资额度是在 330 亿元；加上收益不高甚至亏损的投资，私募机构在这个市场年度投资金额充其量就是千亿规模。由于每年都会出现百亿筹资规模的明星私募项目，所以一般投资机构能够获取的机会总量也就是在百亿区间。

而早期项目的有效年度投资规模应该是更小的。

回到成长期投资，每年 330 亿元的有效投资规模，3.3 亿元有效投资规模就可以达到市占率 1%，5 年下来，累积有效投资规模也就是 16 亿元的样子。讲一句大家不爱听的话，如果哪个机构维持着质量较好的成长期纯权益投资 15 亿元左右的余额，其实都是业内不错的机构了，至于大家报出的更大的管理规模，扣除不良，有些是类债权，有些是通道，有些是定增，还有些是对外宣称的还未实到的金额。这个数字虽然没有什么根据，但是据笔者的观察，还是比较接近现实的。

对应目前的所谓万家备案机构，早期和成长期增量投资市场赛道已经非常拥堵，需要大家重新审视成长期的存量市场和已上市企业的存量和增量市场。

已上市企业的定增市场是很多私募股权机构已经关注到的，但是大宗交易和协议转让市场，还基本是私募股权机构的处女地，应该认真挖掘。

成长期企业的存量市场，大家可以以新三板为一个核心池，对标参与。新三板交易新规后，每天盘后大宗交易金额都超越竞价和做市，这是常规反应。

后PE时代的运作需要机构有些内部变革，比如：

（1）从在企业市场找项目到兼顾到同行找项目，基金接力。

（2）大额白马标的基金项目化，客户机构化，多家联合投资。

（3）投资手段多元化，不能仅限于定增行为，还有适应更丰富的交易手段，并且要遵守相关交易规则。

（4）估值水平二级市场化。私募机构习惯的市盈率落差会被压缩，要尊重并研究二级市场长期估值规律，更多分享企业成长带来的收益。

（5）投后管理两极化：一方面，部分白马项目的投后管理超级简单化；另一方面，部分重度投入的项目对企业经营管理参与度要更深，用个流行词汇是要为企业"赋能"。

第三节　Pre-IPO像个围城

Pre-IPO的合理性

目前，对三板挂牌企业转道IPO，业内观点不一：多数投资机构喜闻乐见，但也有投资机构认为Pre-IPO就是个陷阱。对于新三板而言，大部分三板粉都在担心，好企业都去IPO了，三板还能不能独立发展。

Pre-IPO投资是指对即将上市前阶段企业的投资，投资阶段介乎成长期和成熟期之间，是国内PE界传播最好、流传最广泛的一种投资模式。其退出方式一般为：企业上市后，从公开资本市场出售股票退出。

这两年，Pre-IPO这个词越来越像个围城，很多业内大咖鄙视这种投法，在各种场合大讨论去Pre-IPO化。业外资金却更多地认同这个阶段的投资，毕竟这个阶段的投资是可以比较清晰地做估值盈利模型和相对清晰的退出周期路线图，而且很多国内机构是靠这个投法证明了自己的过往能力，或者说大多数机构目前只能证明自己的Pre-IPO能力，其他类型的投资能力还处在待证明状态。

Pre-IPO到底有没有价值？或者有没有对企业和社会提供价值？这也是业内外讨论比较多的话题。我们觉得其实这是个伪命题，如果真有问题，这个问题更可以抛给更庞大的二级市场投资者，显而易见我们不会对二级市场投资对社会有巨大价值有异议。

Pre-IPO的投资在企业特定的发展阶段，将资金直接注入了企业实体，大多数机构积极协助企业开拓市场、规范运作，给企业快速成长注入了催化剂。Pre-IPO也是二级市场估值和一级市场估值的连接器，甚至可以传导至早期投资，引领和激励社会风险资本脱虚向实，特别典型的如在新三板市场，Pre-IPO已经成为整个市场估值的中枢和准心，大家以此为基准和参照各自调整其他类型的投资估值标准，形成了新三板的估值体系。

Pre-IPO投资法会不会长久存在？只要资本市场不关门，这种投法就会一直存在，不会消亡，如同二级市场投资。

第十一章
实 战 篇

Pre-IPO投资法有没有技术壁垒和门槛？笔者觉得也是有一定的壁垒的，Pre-IPO貌似简单是因为它有外部可以采纳的条文标准，使人觉得入门容易。但实际上对投资经理的能力要求是比较综合的，既要对产业发展、企业管理有一定了解，又要对IPO的标准熟悉，有一定的判断分析能力，甚至解决IPO障碍问题的能力。偏向某个方面的专才在这个队伍里可以做一部分工作，不能是全部。也因为这个原因，大家过往投出了太多的伪Pre-IPO。

问题的关键在于Pre-IPO投法在悄然发生变化。以前大多数Pre-IPO投资对IPO条件和进程的关注度更高一些，比如大家愿意听信保代的意见，会对股改节点、辅导节点比较敏感，对投资两个字的含义关注度相对低一些。未来对投资和投资价值要大大提高关注度，不能因为是个Pre-IPO项目就放松质量控制，以至于大大提高估值容忍度，同时要对IPO隐形审核标准更为熟悉，排除更多的伪Pre-IPO地雷，提高准确率和精准度。

辩论Pre-IPO不是排斥其他的投资方法，反过来，其他的投资方式成功也不能推断Pre-IPO没有空间。在投资这条路上，绝对是百花齐放、殊途同归，大家终极比拼的是对产业的认知、对企业的理解、对成长和创新的追逐。

最后笔者愿意分享一下自己近阶段对Pre-IPO企业的投资判断偏好，四句话八个标准的口诀：

龙头企业、规模大；

两端TO B、造假难；

负债率低、现金好；

脱虚向实、过会快。

Pre-IPO 也需践行价值投资

近几年业内流行的 Pre-IPO 没有机会的提法，仔细分析一下语境，应该是因为有个 IPO 的由头就冲进去投资这种做法不行了。实际上，圈内人都知道这种做法一直就没行过。认真关注企业基本面，通过合理估值的 Pre-IPO 投法没有问题，而且会一直存在下去。高大上一点：价值投资不分企业阶段！

那么什么是践行 Pre-IPO 阶段的价值投资？

我们做这样一张示意图（见图 11-3）：企业不同的发展阶段，会有不同的投法和不同的基金相对应，早期是我们熟知的风险投资，上市后是二级市场基金和并购基金的主战场，Pre-IPO 是企业在这个之间的特定发展阶段的投资。我们假设有一条价值投资线（图 11-3 虚线所示，为了简化问题，我们统一以市盈率为标尺），所有低于这条线估值的投资都被认为是价值投资。

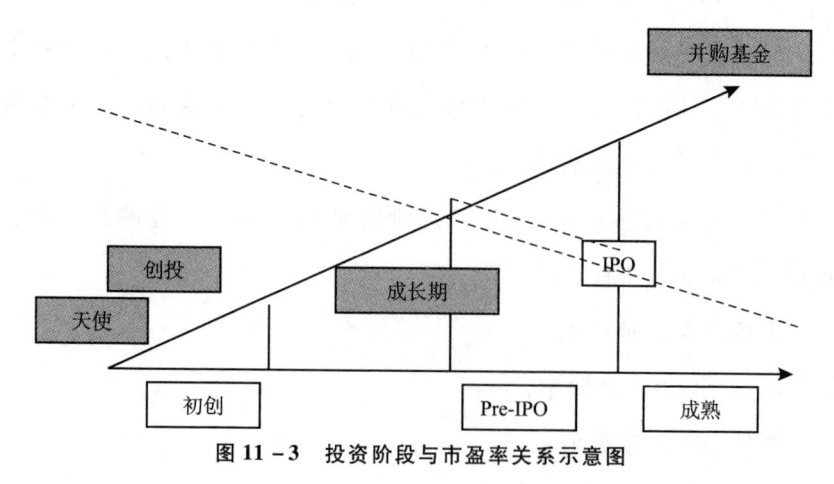

图 11-3　投资阶段与市盈率关系示意图

资料来源：笔者自制

这条线是向下倾斜的，这也符合我们的认知：早期项目根本没有市盈率或者市盈率奇高，中晚期市盈率会稳定下来回归正常。目前市场的状况是，有 Pre-IPO 预期的企业估值会比其他没有预期的高出一块，我们可以认为是在价值投资的估值基础上，给出了一个能够快速证券化的期权估值，也可说这类企业是含权的，适当估值高一些是合理的。

所以，做好 Pre-IPO 投资需要叠加两个方面的判断：

第一，认真评估企业价值，基本面制胜；

第二，认真评估给出期权估值的合理性：企业能否 IPO？企业还需要多长时间才能 IPO？

发审风格的变化，其实要求投资机构在第二点上也要进行更翔实的调查，给出更准确的判断，否则，这个期权的溢价给高了就带来额外风险。

Pre-IPO，目前新三板估值的定海针！

新三板做市指数屡创新低，Pre-IPO 的题材几乎是目前新三板里唯一仅存的热度。笔者的观点是：Pre-IPO 是目前新三板估值体系的"定海针"，新三板企业能更多地成功转到 IPO，在目前阶段对新三板的发展非常有利。

1. Pre-IPO 为估值体系拉开层次

目前新三板的有效估值体系大体是这样的：扣除显著的属于风险投资的标的，Pre-IPO 阶段的企业融资或者交易的估值在 15~25 倍市盈率左右，靠 IPO 越近，估值越真实有效，越能以这个估值水平实现大额融资。

资金对 Pre-IPO 的追逐和热度，必然拉动一部分资金转而挖掘所谓的 Pre-Pre-IPO，这些企业大体可以在 10~15 倍市盈率实现有效融资；至于还不够上述标准，企业体量较小并且缺乏典型创新意味的，可能是在 10 倍市盈率以下或按净资产折价交易，而且预测这种折价交易将是较为长期的。这就是笔者四象限分析模型中的小传统。

其余典型的风投标的，虽然亏损或者微利，但是却有强大的估值基础，属于另外的估值类型，这些企业可能是未来新三板的中流砥柱。

但是，这类型企业谁能长成真的大树还需要漫长的时间等待，在新三板出现自己的中流砥柱之前，大家得有耐心，得有点灵活性。

2. IOS 还是安卓系统

目前阶段下，新三板不能没有 Pre-IPO 概念，新三板的企业转 IPO 成功家数越多、排队家数越多，甚至如果排队时间显著短于非新三板企业，过会率明显高于非新三板企业，市场也就越认同新三板是 IPO 的后备军，资金越容易关注，优秀的保代越容易介入，新三板就越有时间和空间在吸引传统企业挂牌的同时，慢慢孵化自己的定海神针和中流砥柱。

基于此，全国中小企业股份转让系统不光应该在新三板本身做制度创新，还应该在市场衔接上做制度创新和完善，比如更加严格的披露制度，对规范治理更严的要求，对造假的严厉打击，"三类股东"的妥善解决，便捷的非交易过户制度……

既然大家都认为新三板相较于两个交易所是更市场化的产物，

新三板的制度建设就应该更包容、更开放，把自己建设成 IOS 是不大可能的，想象自己是安卓更易快速发展。

同时，由于新三板公司被上市公司收购的案例也越来越多，最近出现一些大小股东被收购价格的不一致引发的矛盾和冲突。建议比照 A 股引入要约收购制度，用公开市场规则解决争端。这个虽然不是 Pre – IPO 的范畴，但是有相似之处。

Pre – IPO 需注意的审核问题

1. 理解监管导向

几年前，跟一个优秀的师妹聊天，她说："现在发审委员的数据是公开的，我准备把这些年委员们审出的公司上市后的表现分析一下，看哪些委员更有眼力，选出了最优秀的公司。"我们说你这个工作可以做，但是结论大概率是无效的。她问为什么？我回答，因为发审委的机制是投票选出好学生，好学生未必毕业后成长为优秀人才。

什么是好学生？根据一般的理解，至少有两方面的条件：

其一，成绩不错，至少中等偏上吧。

成绩比较透明，一目了然，但是我们还需要核查一下，你这个成绩别是靠抄袭其他同学，或者是靠自己和家长对老师的贿赂得来的吧？怎么证明呢？除了向老师同学访谈，你还可以采集自己或是天资聪颖或是每天刻苦努力的证据，证明自己的成绩不是浪得虚名。

成绩不错还有个潜台词：变化趋势。一个尖子生，在考察周期每个学期逐期下滑，大家印象一定不会好，大家会产生你未来还是不是好学生的疑问。而一个原来没那么好的学生，连续几个学期成绩稳步上升，老师一定会对这个孩子很有信心。

对应到冲刺 IPO 的企业，你就要说清楚自己的收入是真实的，毛利是合理的，成本是匹配的，工作是努力的，变化趋势是好的。中介机构要通过大量的外部证据对所有结论进行证明，比如行业的对比，经销商、终端用户、供应商的大量访谈等等。工作量不到位，证据不充分，业绩就可能被质疑。

其二，学生规矩。

规矩的含义也很多：比如历史上最好别有污点，如果有污点最好已经改得很好；周边关系良好，对老师尊重，对同学随和，对家长孝顺；自控能力强，没有不良嗜好等。

这些也都是目前发审委员关注的重点，你不但要有外部证据证明自己遵纪守法，历史清白，还要通过自己所有业务开展时留痕的单证，证明自己每开展一个业务都是严肃的，有管控的。大量的单证缺失、业务流程不健全是很多中小民营企业的通病，关键是老板这方面的意识很差，以为交税就是规范，发文就是内控，不欠工资就是良心，这一点有时候笔者跟很多企业家交流得很痛苦。

有了这些，大概就能得出好学生的结论了。已经具备了过会的基本素质。

当然这时候发审委员还会像家长一样稍微做一些预测：比如他可能会根据自己的习惯觉得这个行业未来不太好，读这个专业将来不好找工作而否决你；也可能因为某个学生某方面的身体缺陷不看好他去做相关的工作等。是谓"募股资金投向"。

现实中，永远会有原来不那么优秀的学生在慢慢人生旅途成长为优秀的企业家、优秀的干部,甚至商业奇才;也有大量的优秀学生毕业后逐步"泯然众人矣"。这也是没有办法的事,虽然老话说"三岁看老"有些道理,但是仅凭一个人三年的学习表现就预测别人三十年是太困难的事。这也确实是今天我们发审制度和上市公司发展之间的一个矛盾。

但是从统计学意义上,确实是好学生作为一个群体,成为优秀人才的概率大大高于其他的学生,那么多学历低或者肄业的学生成才的案例虽然励志却毕竟是少数。站在这个角度,发审委投票选好学生的做法也可能是目前的中上之选。

说了这么久,其实想表达两个意思:

第一,新发审委产生了,大家要认真理解实质,成绩好的学生要听话,听话的学生还得有基本的及格成绩,缺一不可,同时加上自己合适的商业计划。另外单靠写材料就能评职称的日子过去了,要提供证据。

第二,有计划的市场、有管理的浮动、有审核的注册,这在国内是一脉相承的,没必要迷信所谓的"注册制",那就是个翻译过来的词,学者加上了自己的注解而已。都有道理,没有绝对,想干好国内市场 Pre－IPO,就按监管的导向来!

2. 收入确认环节不能忽视

从一年来证监会监管导向看,有两个实质变化:其一,越来越讲道理,比如行业有波折,企业随行业变化产生业绩波动,是可以被认可的;其二,对真实、审慎、内控、规范,要求越来越严。

在走访企业中,普遍感到企业家对真实审慎、内控规范认识不足,有的中介机构也把关不严,当然也有些情境下企业家比较强势,不愿意听从中介机构意见，导致规范效果差。

在众多的会计政策中，收入确认环节异常重要，收入确认政策非常能说明问题，下面几个案例，资料均为公开信息，不代表笔者对公司评价，读者可以在字里行间体会揣摩审慎原则。

（1）A公司。

先看第一个，2017年11月8日，北京A公司过会有点出乎大家意料。公司净利润规模不大，前两年均在3000万元出头，2015年后还有滑坡，但是公司成功过会。请看公司披露的收入确认政策：

1）内销

公司的内销模式以直销为主，辅以少量的经销。

①预收款销售商品：公司在发出货物时确认销售收入。

②订货方式销售商品：公司在发出货物并取得客户收到货物的确认凭据时确认收入。

③公司采用VMI（Vendor Managed Inventory，供应商管理的库存）方式发出的货物，在客户实际领用货物时点确认销售收入。

公司的确认凭据包括：客户对账单、客户收货凭证及客户提货记录单。

2）外销

公司在办理了货物交运并取得海关出口货物报关单、装货单后，以出口报关单载明的日期作为销售收入确认日期。

公司采用VMI方式发出的货物，在客户实际领用货物时点确认销售收入。

公司披露的政策非常清晰翔实，预售款的，发货确认；订货方式的，收货确认；VMI的，领用确认；确认时都有相应凭证。

(2) B 公司。

同一天，常州一家公司被否，请看他的收入确认原则：

具体确认时点为：

1) 境内销售

①第一种是耗用后用对账确认，即货物送至企业验收合格并实际使用后，根据月度对账通知开票结算，对方未使用前货物仍属于本企业，以每月收到客户签字或盖章的结算清单（对账单）作为收入确认的时点和依据。

②第二种是签收后对账确认，通常由公司按照合同约定将产品运送至购货方指定地点，并由购货方对货物进行签收，以对方签收单据及签收后双方确认的对账单作为收入确认的时点和依据。

③第三种签收后确认。通常公司按照合同或订单约定将产品以物流或快递的方式运送至购货方指定地点，并由购货方对货物进行签收后确认收入，以对方在快递单据或物流单据上的签收日期作为收入确认的时点和依据。

2) 境外销售

公司外销主要是以 FOB 形式的贸易类型，其收入确认时点为报关单上记载的出口日期或提单上记载的出口日期。

从字面理解推测，这家公司收入确认原则应该与北京 A 公司差不多，但是在分类表述上，远不如前者清晰准确。

(3) C 公司。

2017 年 11 月 7 日，发审会审六过一，请看通过的这家企业的收入政策：

1) 精密结构件模组。

①内销收入确认。

根据与客户签订的销售合同或订单，完成相关产品生产，并送至客户指定地点，经客户验收并完成月末对账后确认收入。

②外销收入确认。

一般贸易出口业务：根据与客户签订的销售合同或订单，完成相关产品生产，出库并报关出口后确认收入或经客户领料并对账后确认收入。

进料对口业务：根据与客户签订的销售合同或订单，完成相关产品生产办理报关出口手续后，并将货物运送至客户指定仓库后确认收入或经客户领料并对账后确认收入。

进料深加工业务：根据与客户签订的销售合同或订单，完成相关产品生产，并送至客户指定地点，经客户验收并完成月末对账后，确认收入。

这个披露甚至较 A 公司更为清晰和审慎，不仅要客户验收、领用，还要再对账后确认收入。

(4) D 公司。

同一天审核了一家游戏公司，收入确认就比较麻烦，请看披露：

……货币获得在线游戏物品及高级功能（通常被称为虚拟道具），以增强其畅玩游戏的体验。用户可利用不同的支付平台对其购买的虚拟货币进行付款。第三方平台按协议收取相关服务费，该服务费系从用户购买虚拟货币所支付的款项中扣除，净额由第三方平台汇往本公司。本公司按第三方平台收到的全部款项的总额为基础确认营业收入，将第三方平台收取（即扣除）的相关服务费确认为营业成本。

第十一章
实　战　篇

虚拟道具可于预先指定期间或整个游戏周期内提供，本公司按照道具生命周期确认收入。具体方式为：按照虚拟道具在游戏内的生命周期，将虚拟道具分为即时型道具、时长型道具和永久型道具三种类型：对于即时型道具，在道具使用时确认收入；对于时长型道具，按照道具的使用期、有效期进行分摊；对于永久型道具，按照付费用户的用户生命周期进行分摊。

公司在测算用户生命周期时，以用户充值行为作为用户活跃的标识，以用户生命周期的起点，以游戏内充值用户留存率下降至5%的平均周期加上用户最近一次充值和最近一次登录之间的间隔作为调整周期，测算游戏中用户平均生命周期。

D公司获取收入主要来源于用户在第三方的充值，充值到账后时长型和永久型还要预测生命周期分摊确认收入，相较客户直接确认的类型，主观因素本来就多一些。更为要命的是，公司很难对外举证到底是谁在充值，强势第三方也不接受会计师的函证。在今天的发审制度下，任何不易取得第三方证据的，过会都需要中介机构付出巨大的努力和更多的智慧。

（5）E公司。

最后附一个前些日子新三板转报IPO被否的收入确认案例：

公司分别适用建造合同准则和销售商品准则确认收入，公司适用于建造合同准则确认收入的业务类型为对房地产开发企业工程项目的建造合同收入；适用于销售商品准则确认收入的业务类型为对经销商的销售收入及直接销售收入。各类收入的具体确认方法如下：

建造合同收入：公司建造合同收入按完工百分比法进行收入确认，公司与客户签订建造合同时，合同具体条款约定在建造过程中

339

要取得客户或监理方对工程进度验收单据确认，公司以相应时点的累计实际发生的合同成本占预计总成本的比例确认工程完工进度，依据完工百分比确认工程收入的实现，并同时确认相应的工程成本。

完工百分比法确认收入是比较令人头疼的方法，"公司以对应时点累计发生的合同成本占预计总成本的比例确认完工进度，依据完工百分比法确认收入和成本"。完工百分比法本来总体上就会比较主观，对照很多其他同类公司的收入确认政策，已过会公司在下面两个方面明显做得更细致：（1）分类更清晰具体，描述不同状况下采取何种完工百分比法；（2）有些公司会以几个方法同时度量，以孰低法确认收入，相对来说更让人觉得审慎。

第四节 七嘴八舌话投资

郑培敏：新三板投资策略应更接近于 VC/PE 的一级市场手法

上海荣正投资咨询股份有限公司董事长

新三板现在有 11000 家左右的挂牌企业，实施的交易方式有做市和集合竞价两种；同时，挂牌企业又被分为创新层和基础层两种类型。

新三板挂牌企业的特征可以概括为：信息公开、良莠不齐。所以，对于新三板已挂牌企业的投资，既可以像投资 A 股那样，根据公开信息做出分析和判断；但同时又要火眼金睛，避免"被坑"。

第十一章
实 战 篇

根据我的观察，新三板上真正值得"投资"的企业，不超过挂牌企业的10%。笔者认为值得"投资"的企业应该具备两个特征：企业基本面良好、交易价格公允。

当然，讨论这个问题还有一个前提，那就是对于"投资"的定义。

如果说，把今天买、明天卖的短线"投资"也定义为投资，那其实与被投企业的基本面是无关的。但是，上述短线投资又要基于一个前提：市场必须要有足够的流动性，即天天可以买卖且有一定的交易量。通俗的说，这种短线"投资"也叫"投机"或"博傻"——明知买贵了，但相信有人更傻，也可以买——这种情况基本是资金驱动，是不以企业内在价值和意志为转移的外部力量决定的。

新三板市场由于投资者的高门槛，所以，市场资金并不充裕，这种情况下，就必须回归"投资"的本质——赚取企业内在成长的钱。而"成长"从来不是一蹴而就的，所以，真正的"投资"一定是"长线"投资，短则半年一年，长则三年、五年，甚至更长！

但是，中国大众的"投资理念"大多来自于具有高流动性（换手率全球第一）、炒作横行的Ａ股市场，所以，相当多三板投资人都希望别人是"傻子"——结果——发现自己才是"傻子"——套牢了！没有人愿意更高价接盘！散户（非专业投资者）为主的沪、深Ａ股滋生了更多非专业投资者的"不良嗜好"——喜欢依靠内幕消息开展短期投资（实际为"投机"）、喜欢所谓的"跟庄"投资……其实，这样的非专业投资者是"误把杭州当汴州""误把投机当投资"了！

其实,"新三板"才是一个真正的资本市场(而不是赌场),因此,"新三板"上的投资就不能是沪、深A股的"投机""炒作"行为。新三板上的投资,必须:

(1) 依赖基本面;

(2) 长线投资。

而上述两个特征决定了,实际上新三板上的投资更像一级市场的股权投资(VC/PE),所以,我也把"新三板"比喻为一个Public PE市场。传统意义的PE市场,其毕竟交易是Private(非公开进行的),信息也是Private(不公开披露的);但是,"新三板"的创新是,大多数的交易实际是Private进行的,如企业募集新股的定向增发、企业老股的协议转让等,实际上都是在相对私下的状态谈好的;但是,新三板挂牌企业的经营信息(包括财务和非财务)以及股权的交易信息(新股增发、老股转让)则都有一定的信息披露要求,即这些信息是相对Public的。这些信息Public的制度安排,既是监管的要求,也有利于改善公司治理,并让真正专业的长线价值投资人可以更容易发现优质企业的价值,且后续的投后管理成本降低了,因此,专业投资人也愿意支付一个合理的溢价(公司治理溢价、投后管理风险降低的溢价……)。但是,这个溢价也一定不是脱离企业基本面的泡沫溢价,也不是资金驱动下的流动性溢价。

我是一个已经15年没有"炒"过沪、深A股、有10年以上一级市场股权投资经验的投资人。在新三板上,我持有"开心麻花""锦辉传播""自在传媒"三个所谓的"股票"(我内心并不把他们当作"股票",更多地看作"股权",因为一说"股票"就体现出连续交易、交易单位足够拆细(如100股)的特征)。前两个"票"

第十一章
实　战　篇

是我在其挂牌新三板前就作为一级市场股权投资介入的，不是在新三板市场上发现和增持的，也就不具有代表性。对期望在新三板的公开市场上投资优质挂牌企业的投资人，我认为我投资"自在传媒"的过程有一定的参考之处：

我是通过投资"开心麻花"，发现"自在传媒"是服务于《夏洛特烦恼》这部"开心麻花"的第一部电影的宣发公司，再一研究和接触，发现其是国内最大的电影宣发公司，拥有包括华谊兄弟等国内主流电影公司的客户群。由此可见，"自在传媒"的基本面良好。

其次，是交易机会。我在过去两年时间中三次增持"自在传媒"，分别是认购其2016年、2017年的两次挂牌后的定增，以及借某新三板基金到期的机会，按照低于公允估值的价格购买老股（俗称"捡漏"）。

结果是，2018年元旦档期的《前任3》电影票房逆袭，"自在传媒"不仅获得了宣发服务费的收入，而且由于有参与该电影的份额投资，因此还获得了意想不到的票房分成。由此，使其2018年上半年的利润大幅提升。

如果"自在传媒"是一家A股上市公司，那么类似《前任3》票房逆袭的这样的事件，可能导致短期内的几个巨大波动的涨幅，但是，由于新三板上没有过度的资金驱动，也没有"韭菜"般的散户，因此，短期内"自在传媒"的所谓"股价"波澜不惊。但是，我本身就是一个长线投资者，也不看优质企业的所谓"股价"的短期波动。我坚信：是金子总会发光的！未来"自在传媒"的"股价"（有基本面支撑的内在价值）是长期看涨的。

根据上述理论推导和案例分析，我想说：

新三板的投资策略千万不要照搬照抄沪、深 A 股投机泛滥的炒作风格，而应该踏踏实实地调研和分析挂牌企业的基本面，然后发现好的，买入然后持有相当长一段时间。而这种投资策略要求的专业能力（包括心理素质）是相当高的，所以，新三板不适合非专业投资人，这是一个专业投资人玩的市场；而且，必须用 VC/PE 的一级市场思维来选择标的和建仓。

新三板，让"韭菜"走开（或者说没有"韭菜"），表面上是不给散户、非专业投资人投资机会，实际上是避免他们赔钱！

朱为绎：跨市场投资是当前新三板市场的投资逻辑

中科沃土基金董事长

1. 新三板未来的政策

未来政策走向会走到哪里去，我的判断是新三板一定会变成独立市场，但是需要时间。打造新三板一定是有目的的，现在 A 股的改革越来越难，因为存量的改革越来越难，新三板就是最好试验田，怎么玩都不太会出问题。前年有一个新三板退市制度征求意见稿，但是现在正式稿还没有出来，我认为退市制度即将实施。出来以后，新三板每年退市的公司会更多，一个月退市 100 家很正常，这样才是健康的循环。

2016 年 281 家创新层公司入选战略新兴产业指数，这是大家可以关注的东西。2017 年证监会会计部出台了一个《会计监管风险提示第 6 号——新三板挂牌公司审计》，我记得前两年证监会会计部专门针对IPO做了一个提示函，2017年对新三板又做了一个提示函。这告诉你新三板公司该怎么审计，应该要按照审计标准严格进行审计，这样的话，新三板公司造假的可能性就会越来越少。在此基础上，下一步新三板可能会进一步分层，推出精选层。

2017年12月22日，股转系统三箭齐发，发布了新三板分层、交易和信息披露三项改革方案，明确要求创新层公司对标A股审计、强制披露季报、业绩快报和业绩预告、配备通过考试的董事会秘书等等，这些都是在为下一步新三板再次分层建立独立市场做准备。

2. 跨市场投资是当前新三板市场的投资逻辑

如前所述，新三板未来一定是一个独立市场，但是"十鸟在林、不如一鸟在手"，投资机构不能只讲情怀，也要生存，也需要寻找新三板市场当前的赚钱密码。未来建立独立市场与当前新三板投资逻辑并不是矛盾的关系。当前新三板投资逻辑是什么？我觉得现在为止只有一个逻辑就是跨市场投资逻辑。什么叫跨市场投资？新三板投资进去A股退出，A股怎么退出，通过IPO，或是并购退出。当然最重要的是IPO的退出。因为刘士余已经帮我们打开了这个缺口了，2017年1月到现在，A股IPO上市已经数量超过2015年和2016年两年之和。这是一个多大的造富机器，一个上市公司上市就是一个亿万富翁的诞生。

关于新三板的投资价值，2016年报大部分数据已经公开了，实现净利润总额1160亿元，相比2015年有所增长，其中42.2%的公司净利润超过3000万元，86.6%的基础层公司盈利，其中724家净利润超过3000万元。创新层公司在1000万~5000万元的比例达到57.47%，超过1000万元的比例达到77.64%。在并购的价值上，

2017年开始到现在已经有大量新三板公司被A股并购，挂牌新三板以后是不是一定要转向IPO，其实如果有上市公司来收购你也是一个很好的退出机制。

2018年1月12日，证监会正式发布了"三类股东"新三板企业IPO监管政策，新三板企业IPO最大的障碍已经消除，跨市场投资迎来黄金时期。新三板股权投资是介于PE股权投资和A股之间的一种投资，兼具部分A股流动性的特点，又具有PE股权投资的收益性特点，是一个混合型的股权投资。

从投资产业链来讲，新三板股权投资属于上游，我们要做事情也要做上游，不能老做下游。A股投资想赚到钱很难，很多企业业绩很好但就是涨不起来，就是因为A股的投资不单纯是看企业，也要看背后的交易对手。新三板企业投资不一样，只要你掌握这个行业有没有发展空间，以及看他的董事长有没有进取心就够了。我把新三板股权投资界定于类PE投资，一句话性价比较高。投一个没有挂牌的企业可以承诺你两千万元、三千万元的利润，但你不知道是用第几套账承诺的，最后给你3000万元利润的承诺可能也是假的。

现在新三板随着要求越来越严格，假账出现的可能性更小，投的时候更安心。我觉得新三板的股权投资比PE股权投资又多了一些风险更小的东西，成长性、可靠性各方面更好。因为毕竟是1万家的市场。投资新三板股权，进可攻退可守，进可到IPO退还是可以到新三板，排队不开心哪天就回到新三板，如果没有在新三板挂牌的话，就回不来了。很多没有挂牌的企业冲击IPO不成功的话就离破产不远了。最近看到很多企业，在排队期间撑得太久，只有华山一条路，但是新三板不一样，还有退路。

跨市场投资的策略就是发行长期资金，我们现在发的新三板基金都是五年期的，以时间换空间，也许三五年以后投资者就有赚钱效应了。新三板赚钱和 A 股赚钱完全不一样，A 股今天投资可能下一个礼拜就赚钱，新三板就需要比较长的时间，需要耐心。

对于搭建新三板投资团队这件事，我认为至少要建立两个相互竞争和独立的新三板投资团队。新三板投研人员不能有 A 股的思维，需要有 PE、投行的背景，有新三板做市、定增和并购方面的人脉资源，懂财务、懂行业分析，熟悉新三板政策和法律法规，能说会写。由于新三板基金期限长达五年，应该配备专门的新三板投后管理团队，负责项目的后续管理和增值服务。

周运南：我用最后一次创业的心态来投新三板

新三板知名个人投资者

1998 年本科毕业，2018 年正好是 20 周年，弹指一挥间，仔细回顾这 20 年的工作历程，我绝大部分时间是在创业的路上。

1. 五次创业

第一次创业在 1999 年底，当时自己只是一个小合伙人，企业成功了我被排挤出去了，啥也没得到，股权也放弃了。第二次创业，三个合伙人，这是我最艰难的一次创业，因为是借钱创业，后因市场开拓受阻，经营出现分歧，我和另一合伙人选择了认赔出局。2003 年第三次创业，我选择房地产营销代理，到 2005 年我完成了人生的第一桶金，这是前几次创业中唯一成功的一次。2005 年因当年春晚《千手观音》节目让我开启了最败家的"卖房创业"，联手武汉大学和中科大讯飞公司开发聋人专用手机，2009年最后败光全部家当。朋友们现在还开玩笑，如果当时资金全部买成房或者全部买后来上市的科大讯飞股票，现在也该实现小目标了。其实人生没有马后炮和后悔药，抬起头向前看，只不过是从头再来。

2014年2月17日，凭借直觉鼓起勇气借钱开通了新三板账户，开始了新三板投资，也开启了我个人认为的人生最后一次创业。

2. 创业背景

没有人会把投资看成创业，更没人会把新三板投资当成是一次创业，但我却很愿意用最后一次创业的心态来投资新三板。

从踏入新三板的那一刻起，我就坚定地看多新三板，今日的我已经被市场封为新三板最资深的死多头了。2015年初我在媒体发表了题为"新三板——中国继房地产之后又一座财富金矿"的文章，在文中分别从新生事物、GDP比重、支柱产业、投资主选、财富效应、高额回报等方面分析了两者间的共通点。为什么我会把新三板与房地产直接类比等同，就是因为前前后后接触了十几年的房地产，一直在关注着房地产行业这近二十年内起起伏伏并一直螺旋向上。

记得新华社记者在2015年采访时曾经问我，为什么在新三板重新放开之初就敢于投资新三板，我的回答是"新三板作为中国资本市场的一个新生事物，对所有人来讲都是陌生的，大家都在同一个起跑线，只要用心，大家都有脱颖而出的可能性，而我就要成为那只先飞的笨鸟、勤飞的笨鸟，同时任何一个与财富有关系的新生事物在我国都存在着极大的机会红利。"

3. 创业基础

一个人创业能否成功的首要基础是创业项目必须是自己最感兴

第十一章 实 战 篇

趣的方向，必须把自己的爱好和创业项目有机地统一起来，这样才能抵抗来自其他方面的诱惑，从而避免创业途中信心的动摇。

从2014年8月25日做市交易制度正式推出来起，我就成为一个职业的新三板二级市场盯盘人，每天全天候4小时专职盯盘。这4年来盘面的交易观察以及盘后的跟踪分析，已经成为我日常生活中最大的兴趣，碰上长假不盯盘还全身不自在。并从2015年初开始，将自己对新三板的研究心得和实操经验逐渐写成文章发表在各大媒体与大家一起分享。目前二级市场盯盘就是我投资新三板的实践，盘后撰写文章就是我投资新三板的总结，这两个职业爱好让我的最后一次创业有了坚实的基础。

4. 创业模式

创业模式就是项目的盈利模式，落实到新三板，就是我的投资策略。

作为最早一批全身投入新三板二级市场的投资人，全天候4小时盯盘的职业习惯，让我更多地依赖于自己对市场机会的敏锐把握和对股票价格的准确判断，从中间博取价格差和收益，因此在很长时间里一直偏重于二级市场交易性机会和投机性机会，所以我享受到了2014年8月25日到2015年4月7日那一波鸡犬升天的疯狂行情。但我也清楚地知道，一个真正成功的投资者，应当是价格投机和价值投资两手抓两手都要硬。特别自从2015年4月8日以来新三板二级市场流动性每况愈下，所以我也在新三板二级市场上慢慢转型倒逼我自己从追求市场短线投机交易转身为长线价值投资。我目前采取的是"小而美"投资策略，我不会特别在意公司是创新层还是基础层，最看中的是公司的高成长性，去努力挖掘一些战略新兴行业、管理规范、业绩可持续大幅增长、未来具备成为细分小龙头的小股本低市值的高成长性的"小而美"公司，作为长期价值投资。2016年初选择进入董事会的宁波某家公司、2017年下半年举牌的北京某两家公司这三家都是同一投资思路，坚定看好并长线重仓投资"小而美"的新三板企业。既然是长线价投而且又是小股本低市值，自然目前得牺牲流动性了，但我深信他们会成为细分行业的小巨人。

"小而美"策略可以追逐到两个红利，首先是企业的快速成长红利，我相信这些"小而美"的企业可以通过两三年的快速成长，顺利跻身新三板蓝筹集团；其次是政策红利，我相信未来两三年新三板的政策红利将逐渐落地。如果成长红利和政策红利届时能达成共振，更会收获满满。

5. 创业雄心

个人认为投资和创业一样，都需要有押上全部身价的魄力，置之死地而后生的雄心。

2017年国庆假期后新三板圈子突然流传新三板四大流派，我被称之为"多头周"。我不仅看多唱多而且一直用自己的个人资金在真实做多，用自己的真金白银和实际行动来支持新三板企业，来证明自己是个名副其实的新三板资深死多头。当然我也指出不盲目看多，只是长线坚定看多，在文章中也在不断提醒短线风险，未来很丰满现实很骨感。作为一个把新三板投资当作最后一次创业的投资人，我的账户上自从2014年上半年开始，就没有一分钱主板市值了，所有的仓位都是新三板公司的股票，而且仓位一直在85%以上甚至大部分时间是满仓新三板，并在不断地筹措资金加仓。同时基本每个交易日都坚持在为新三板二级市场的流动性作贡献，同时也一直在不遗余力地通过大量文章积极地为新三板的制度建设和市场发展呐喊。

6. 创业前景

我这次的创业前景实际上很大程度上与新三板的未来愿景紧密相连。

2017年11月16日证监会副主席李超在第八届财新峰会上表示"将进一步深化新三板市场改革，推进市场精细化分层，研究差异化的发行、交易、信息披露和监管制度安排"，这基本表达了证监会对新三板改革的总体安排。

2018年2月12日，《人民日报》罕见地用一个整版来谈论新三板，内容涉及新三板的成绩、困境与未来改革，全国股转公司董事长谢庚在接受采访时明确表示："就新三板在多层次资本市场体系中的市场定位而言，新三板不是为转板而准备的市场，也不是比沪、深交易所低一层次的市场；下一步新三板的发展，应紧跟市场需求，持续推进市场创新，更好地服务实体经济发展，这就要通过深化新三板改革，进一步健全基础制度，提升核心功能，让优质企业愿意来、留得住，使投资者愿意进、敢于投，给参与新三板的市场主体更多获得感。"

综合分析近一年来证监会和股转对新三板的相关政策和官方发言，我个人对新三板的前景期望就是：证监会将通过两至三年"类注册制"的努力，实现A股IPO的即报即审、即过即发。在这同时的两至三年时间里，新三板将以市场分层为抓手，统筹推进发行、交易、信息披露、监管等各方面改革，实现制度健全完善、配套政策逐步落地，让新三板的土壤充分肥沃，新三板的苗圃有足够多的优质苗木。进而主板在类注册制的情况下其市盈率下行，新三板苗圃层的市盈率相应提升，进而主板和新三板苗圃层的市盈率靠近、流动性接近，届时愿意 IPO 的企业就直接去 IPO 转板，不愿意转的企业就在新三板继续绽放。最终新三板将真正成为未来中国资本市场又一道靓丽的风景线，真正构建一个上下贯通中国多层次资本市场的闭环，真正建设成为富有国际竞争力的资本市场强国。

我在新三板的创业中期愿景是到 2020 年。目前占据我账户 80% 仓位的五只新三板股票，其中 2 只 IPO 成功、2 只被并购、1 只在新三板绽放。

把新三板投资当成一次创业，而且作为人生中最后一次创业，所以我对新三板比别人更坚定、更执着、更全心、更努力。

王雨苁：新三板投资经验

新龙脉控股创始合伙人

1. 新三板是不是优质企业的聚集地

首先要谈什么样的企业算是优质企业。我觉得最基本的一个标准就是企业的盈利能力。如同有人问我投资的核心价值观是什么，我会笑笑告诉他两个字：赚钱。但盈利可能体现在当期，也可能体现在未来。另外，我们还需要考虑这个钱怎么赚的，合不合法律或是否创造社会价值，以及企业赚了钱以后，投资人能否分到相应的利润。这些问题就很复杂了。

如果拿新三板所有企业的当期盈利能力来看，显然不如 A 股整

第十一章
实 战 篇

体企业那么强大。新三板的一万多家企业的离散度是远远超过 A 股三千多家企业的。这是绝对标准判断。

但是很少有人会拿 A 股与新三板做比较。因为如果从未来盈利能力来讲，则是很难有绝对判断标准的。更多人希望能把新三板看作用来补充 A 股比 Nasdaq 功能缺失部分的作用。而 A 股与 Nasdaq 最大的差异就是对企业当期盈利能力的要求。Nasdaq 上很多企业即便没有盈利，也可以融到很多资金，并具有很好的估值。那么投资人是根据什么给出企业估值的？其实是对企业未来盈利的预期。很多企业虽然今天没有利润，不代表明天也没有利润，或者后天也没有利润。在技术壁垒、市场壁垒都越发增高的现今，很多企业是需要更长的时间去建设自己的竞争力，而建设的竞争壁垒越高（比如有别人无法逾越的技术优势、有更多忠实的客户），未来盈利的预期可能就越高。如果投资人判断这个企业所在行业很大、企业成功可能性与盈利空间也很大，那么投资人会用倒算的办法给予企业今天的估值。

2. 哪些企业更适合登陆新三板

新三板的披露要求是企业准入必需的门槛。对于信息披露这个规则，则是令企业喜忧参半。事物往往如此，站在不同角度看，呈现的景象当然不同。从长远来说，一定是利大于弊，帮助企业规范管理与经营。但从短期看，可能也会给很多企业带来麻烦。比如在面临信息披露的时候，企业通常会遇到的问题有：收入利润等财务核算方法不一致造成的信用风险、企业隐私泄露后对正常经营的影响、"三类股东"的"溜入"带来 IPO 障碍等。

讲个真实的案例。有一次我们调研一个做化工新材料的企业，

353

这个企业客户比较分散，前十大客户占据总收入不到30%，总体客户企业平均规模不算太大。企业利润还不错，近乎达到IPO的标准，然而利润率却呈现下滑趋势。在不考虑替代产品影响的前提下，这家企业在行业市场占有率超过30%。竞争对手也出现了类似的经营趋势。综合上述条件，以及许多其他的信息，我们初步判断这是一个市场总容量天花板不高的产业，竞争较激烈龙头企业的技术能力比较接近，客户对价格较为敏感。那么对客户的观察自然成为我们投资的重要调查环节。这就让企业就很为难了。他们希望融资，那就要满足投资人的调研要求。然而他们的客户名单与销售价格一旦泄露给竞争对手，可能造成的后果可能是非常严重的。最终，这家企业没能跨越这个障碍，导致融资失败。企业融资过程不仅耗费了很多人力、财力、时间，更为自己蒙上了一次不好的市场影响。而这一切并非因为他们是个不好的公司或不诚信的企业。

有些领域的企业可能天然不适合登陆新三板，比如企业规模较小的、发展预期不明确的、企业规范性存较大瑕疵的。不过也有不少企业在新三板上收获颇丰。比如有这些性质的企业：

• 行业细分领域的龙头企业，具有稳定经营能力，并能通过资本扩大自己的经营规模。

• 目前已经具有较大收入规模但盈利尚未达到A股要求，或即将转入IPO。

• 企业对于信息披露具有一定承受力，甚至能从信息公开增强企业的市场声誉。

• 具有技术创新性、模式创新性、市场领先性、人才领先性等优势，并对未来有较强盈利预期。

3. 投资新三板需规避的风险

近些年，新三板成为投资机构一定会关注的板块，还有很多机构以投资新三板作为公司投资专注方式。我们新龙脉也发了新三板专项基金。投资机构们除了嗅到了 A 股与纯一级市场中存在的金融市场空间外，还应该想到其中的风险。

首先最大的一种风险就是信息真实性风险。诚然，A 股中也会不免存在同样的问题，也会有企业拿鱼目为珠、蓬蒿成楢，而一级市场更为甚之。对于任何市场的投资都要面对这个难题。而新三板目前由于披露标准较低、企业未来预期不明确，习惯于二级市场"快餐式"投资分析可能会遇到更大麻烦，更容易陷入财务造假、未来业绩下滑等陷阱。有些 VC 机构的精耕细作方式又无法跟上新三板投资的节奏。在"快与慢""粗选与精耕"中找到更有效的策略，是在新三板市场提高投资成功率的很重要的问题。

另外是流动性风险。目前新三板显然没有 A 股的流动性，但很多基金却根据 A 股投资基金的期限发售的投资基金产品，2、3 年的基金，甚至有 1 年的基金。这显然是不能满足退出时间周期的。投资机构可能需要把基金投资周期设立在 VC（通常 8～10 年）与股票基金（1～3 年）之间的一个存续期（5～6 年）比较合理。

再有一个严重风险就是 IPO 转板风险。目前新三板自身流动性尚欠缺时，机构肯定把企业转板 IPO 当做最好的归宿。而由于披露标准不同导致企业报 IPO 信息不一致、"三类股东""溜入"、IPO 对企业行业的限制等一系列问题，导致转板失败的数量很多。对此，我们很难有一些具体方式规避，因为涉及问题太多，即使再专业的投行机构，也无法准确给出确切答案。因此，我们新龙脉在投资时，会把一些核心价值观作为原则，比如选择对社会价值正向的企业、选择行业龙头企业（可能从盈利与技术能力双重考量）、选择具有企业家精神的创业者、选择朝阳产业且天花板较高的方向等。这样，即便企业暂时不通过IPO退出，他们仍然会有资本流通的价值。

再有一个大的结构性风险就是估值风险。目前很多新三板企业、一级市场企业的估值甚至远远高于A股。企业在融资时甚至按照第二年、第三年的盈利预期来计算PE倍数。理性面对价格，可能是机构需要自我修炼的课程了。

4. 新三板制度的完善建议

无疑，新三板解决了很多企业与投资人的信息不对称，建立了A股无法覆盖的金融结构市场，让不少企业获得了融资的机会，也为机构创造了投资收益。我们新龙脉资本的新三板投资基金目前收获颇丰，已经有被投企业转板IPO成功，还有很多家已经报会。尤其在两年前A股审核还没开闸之前，新三板成了不少投资机构进行投资、企业公开融资最有效的渠道之一，产生了不少好的投融资机会。

然而，伴随着新三板这场资本的盛宴，不少投资机构也付出了过于高昂的"入场费"，同时也有很多企业由于对市场不熟悉或劣币驱逐的原因，并未在新三板市场中得到应有的资本关注或体现出合理的价值。其原因除了投资机构与企业在进入一个新市场必须付出的学习成本外，新三板自身的制度也是存在有待完善的空间。我从这几年的投资经历中总结了对一些比较重要的环节改善的看法。

首先是如何对待信息披露的真实性问题。我认为股转系统的政策制定者可以考虑降低披露内容科目要求，针对不同行业给予不同披露标准，而更注重披露的真实性与虚假披露的事后追责。

其次就是将新三板分层制度更加细化标准，制定出对应的政策，让新三板中不同层次的企业享有不同的权利。尤其是对头部企业的政策。是否只是体量足够大的企业才能进入精选层，还是另外设立精选层的标准，比如一些在他们所在行业的龙头企业、经营相对稳定的企业、有技术爆发可能性的企业等等同样划入精选层。

最后，也是极其重要的一点，就是加强头部企业的交易流动性。从金融学原理来看，一是大机构对市场价格具有较强影响力造成的流动性不足；二是流动性风险会极度加剧风险厌恶者的恐惧，进一步恶化市场流动性。而目前新三板的做市商主要为证券背景资金，这种结构让整个市场陷入一种恶性的循环。而只有引入更多的流动性资本，包括个人投资人，甚至开展实时交易机制，解决流动性问题，才能让整个市场发挥出它应有的市场光芒。

冯志：关于股权投资的几点认知

洪泰赋能基金 CEO

一直认为巴菲特是投资人最值得研究的对象，不仅仅因为他取得了常人难以企及的成功。这些人士大多在功成名就后以传记或回忆录表达和回忆自己，一个已站在极高处的人回望自己的人生，以及他们的共同回忆人，因其高度和时间久远，回忆和评论会出现偏差，有时候还会很大！这些无疑给后人研读他们带来很大的困扰，比如你会觉得你并没有受过他们那么大的挫折，并没有像他们那样数十年如一日的努力等，架起了牛人和普通人之间的"护城河"，这无疑会让人沮丧和误读！

巴老没有自己写回忆录，而是用留在历史长河里不断累计的给股东的信和一份份伯克希尔的年报，忠实的不能回溯修改地记录着自己的成长！

随着时间流逝和思想的进展，我也在深切的感受这一点，就是在当时一件事发生时的所思所想，今天回头看的时候，会带有今天的高度和定义标准。所以很感谢凤勇兄和娜新兄的这本著作，给我一小片田地记录一下我这个时点的某些思想状态，这其实就是书中说的"见自己"的动作，我且选二三事说道说道。

1. 金融基础原理、投资和优秀企业的相似性

学过金融基础课程的人都知道复利公式，这个被称为"奇迹"的公式在初学时其实并没有引起学生们的重视，它只是考试里简算题而已，因为那时我们并不明白时间的力量。在一个合适的经济环境中，更早地明白就会更早地进入成功的窄门，巴老应该是在25岁开始他的私募生涯时就明白（彼时他离开格雷厄姆重返奥马哈，可以参看 *Ground rule*），所以他得以在美国不受限的庞大经济环境中隆隆开动了60余年的复利战车，更形象的比喻是"滚雪球"，然后他会羞涩地说，"我只是中了卵巢彩票！"

中学数学老师说每一个二元函数都会有一个二维图形表达，我们看到这个平平无奇的图形（见图11-4）时会看到什么？是先抑后扬和时间的力量。

我们再来看看另外一幅图（见图11-5），这幅图是在25年里美国八家顶尖企业的价值增长图，你又看到了什么？

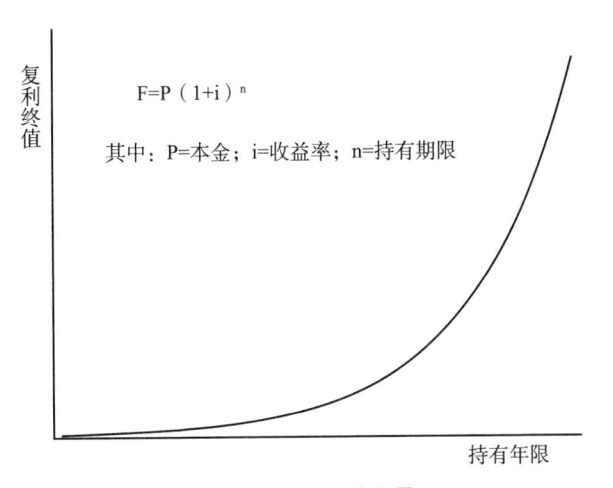

第十一章 实　战　篇

$$F=P(1+i)^n$$

其中：P=本金；i=收益率；n=持有期限

图 11-4　复利的力量

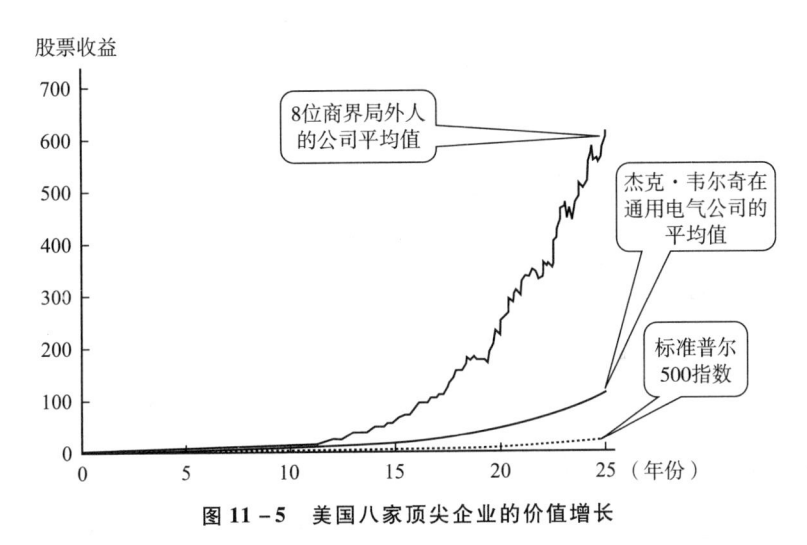

图 11-5　美国八家顶尖企业的价值增长

资料来源：威廉·桑代克.商界局外人——巴菲特尤为看重的八项企业家特质［M］.北京联合出版公司，2016

如果你在任何 X 点为起点，重新拿后面的数据再做一张图会是什么？有兴趣的读者可以自己动手做一做。

我们会看到某些显而易见的东西，好的投资机器和好的企业一

359

样,都是在经营复利。对于投资机器这点容易明白,而在企业端会稍微复杂一些,它包括每年利润投入再生产,仍然能取得同样的ROE。如果你是像巴菲特一样的长期投资者,你要关心的是这种状况的长期性,如果不能维持,当它到达某种饱和能力的时候,管理层的资本配置态度和能力就至关重要了,理解了这一点,巴菲特的操作大思路也就理解了。而对于有退出期的私募股权基金来说,你要小心观察的是你持有期会发生什么,虽然这相对容易,但赚的少得多,有些让人无可奈何,毕竟发现一个好企业不容易。所以一个有洞见和实施能力的私募股权投资人仍然有办法将短期(比如5年)的复利持有变为长期(比如20年以上),此中有深意,君可细品度。

2. 积极股权投资里的两个关键问题:管理和流动性管理

为什么会有积极的股权投资?

对于规模比较小的企业来说,除了需要发展资金外,还需要具体的指导、各类资源的注入去解决发展中的管理问题。当投资者和被投资者都认识到这些问题时,并可以在资合的前提下有能力去解决这些问题的时候,积极的股权投资者就有存在的必要和更大的利得空间,但这要求投资者一方有高于被投资方的视野和能力,同时又能把握界限,扶助被投资方成长,这也是我们这只以"赋能"为名的基金所在做的。过去两年,我们通过这种创造性的方法提升了我们投资企业的内在价值。通常来说,大多数投资机构由于人员背景所限是不具备这些素质的,还不如做消极的股权投资者。

对于规模比较大的公司尤其是一些公众公司,按照热力学第二定律,由于历史的成功导致熵不断增大,秩序化、官僚化、保守化的倾向越来越显著,渐趋管理上的死寂。尤其是在经济转型期问题

第十一章
实　战　篇

更加严峻,除了有任正非这样卓越的领导者不断的创造机制追求负熵,大多数机构不能依靠自身力量去解决这种增熵问题,即使借助外部咨询力量也存在着信任问题,此时就需要有投资机构在共担风险的情况下力量介入。

国内国外会在这件事上表现出不同的特征。国外成熟资本市场上市的一些企业,由于成立日久,所有者和经营者发生了分离,产生了委托代理问题,有效解决这一问题的方式就是将所有者、经营者合一或部分合一。盛行于 20 世纪 80 年代的 LBO + MBO 方式就是最好的佐证,KKR 就是其中的佼佼者,创造许多经典案例,极大地提升了企业效率。近年备受巴菲特推崇的 3G 资本更是如此,在收购百威英博的七年后居然将净利润率提升了两倍多,对比一下销售额,就知道他们创造了多么骄人的业绩,感兴趣的读者可以搜集他们的相关数据好好看看,肯定会有收获。

而在国内,民营上市公司的所有者和经营者的利益并未分开,所以更多问题会体现在管理水平有待提高的层面。以我工作经验来看,这个问题是实实在在的,许多上市公司面临管理瓶颈时选择的不是突破而是走容易的路,轻易地跨界并购、制造概念以进行所谓的"市值管理"。企业并没有沿核心竞争力迈进,又没有能力在市场饱和时自生寻找新的水草丰茂的土地。这有高市盈率惹动的短期套现思维,又有沿核心能力迈进异常困难的原因。所以有能力的积极的股权投资者大有可为,我所在的洪泰赋能基金同样致力于做出这方面突出的案例以贡献社会和经济转型升级。

上面所讲的是我认为的积极股权投资者要关注的首要问题:管理;另外一个关键问题是流动性管理。对于早期项目的投资,这个问题不显著，毕竟未上市公司的股权本身缺乏流动性，某种意义上，这部分的投资收益里有部分就是缺乏流动性的补偿；对于上市公司股权情况就不同，流动性管理的意思就是要主动管理流动性，可以流动而不流动，前述例子里KKR公司前后持有SAFEWAY公司股权几十年，收益巨大。3G资本对啤酒业的并购及其他消费品品牌公司的并购，甚至做出的是永不退出的姿态，唯有用长期观点来看股权投资，方能取得超额收益。但是因为其操作的难度，仍然只是少数出色GP才能完成的，且很难数量众多的形成批发效应。

同样的，在中国的股票市场也存在着类似的实证例子，图11-6是我的同事拟合的几种类别公司的指数组合在过去十年的表现。大

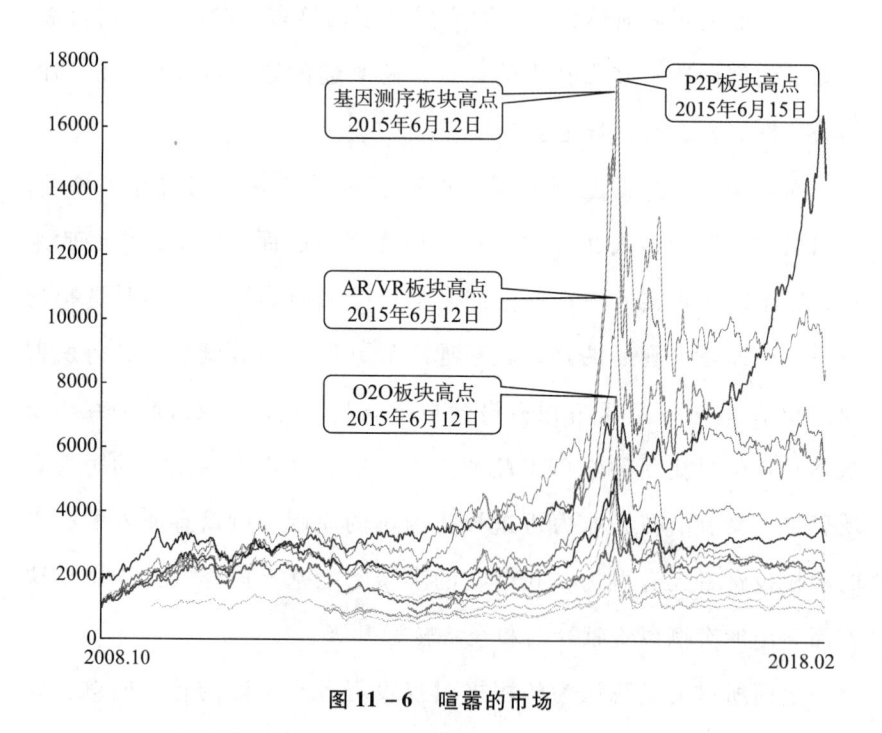

图11-6 喧嚣的市场

资料来源：洪泰赋能基金研究部

家可以看到剧烈震荡的例子就是市场里一个个的概念风口，那条平缓的线是上证，而穿越牛熊周期，对择时要求不高但十年管理住流动性的情况下，会有近15倍的收益。在这个组合里多是制造业或消费品类我们耳熟能详的优质公司，有的高达40倍。

当然，流动性管理另一个含义就是私募股权基金的期限，比如，你不能在过去两年用三年以内的基金期限来追逐新三板，因为你很显然会死在春天到来之前。其实尽管春天回来，你在疯狂抢票时代的价格也是错的，这是另一个话题。

3. 看多系统成长，但投资于个案

2013年《国务院关于全国中小企业股份转让系统有关问题的决定》出来的时候，并没有太多的人关注它，历史上有很多这样的细节令人唏嘘，事后若干年证明很伟大的事情在初次出现的时候往往默默无闻，直到一年后岁末，新三板大热，缔造了公司数量最多的一个挂牌场所。在今天这个时点看，我仍然丝毫不会怀疑新三板的伟大意义，不论是现实意义还是未来的意义，但很少有伟大事情的进展是一帆风顺的。

中国经过40年改革开放，面临高速发展后的转型升级，整个国家金融体系由银行为主导的层层杠杆式的刚兑类债投资体系，向脱媒的承担风险的类股投资体系转变，即回答一个基本问题：只有股权投资才可以有效刺激和培育全行业的创新升级，在这个过程中财富面临以股权收益重新分配，而最终的出口需要一个海量的、深度广度兼具的资本市场承接这个过程。目前我们的资本市场从融资总量上与经济体量极端不匹配，面向未来尤其如此，你是否看到了倒逼的力量？

金融不虚：
新三板的逻辑

我们看到了 IPO 发行的常态化，也看到了港股修改 AB 股条例，同时也看到了数万家公司的新三板。虽然 IPO 审核条件在波动，港股只会接纳规模更大的新型公司，而新三板已被唱衰多日，但这三者未来的竟和有可能构成未来中国海量多元的资本市场。注意我说的是多元，而不是多层次，所以对于在这个时代的股权投资者来说，整个系统的前景大概率是看多的。

既然看多系统是否就可以蒙眼狂奔？明眼人肯定会说不，但在现实投资里，我们看到太多反例，比如新三板伟大就重仓新三板，而完全忽略了新三板注定是一个头部市场（参看 NASDAQ 数据就一目了然）；你也不应该因为他是一家有能力大规模投资新三板的并在新三板挂牌的公司就给出高出天际的价格（其实这件事简单到只要比较一下同样优秀的美国另类资产管理机构的市值和其管理资产的比例，就知道那些价格有多荒唐）；而预期深化改革有红利就能生生地创造 2015 年的股市奇观等。我在 2015 年接受《中国基金报》记者采访时说过："伟大的事物可以被感知，但不应该很快追求被验证，那是危险的"。因为这个基本认知，笔者管理的基金在那股潮流里站在一边安静地看着起落，至今都不能果断出手，那时的错误价格影响深远。

其实任何时代的股权投资者都要有看多系统的前提，但绝不应该沉湎于这么肤浅的认知。想获利必须沉下心进入一个个企业的内部，专注的追逐那些有成长价值的企业，以合适的价格介入。如果能依靠赋能给予更大的帮助就去做，同时管理好自己的流动性，这样就可以避免在系统向上的过程中而成为系统震荡的牺牲品。果如是，今天和未来的 20 年，就是你的黄金时代！

第十一章
实　战　篇

我个人深受布罗代尔三重时间概念的影响，可参看《菲利普二世时期的地中海和地中海地区》，同时我也认为这是投资人看世界的非常实用的视角，促进心智成熟，可以越过短期的躁动看到更远的未来。本质上那些长期可以持续获利的投资人的利益大多来自于对抗了市场偏见，古今中外盖莫例外！而且你永远不用担心市场会有效，因为过度的满足自身贪婪和恐惧是人性里最本质的因素，从这个意义上说，好的投资人灵魂深处是反人性的，他时常要面对潮起潮落时瞥向他的蔑视不解的眼神，即使你赢了也不会改变这一切，你看看巴菲特改变了什么人？换言之，如果他改变了市场，也就没有产生巴菲特的市场了。

人到中年，越发觉得生活工作都需要单纯一些，怎么想就怎么说，怎么说就怎么做，前述的几点所思所想在两年前形成了我们基金的执行理念和纪律："少项目、深投后、长周期"，而我们需要的结果就是为信任我们的 LP 努力争取"大倍数"的回报！

参考文献

[1] 朱镕基:《朱镕基讲话实录》,人民出版社2011年版。

[2] 陈志武:《金融的逻辑》,国际文化出版社2009年版。

[3] 阚治东:《荣辱二十年:我的股市人生》,中信出版社2010年版。

[4] 约翰·S.戈登著,祈斌译:《伟大的博弈》,中信出版社2011年版。

[5] 张可亮:《新三板改变中国》,经济科学出版社2017年版。

[6] 刘鹤:《两次全球大危机的比较研究》,中国经济出版社2013年版。

[7] 厉以宁、孟晓苏、李源潮、李克强:《走向繁荣的战略选择》,经济日报出版社1991年版。

[8] 郭树清:《在过剩和贫穷之间》,中国人民大学出版社2005年版。

[9] 弗里德里希·奥古斯特,冯·哈耶克著,王明毅、冯兴元等译:《通往奴役之路》,中国社会科学出版社2013年版。

[10] 郭树清:《直面两种失衡》,中国人民大学出版社2007年版。

[11] 彼得·L.伯恩斯坦著,穆瑞年、吴伟、熊学梅译:《与天

参考文献

为敌》,机械工业出版社2007年版。

[12] 沃伦·巴菲特著,陈鑫译:《巴菲特致股东的信》,机械工业出版社2004年版。

[13] 约翰·聂夫、史蒂文·明茨著,吴炯、谢小梅译:《约翰·聂夫的成功投资》,机械工业出版社2008年版。

[14] 彼得·林奇、约翰·罗瑟查尔德著,刘建位、徐晓杰、李国平等译:《战胜华尔街》,机械工业出版社2008年版。

[15] 杰里米·J. 西格尔著,范霁瑶译:《股市长线法宝》,机械工业出版社2009年版。

[16] 阿奎著:《喧哗与骚动》,中信出版社2008年版。

[17] 杰里米·J. 西格尔著,李月平等译:《投资者的未来》,机械工业出版社2007年版。

[18] 伯顿·G. 马尔基尔著,张伟译:《漫步华尔街》,机械工业出版社2008年版。

[19] 刘鹏著:《资本的涅槃》,中国金融出版社2013年版。

[20] 马克·莫比乌斯著,鲁刚伟、阿伟译:《股权投资实用指南》,中信出版社2009年版。

[21] 约翰·博格著,刘寅龙译:《长赢投资》,中信出版社2008年版。

[22] 菲利普·A. 费舍著,冯治平译:《怎样选择成长股》,地震出版社2007年版。

[23] 本杰明·格雷厄姆、戴维·多德著,邱巍、李春荣、黄铮译:《证券分析》,海南出版社2008年版。

[24] 本杰明·格雷厄姆、克宾塞·B. 麦勒迪斯著,王玉平译:

《上市公司财务报表解读》，华夏出版社2004年版。

［25］朱为绎著：《新三板上市实务新解》，中国法制出版社2017年版。

［26］威廉·戈兹曼著，张亚光、熊金武译：《千年金融史》，中信出版社2017年版。

［27］邵宇、秦培景著：《全球化4.0：中国如何重回世界之巅》，广西师范大学出版社2016年版。

［28］香帅无花著：《金钱永不眠》，中信出版社2017年版。

［29］张五常著：《经济解释》，中信出版社2015年版。

［30］本杰明·格雷厄姆著，王中华、黄一义译：《聪明的投资者》，人民邮电出版社2011年版。